ONLINE LEARNING CENTER FOR CORPORATE FINANCE 11E

公司理财

（原书第11版）习题集

斯蒂芬 A. 罗斯（Stephen A. Ross）
MIT斯隆管理学院

[美] **伦道夫 W. 威斯特菲尔德**（Randolph W. Westerfield） 著
南加利福尼亚大学

杰弗利 F. 杰富（Jeffrey F. Jaffe）
宾夕法尼亚大学

周卉 译

图书在版编目（CIP）数据

公司理财（原书第11版）习题集 /（美）斯蒂芬 A. 罗斯（Stephen A. Ross），（美）伦道夫 W. 威斯特菲尔德（Randolph W. Westerfield），（美）杰弗利 F. 杰富（Jeffrey Jaffe）著；周卉译 . —北京：机械工业出版社，2019.5（2024.4 重印）

（华章教材经典译丛）

书名原文：Online Learning Center for Corporate Finance 11e

ISBN 978-7-111-62697-8

I. 公… II. ①斯… ②伦… ③杰… ④周… III. 公司 – 财务管理 – 习题集 IV. F276.6-44

中国版本图书馆 CIP 数据核字（2019）第 088010 号

北京市版权局著作权合同登记　图字：01-2017-0893 号。

Stephen A. Ross, Randolph W. Westerfield, Jeffrey Jaffe. Online Learning Center for Corporate Finance 11e.

ISBN 1-259-29558-3

Copyright © 2017 by McGraw-Hill Education.

All Rights reserved. No part of this publication may be reproduced or transmitted in any form or by any means, electronic or mechanical, including without limitation photocopyingk, recording, taping, or any database, information or retrieval system, without the prior written permission of the publisher.

This authorized Chinese adaptation is published by China Machine Press in arrangement with McGraw-Hill Education (Singapore) Pte. Ltd. This edition is authorized for sale in the Chinese mainland (excluding Hong Kong SAR, Macao SAR and Taiwan).

Translation copyright © 2019 by McGraw-Hill Education (Singapore) Pte Ltd and China Machine Press.

版权所有。未经出版人事先书面许可，对本出版物的任何部分不得以任何方式或途径复制或传播，包括但不限于复印、录制、录音，或通过任何数据库、信息或可检索的系统。

此中文简体改编版本经授权仅限在中国大陆地区（不包括香港、澳门特别行政区及台湾地区）销售。

版权 © 2019 由麦格劳 – 希尔教育（新加坡）有限公司与机械工业出版社所有。

本书封面贴有 McGraw-Hill Education 公司防伪标签，无标签者不得销售。

本书是罗斯的《公司理财》（原书第 11 版）配套习题集，有助于读者在理论学习与模拟实践两方面相互促进。因其系统性和完整性，又可独立于教材使用。

该习题集不但覆盖了教材中涉及的所有概念、原理和方法，而且设计了难易程度不同的概念性习题和计算应用性习题，由浅入深，有助于读者在理论学习与模拟实践两方面相互促进。

本书既适合作为商学院 MBA、财务管理和金融管理本科生、研究生的教科书，又适合作为财务和投资专业人士、大学相关教师和研究人员的参考书。

出版发行：机械工业出版社（北京市西城区百万庄大街 22 号　邮政编码：100037）
责任编辑：黄姗姗　　　　　　　　　　　　　　　责任校对：李秋荣
印　　刷：河北鹏盛贤印刷有限公司　　　　　　　版　　次：2024 年 4 月第 1 版第 14 次印刷
开　　本：185mm×260mm　1/16　　　　　　　　印　　张：17.75
书　　号：ISBN 978-7-111-62697-8　　　　　　　定　　价：59.00 元

客服电话：（010）88361066　68326294

版权所有·侵权必究
封底无防伪标均为盗版

CONTENTS 目 录

第 1 章　公司理财导论　/1
　　本章概要 /1
　　思考与练习 /2
　　参考答案 /2

第 2 章　会计报表与现金流量　/5
　　本章概要 /5
　　思考与练习 /5
　　参考答案 /7

第 3 章　财务报表分析与长期计划　/10
　　本章概要 /10
　　思考与练习 /10
　　参考答案 /12

第 4 章　折现现金流量估价　/16
　　本章概要 /16
　　思考与练习 /17
　　参考答案 /20

第 5 章　净现值和投资评价的其他方法　/29
　　本章概要 /29
　　思考与练习 /30
　　参考答案 /31

第 6 章　投资决策　/37
　　本章概要 /37
　　思考与练习 /38

　　参考答案 /39

第 7 章　风险分析、实物期权和资本预算　/48
　　本章概要 /48
　　思考与练习 /49
　　参考答案 /50

第 8 章　利率和债券估值　/54
　　本章概要 /54
　　思考与练习 /55
　　参考答案 /55

第 9 章　股票估值　/58
　　本章概要 /58
　　思考与练习 /59
　　参考答案 /59

第 10 章　收益和风险：从市场历史得到的经验　/63
　　本章概要 /63
　　思考与练习 /63
　　参考答案 /66

第 11 章　收益和风险：资本资产定价模型　/76
　　本章概要 /76
　　思考与练习 /77
　　参考答案 /83

第 12 章 看待风险与收益的另一种观点：套利定价理论 /103
本章概要 /103
思考与练习 /104
参考答案 /108

第 13 章 风险、资本成本和估值 /117
本章概要 /117
思考与练习 /118
参考答案 /119

第 14 章 有效资本市场和行为挑战 /122
本章概要 /122
思考与练习 /123
参考答案 /127

第 15 章 长期融资：简介 /133
本章概要 /133
思考与练习 /134
参考答案 /134

第 16 章 资本结构：基本概念 /137
本章概要 /137
思考与练习 /138
参考答案 /139

第 17 章 资本结构：债务运用的限制 /142
本章概要 /142
思考与练习 /143
参考答案 /143

第 18 章 杠杆企业的估值与资本预算 /145
本章概要 /145
思考与练习 /145
参考答案 /146

第 19 章 股利政策和其他支付政策 /150
本章概要 /150
思考与练习 /151
参考答案 /156

第 20 章 资本筹集 /169
本章概要 /169
思考与练习 /170
参考答案 /171

第 21 章 租赁 /176
本章概要 /176
思考与练习 /177
参考答案 /178

第 22 章 期权与公司理财 /182
本章概要 /182
思考与练习 /183
参考答案 /190

第 23 章 期权与公司理财：推广与应用 /213
本章概要 /213
思考与练习 /214
参考答案 /216

第 24 章 认股权证和可转换债券 /227
本章概要 /227
思考与练习 /228
参考答案 /229

第 25 章 衍生品和套期保值风险 /232
本章概要 /232
思考与练习 /233
参考答案 /237

第 26 章　短期财务与计划　/247
　　本章概要　/247
　　思考与练习　/248
　　参考答案　/249

第 27 章　现金管理　/252
　　本章概要　/252
　　思考与练习　/253
　　参考答案　/254

第 28 章　信用和存货管理　/257
　　本章概要　/257
　　思考与练习　/258
　　参考答案　/258

第 29 章　收购与兼并　/260
　　本章概要　/260
　　思考与练习　/261
　　参考答案　/263

第 30 章　财务困境　/267
　　本章概要　/267
　　思考与练习　/268
　　参考答案　/268

第 31 章　跨国公司财务　/270
　　本章概要　/270
　　思考与练习　/271
　　参考答案　/273

第1章

公司理财导论

本章概要

本章向你介绍了一些公司理财的基本理念。
1. 公司理财有 3 个关注的领域。
   a. **资本预算**：公司应该采取什么样的长期投资？
   b. **资本结构**：公司应该从哪里筹集长期资本用以支付长期投资？
   c. **营运资本管理**：公司应该如何管理日常财务活动？
2. 营利企业财务管理的目标是增加股票的价值，或者更一般地说增加所有者权益的市场价值。
3. 公司的组织形式在筹集资金和所有权的转移方面优于其他组织形式，但它的重大缺陷是双重征税。
4. 大公司的股东和管理层有可能会存在利益上的冲突。我们把这些冲突称为**代理问题**，并且讨论了这些问题是如何得到控制和减少的。
5. 金融市场的存在显示了公司制的优势。

在我们所讨论的题目中，最重要的是财务管理目标：股票价值最大化。我们在教材中的很多地方分析许多不同的财务决策，但我们总会问同一个问题：考虑之中的决策是如何影响股票价值的？

思考与练习

1. **代理问题** 谁拥有公司？描述所有者借以控制公司管理层的过程。代理关系在公司的组织形式中存在的主要原因是什么？在这种环境下，什么样的问题可能出现？

2. **非营利企业的目标** 假设你是一个非营利企业（或许是非营利的医院）的财务经理，你认为什么样的财务管理目标将会是恰当的？

3. **公司的目标** 评价下面这句话：管理者不应该只关注现在的股票价值，因为这么做将会导致过分强调短期利润而牺牲长期利润。

4. **道德规范和公司目标** 股票价值最大化的目标可能和其他目标（比如为了避免不道德或者非法的行为）相冲突？特别地，你认为顾客和员工的安全、环境以及社会的总体利益是否在这个框架之内，或者它们完全被忽略了？考虑一些具体的情形阐明你的回答。

5. **跨国公司目标** 股票价值最大化的财务管理目标在外国会有不同吗？为什么？

6. **代理问题** 假设你拥有一家公司的股票。股价现在是 25 美元。另外一家公司刚刚宣布它想要购买这家公司，愿意以每股 35 美元的价格收购发行在外的所有股票。你公司的管理层立即展开对这次恶意收购的斗争。管理层是以股东的最大利益行事吗？为什么？

7. **代理问题和公司所有权** 公司所有权在世界各地都不相同。从历史上来说，美国个人投资者拥有上市公司的大多数股份，但是在德国和日本，银行和其他金融机构拥有上市公司的大多数股份。你认为代理问题在德国和日本会比在美国更严重吗？

8. **代理问题和公司所有权** 近年来，大型金融机构（比如共同基金和养老基金）已经成为美国股票的主要持有者。这些机构越来越积极地参与公司事务。这一趋势对代理问题和公司控制有什么样的启示？

9. **高管薪酬** 有评论认为美国公司高级管理人员的薪酬过高，应该削减。比如在大型公司中，甲骨文的拉里·埃利森是美国薪酬最高的首席执行官之一，2013 年他的薪酬大概是 7 690 万美元。这样的数字是不是过度了？不妨考虑像罗纳尔多这样的超级运动员、像卡梅隆和奥普拉在娱乐领域拿顶薪的以及许多在各自领域拿最高薪酬的人对回答这个问题可能有帮助。

10. **财务管理目标** 为什么财务管理的目标是最大化现在公司股票的价格？换句话说，为什么不是最大化未来公司股票的价格呢？

参考答案

1. 就股份公司的所有权而言，股东是企业的主人。股东选出公司的总经理，然后再由总经理指派公司的管理层。在股份公司这种企业组织形式中，所有权和控制权分离，从而带来了代理问题。管理层的行为可能基于自身利益或其他人的利益,而不一定与股东利益相匹配。在这种情况下,管理层行为可能与公司的经营目标,即公司股票价格最大化相背离。

2. 此类机构通常肩负着社会责任或政治使命,因此可能会有多个目标。其中一个经常被提到的目标就是收入最大化,即以最低的成本向社会提供服务或产品。另一个更好理解的方式是:即使是非营利机构也有权益,因此,一个合适的目标就是使得权益最大化。

3. 大体上说,当前的股票价值反映了风险、时间以及未来所有现金流(包括短期和长期现金流)。如果这个前提是对的,那么问题中的陈述就是错的。

4. 这个问题可以从两方面来看。从一个极端来看,我们可以说,在市场经济中,所有的东西都可以被定价。因此,将会存在一个道德行为或不道德行为的最优水平,而股票定价的范畴明确地包含了这些。从另一个极端来看,我们可以说,这些不属于经济现象,因此最好是通过政治程序来处理。能够对这种争论做出较好阐述的一个经典(以及高度相关)的问题是这样的:一个公司估计改善其产品安全性需要花费的成本是 3 000 万美元。但是,公司认为改善产品安全性之后,仅能在产品安全索赔金额上节省 2 000 万美元。公司应该如何做?

5. 目标将会是一样的,但由于不同的社会、政治和经济环境,实现这个目标的最佳策略方案可能会有所不同。

6. 管理层的目标应该是最大化当前股东持有的股票价格。如果管理层认为他们可以改善公司的盈利能力,从而使得股票价格超过 35 美元,那么他们应该展开对这次收购的斗争。如果管理层认为当前的收购方或其他潜在收购方实际上会付出超过 35 美元/股的价格来收购公司,那么他们还是应该抵御这次收购。但是如果现有的管理层不能够使得公司的价值提高到比收购价格更高的水平,以及没有其他更高的收购价格出现,则管理层如果还是与收购方斗争的话,就不是以股东的最大利益行事。因为当公司被收购时,现有的管理层通常会失去工作,因此管理水平较差的管理层就会有一种抵御收购的动机。

7. 我们预期代理问题在其他国家可能没有那么严重,这主要是因为个人投资者所持份额较少。个人投资者所占比例较少时,则将减少针对企业目标看法的不一致性。机构投资者比例较高,则所有者和管理者之间对于有风险的项目的决策达成一致的可能性更高。并且,考虑到机构投资者在管理方面具有更丰富的资源和经验,因此机构投资者更有可能对管理层进行有效的监督。

8. 在美国,机构持股比例的增加以及这些大型投资者参与积极性的提高,可能使得美国公司的代理问题减少,并使得公司治理更为有效。不过,也并非总是如此。如果共同基金或养老基金的经理并不关心投资人的利益,则代理问题可能还会和过去一样,甚至有可能更严重,因为基金和其投资人之间也可能存在代理问题。

9. 多少是过高呢?谁更值钱,拉里·埃利森还是"老虎"伍兹?最简单的答案是,和所有各种类型的劳动力一样,也存在一个首席执行官的市场。首席执行官的薪酬就是使得市场出清的价格。这对于运动员和演员来说也是一样。话虽这么说,但是,关于首席执行官的薪酬,有一点值得提出来:首席执行官的薪酬之所以增长得如此迅速,是因为越来越多的公司采取了基于股票的薪酬方案。这种方案能够更好地匹配股东与管理层的利益。近年来,股票价格上涨迅速,因此首席执行官的薪酬增长迅速。一些人认为这些回报总的来说只是由于股票价格的上涨,而不是因为管理层的绩效。也许在未来,首席执行官的薪酬方案将基于差异性的股价表现,即超过市场大盘的股价增长部分。

10. 最大化公司股票的当前价格与最大化股票未来任何一个时期的价格是一致的。股票的价值取决于公司所有的未来现金流量。从另一个角度来看,如果排除对于股东的现金支付,股票的未来预期价格将会比现在更高。当一年之后的股票价格是 80 美元时,谁会在今天花 100 美元购买呢?

第 2 章

会计报表与现金流量

本章概要

本章除了介绍会计知识,还说明如何根据公司会计报表中的信息确定现金流量。

1. 现金流量由企业的业务活动所产生,并向债权人和股东支付,它可以分为:
   a. 经营性现金流量;
   b. 固定资产变动产生的现金流量;
   c. 营运资本变动产生的现金流量。
2. 计算现金流量并不困难,但是要细心,特别要注意折旧、递延税款等非现金费用的恰当计算。尤为重要的是,不能将净营运资本变动的现金流量与净利润相混淆。

思考与练习

1. **流动性 是非题**:所有的资产都在付出某种代价的情况下具有流动性。

请解释。

2. **会计与现金流量** 为什么标准的利润表上列示的收入和成本不代表当期实际的现金流入和现金流出？

3. **会计现金流量表** 在会计现金流量表上，最后一行表示什么？这个数字对于分析一家公司有何用处？

4. **现金流量** 财务现金流量与会计现金流量有何不同？对于公司分析，哪个更有用？

5. **账面价值与市场价值** 按照会计规定，一家公司的负债有可能超过资产，此时所有者权益为负，这种情况在市场价值上有没有可能发生？为什么？

6. **资产的现金流量** 为什么说在一个特定期间内资产的现金流量为负不一定不好？

7. **经营性现金流量** 为什么说在一个特定期间内经营性现金流量为负不一定不好？

8. **净营运资本和资本性支出** 公司在某个年度净营运资本的变动额有可能为负吗？（提示：有可能。）请解释怎样才会发生这种情况？资本性支出呢？

9. **对股东和债权人的现金流量** 公司在某个年度对股东的现金流量有可能为负吗？（提示：有可能。）请解释怎样才会发生这种情况？对债权人的现金流量呢？

10. **公司价值** 本章开篇处提到福特公司，我们说福特公司的股东所遭受的损失可能并不像会计报告的损失那么严重，你认为我们这么说的依据是什么？

11. **编制利润表** Shelton 公司的销售额为 435 000 美元，成本为 216 000 美元，折旧费用为 40 000 美元，利息费用为 21 000 美元，税率为 35%。该公司的净利润是多少？若分派 30 000 美元的现金股利，留存收益会增加多少？

12. **计算净资本性支出** Gordon 驾校 2014 年资产负债表上的固定资产净额为 132 万美元，2015 年资产负债表上的固定资产净额为 151 万美元，2015 年的利润表上有折旧费用 13.7 万美元，其 2015 年的净资本性支出是多少？

13. **计算现金流量** Jordan 高尔夫店 2014 年和 2015 年的长期负债分别为 162.5 万美元和 173 万美元，2015 年利息费用为 18.5 万美元。该公司 2014 年普通股为 51 万美元，股本溢价为 360 万美元，2015 年这两项分别为 54.5 万美元和 385 万美元，2015 年支付现金股利 27.5 万美元。该公司 2015 年净资本性支出为 97.5 万美元，净营运资本减少 13.2 万美元。该公司 2015 年的经营性现金流量（即 OCF）是多少？

14. **计算总现金流量** Schwert 公司 2015 年的利润表上显示了如下信息：销售额为 215 000 美元；成本为 117 000 美元；其他费用为 6 700 美元，折旧费用为 18 400 美元；利息费用为 10 000 美元；税为 25 370 美元；股利为 9 500 美元。另外，你还了解到公司 2015 年发行了 8 100 美元的新股，赎回了 7 200 美元的长期债券。

    a. 2015 年经营性现金流量是多少？

    b. 2015 年流向债权人的现金流量是多少？

    c. 2015 年流向股东的现金流量是多少？

    d. 如果该公司当年固定资产净额增加 28 400 美元，净营运资本增加额是多少？

15. **剩余索取权** Josipovich 公司所承担的近期即将向债权人支付的债务为 11 300 美元。

    a. 如果其资产的市场价值为 12 400 美元，所有者权益的市场价值是多少？

b. 如果其资产的市场价值为 9 600 美元呢？

参考答案

1. 正确。所有的资产都可以以某个价格变现。不过，当我们谈到流动资产时，有一个附加的条件就是资产可以以市场价值或与市场价值相近的价格变现。

2. 根据财务会计中的收入确认原则及配比原则，当赚取收入的工作完成时，就可以确认这个收入；并且在产生收入过程中所需要的成本可以被确认为费用，此时并不一定需要收到现金或为账单支付现金。请注意，这种方式并不一定是正确的，这只是会计确认收入和费用的方式。

3. 最后一栏显示出资产负债表的现金余额。因此，这个数字对于分析一家公司没有太大的作用。

4. 主要的不同在于对利息费用的处理。会计现金流量表将利息费用作为经营性现金流量来报告，而财务现金流量表将利息费用作为融资现金流量来报告。会计现金流量表的逻辑是，由于利息费用是利润表的项目，而利润表报告的是本期间的经营情况，则利息费用应该是经营性现金流量。实际上，利息是融资费用，是公司在决定债务融资还是权益融资的时候产生的。关于这一点，我们在后面的章节中会讨论更多。在比较两种现金流量表时，考虑到对于利息费用的处理方式，使用财务现金流量表来衡量企业绩效会更合适。

5. 市场价值不可能是负值。设想股票价格是 −20 美元的情况。这意味着如果你下单购买 100 股，你可以得到股票外加一张 2 000 美元的支票。你希望买多少股？更概括地来说，因为公司破产法和个人破产法，个人或公司的净值不能为负，这意味着负债的市场价值不能超过资产的市场价值。

6. 举例说，对于一家正在快速扩张的成功公司而言，资本支出规模较大，可能产生负的来自资产的现金流量。通常而言，重要的问题是现金的花费是否合理，而不是来自资产的现金流量为正或为负的问题。

7. 对于一家较为成熟的公司而言，负的经营性现金流量可能不是一个好的信号。但对于一家初创公司而言，这是相当普遍的。因此，一个特定期间内经营性现金流量为负不一定不好。

8. 例如，如果一家公司在存货管理上更为有效，则所需要的存货数量会减少。如果公司回收应收账款的效率提高，也是一样的。总的来说，使得期末净营运资本相对于期初减少的任何事情都会有这样的效果。负额的净资本支出意味着企业会处置更多的长期资产，而不是购买。

9. 如果一家公司在某个时期内从发售股份中筹集到的资金多于该公司支付的股利，则其对股东的现金流量有可能为负。如果一家公司在某个时期内借入的资金多于其偿还的利息和本金，则其对债权人的现金流量有可能为负。

10. 本章所讨论的调整只是会计上的变更，对于现金流量或市场价值并没有影响，除非新的会计信息将使得股东对于资产进行重新估值。

11. 公司的利润表是:

利润表	（单位：美元）
销售额	435 000
成本	216 000
折旧	40 000
息税前利润（EBIT）	179 000
利息	21 000
税前利润（EBT）	158 000
所得税	55 300
净利润	102 700

计算净利润的等式是：

$$净利润 = 股利 + 留存收益增加额$$

变换后，得到：

$$留存收益增加额 = 净利润 - 股利 = 102\,700 - 30\,000 = 72\,700（美元）$$

12. 净资本性支出 = 固定资产期末净额 − 固定资产期初净额 + 折旧
    = 1 510 000 − 1 320 000 + 137 000 = 327 000（美元）

13. 来自于资产的现金流量 = 流向债权人的现金流量 + 流向股东的现金流量
    = 80 000 +（− 10 000）= 70 000（美元）

来自于资产的现金流量 = 经营性现金流量（OCF）− 净营运资本变化额
− 净资本性支出

70 000 = 经营性现金流量 −（− 132 000）− 975 000

经营性现金流量 = 70 000 − 132 000 + 975 000 = 913 000（美元）

14. 为求出经营性现金流量，我们首先计算净利润。

利润表	（单位：美元）
销售额	215 000
成本	117 000
其他费用	6 700
折旧	18 400
息税前利润（EBIT）	72 900
利息	10 000
应税利润	62 900
所得税	25 370
净利润	37 530
股利	9 500
留存收益增加额	28 030

a. 经营性现金流量 = 息税前利润 + 折旧 − 所得税
= 72 900 + 18 400 − 25 370 = 65 930（美元）

b. 流向债权人的现金流量 = 利息 − 新增长期负债净额
$$= 10\ 000 - (-7\ 200) = 17\ 200（美元）$$

注意：因为公司偿还了部分长期负债，所以新增长期负债净额是负的。

c. 流向股东的现金流量 = 股利 − 新增权益净额
$$= 9\ 500 - 8\ 100 = 1\ 400（美元）$$

d. 我们知道来自资产的现金流量 = 流向债权人的现金流量 + 流向股东的现金流量，因此：
$$来自资产的现金流量 = 17\ 200 + 1\ 400 = 18\ 600（美元）$$

来自资产的现金流量也等于经营性现金流量 − 净资本性支出 − 净营运资本变化额。我们已经求出了经营性现金流量，因此净资本性支出等于：
$$净资本性支出 = 固定资产净值的增加额 + 折旧$$
$$= 28\ 400 + 18\ 400 = 46\ 800（美元）$$

现在我们可以使用：
$$来自资产的现金流量 = 经营性现金流量 - 净资本性支出 - 净营运资本变化额$$
$$18\ 600 = 65\ 930 - 46\ 800 - 净营运资本变化额$$

求得净营运资本变化额为530美元，这意味着公司的营运资本增加了530美元。

15. 股东权益的市场价值不可能为负。一个为负的市场价值意味着公司将付钱给你，以让你持有股份。股东权益的市场价值可以表示为：股东权益 = 最大值 [（资产总额 − 负债），0]。因此，如果资产总额是12 400美元，权益为1 100美元。而如果资产总额是9 600美元，权益将为0。我们应该注意，虽然权益的市场价值不可能为负，但股权权益的账面价值可能为负。

CHAPTER 3 第3章

财务报表分析与长期计划

本章概要

本章集中讨论财务报表信息，具体包括标准的财务报表、比率分析以及长期财务计划。

1. 公司规模的差异使得财务报表比较变得较为困难，本章讨论了如何构造共同比报表使公司间报表数据的比较简单而有意义。
2. 比较财务报表信息的另一种方法是估算会计数字的比率，本章定义了很多最为常用的比率，并讨论了著名的杜邦恒等式。
3. 本章还说明了如何编制预测财务报表，并利用它计划未来的资金需求。

通过对本章的学习，希望你能够理解财务报表信息的利用与滥用，你会发现自己的商业和财务术语充实了不少。

思考与练习

1. **财务比率分析** 由于不同行业的公司在财务比率上存在很大的差异，财务比率本身提供的信息有限，分析一个公司的财务比率有两种基本方法：时间趋势分析和同类公司分析。为什么这些方法会有用呢？每种方法能够告诉你哪些关于公司财务健康状况的信息？

2. **行业专用比率** 所谓的"同店销售"（same-store sales）是像麦当劳和西尔斯之类的十分分散的公司的一项重要指标，顾名思义，分析同店销售就是比较同样的店铺或餐馆在两个不同时间点的销售额。为什么公司更关注同店销售而不是总销售额？

3. **销售预测** 为什么多数长期财务计划都从销售预测开始？或者说，为什么未来销售额是关键？

4. **可持续增长** 本章中利用 Rosengarten 公司说明 EFN 的计算，Rosengarten 的 ROE 大约为 7.3%，利润再投资率大约为 67%，如果你为 Rosengarten 计算可持续增长率，会发现它只有 5.14%，而我们在计算 EFN 时所使用的增长率为 25%，这可能吗？（提示：可能。如何才能实现呢？）

5. **EFN 与增长率** Broslofski 公司每年都维持一个正的留存比率，并保持负债－权益比不变。当销售额按照 20% 的速度增长，公司预计 EFN 为负数，这是否向你提示了某些关于该公司可持续增长率的信息？你能够肯定内部增长率是大于还是小于 20% 吗？为什么？如果留存比率上升，预计 EFN 将会怎样？如果留存比率降低呢？如果留存比率等于零呢？

6. **共同比财务报表** 共同比报表是财务分析的工具之一，共同比利润表与资产负债表为什么有用？现金流量表没有被转变成共同比报表的形式，为什么？

7. **资产利用与 EFN** 我们在计算外部融资需要量时隐含着一个假设，即公司资产满负荷运转。如果公司的生产能力尚未全部利用，会如何影响外部融资需要量？

8. **比较 ROE 和 ROA** ROA 和 ROE 都衡量盈利性，在对两个公司进行对比时，哪个指标更加有用？为什么？

9. **比率分析** EBITD／资产这一比率说明什么？为什么说这个比率在比较两个公司时比 ROA 更加有用？

    利用以下信息回答下面的 5 个问题。祖母日历（Grandmother Calendar）公司是一家小公司。公司一开始出售个性化的照片日历套品，结果日历套品大获成功，销售额很快大幅度超出预期，订单接踵而来。为此，公司租用了更大的场地并扩大了产能，然而还是无法满足需要，设备因过度使用而损坏，质量随之受到影响，营运资本因扩大生产而耗尽，与此同时，客户要等到产品发出才支付货款。公司无法按照订单供货，现金紧张使之陷入极大的困境，以至于支付员工薪水的支票开始被银行退票。最后，该公司由于现金短缺，3 年后不得不全线终止经营。

10. **产品销售** 你是否认为假如该公司的产品销售不是如此火爆，它就不会遭此命运？为什么？

11. **现金流量** 祖母日历公司显然存在现金流量问题，根据教材第 2 章的现金流量分析，客户直到发货时才付款对其现金流量有何影响？

12. **公司借款** 既然这家公司的销售如此成功，为什么银行或其他债权人不插手进来，为其提供所需要的资金以便该公司能够持续经营？

13. **现金流量** 在这个例子中，罪魁祸首是什么？太多的订单？太少的现金？还是过低的生产能力？
14. **现金流量** 发现自己处于增长和销售超过生产能力的时候，像祖母日历这样的小公司可以采取什么措施（除了扩大产能）？
15. **权益乘数与权益收益率** Synovec 公司的负债－权益比为 0.70，资产收益率为 8.4%，总权益为 840 000 美元，其权益乘数是多少？权益收益率是多少？净利润呢？
16. **可持续增长** 如果 Hunter 公司的 ROE 为 12%，股利支付率为 15%，其可持续增长率是多少？
17. **可持续增长率** Wintergrass 公司的 ROE 为 11.4%，股利支付率为 25%。
    a. 该公司的可持续增长率是多少？
    b. 该公司的实际增长率可以与可持续增长率不同吗？为什么？
    c. 公司如何改变其可持续增长率？
18. **应收账款回收期** 一家公司的净利润为 314 000 美元，销售利润率为 8.9%，应收账款余额为 152 800 美元，假设销售额中有 80% 为赊销，该公司的应收账款回收期是多少天？
19. **计算现金对利息保障比率** Panda 公司最近年度的净利润是 9 620 美元，税率为 34%，公司支付的总利息费用为 2 380 美元，折旧费用为 3 170 美元。该公司现金对利息的保障比率是多少？

参考答案

1. 时间趋势分析让我们可以看到公司财务状况随着时间是如何变化的。通过将公司的业绩与过去进行比较，财务经理可以分析公司的经营、融资或投资活动是否随着时间而变化。同类公司分析涉及的是将特定公司的财务比率和经营绩效与一组在相同行业的企业或从事相同业务的公司进行比较。将一家公司与其同行进行比较，财务经理可以分析公司的经营、融资或投资活动是否较为规范，由此能够提供一些指导以帮助企业在合适的时候采取一些合适的行动来调整这些比率。两类比率都能有助于我们从财务的角度来调查企业不同的地方，不过这两类比率却不能告诉我们这些不同是正面的还是负面的。例如，假设一家公司的流动比率会随时间而增加。这可能意味着公司过去面临流动性问题，而现在已经得到了改进；或者这意味着公司管理流动账户的效率降低了。关于同类公司比率的比较分析，也可以做出类似的说明。如果一家公司的流动比率低于其同类企业，则可能意味着这家公司管理流动账户的效率较高，也可能意味着公司面临流动性问题。两种分析方法都不能告诉我们某个比率是好的还是坏的，只能告诉我们某些地方有所不同，并告诉我们应该观察哪些地方。
2. 若一家公司以开新分店的形式进行扩张，则大体上其销售总额会增加。将一家公司在两个不同时间点上的销售总额进行比较，其结果可能有误导性。考虑到这一点，同店销售则仅仅观察在某一个特定时期内开张的店铺的销售额。

3. 原因是，销售额是企业增长的最终推动力。一家公司的资产、雇员以及实际上其经营和财务的所有方方面面都是为销售提供直接或间接的支持的。换言之，公司的未来需要，包括资本性资产、雇员、存货以及融资等都是由其未来的销售额水平所决定的。

4. 有两个关于可持续增长率计算公式的假设：第一，公司不发售新的权益；第二，财务政策是不变的。如果公司发售新的权益，或者提高债务－权益比率，则公司可以以高于可持续增长率的比率增值。当然，如果公司通过提高留存比率来改变股利政策或者提高其资产周转率，公司增长的速度也可以高于其利润率增长的速度。

5. 可持续增长率超过20%，因为当增长率为20%的时候，EFN 为负，这意味着还存在多余的可融资额。如果公司的融资是100%权益的，则可持续增长率和内部增长率是相等的，且内部增长率是大于20%的。但是如果公司有一些债务，内部增长率将一直小于可持续增长率，因此我们并不清楚内部增长率是否会大于20%。如果留存比率增加，则公司会有更多的内部融资来源，并且公司会承担更多的负债，以维持债务－权益比率的稳定，因此 EFN 将下降。相反，如果留存比率减少，则 EFN 将上升。如果留存比率为0，则内部增长率和可持续增长率都将为0，EFN 将随着资产总额的变化而增加。

6. 共同比财务报表有助于财务经理对公司进行比率分析。共同比利润表可以展示出一些信息，例如销货成本占销售额的百分比在上升。共同比资产负债表可以展现出一个公司对于债务融资的依赖程度在上升。之所以不编制共同比现金流量表，是因为一个简单的原因：没有可以使用的分母。

7. 这可能会减少外部融资需要量。如果公司不是满负荷运转，则可以在不新购置固定资产的情况下提高销售额。

8. ROE 是衡量企业业绩的一个更好的指标。ROE 可以告诉我们一年中来自股东的投资赚取了百分之几的回报。企业的经营目标是使得股东价值最大化，这个比率可以告诉我们企业在一段时间内的经营有没有达到这个目标。

9. EBITD／资产比率说明了公司在扣除利息、税费和折旧之前的经营业绩。这个比率说明公司控制成本的效果如何。税费是公司的一项成本，折旧和摊销也可以被看成成本，而公司管理层对于这些成本的控制并不是一件容易的事情。相反，还可以通过会计方法的选择来改变折旧和摊销。因此，在计算这个比率的分子时，使用的是与经营直接相关的成本。与 ROA 相比，EBITD／资产比率能够更好地衡量某一段时期的管理绩效。

10. 大致上不是，但是，当然如果产品的销售**远远没有**这样火爆，那么销售额的缺少也会给它带来类似的命运。

11. 因为客户要到发货时才支付货款，所以应收账款会有所增加。由此带来公司的 NWC（而不是现金）会有所增加。同时，由于成本的增加速度快于现金收入，因此运营现金流会有所减少。公司的资本支出也会有所增加。因此，会对来自资产的现金流产生负面的影响。

12. 如果公司能够较快地采取行动，也许能够安排资金到位。只有当时机已晚，才需要额外的资金援助，这再一次凸显了计划的重要性。

13. 这三者都很重要，但资金的欠缺或者说是财务资源的欠缺将是最终的罪魁祸首。现金资源的欠缺是小企业最常见的失败原因。

14. 祖母日历这样的小公司可以采取的措施包括：要求预先付款、提高价格、减少产量以及从新的业主或债权人那里获取融资。当订单数量超过产能时，提高价格是很有利的。

15. 权益乘数计算如下：

$$权益乘数 = 1 + \frac{负债}{权益} = 1 + 0.70 = 1.70$$

计算权益收益率（ROE）的一个公式是：

$$权益收益率 = 资产收益率 \times 权益乘数 = 0.084 \times 1.70 = 0.1428，或 14.28\%$$

也可以通过以下方式计算权益收益率（ROE）：

$$权益收益率 = \frac{净利润}{权益总额}$$

因此，净利润等于

$$净利润 = 权益收益率 \times 权益总额 = 0.1428 \times 840\,000 = 119\,952（美元）$$

16. 我们需要首先算出留存比率，然后再计算可持续增长率。留存比率（b）为：

$$b = 1 - 0.15 = 0.85$$

现在我们可以使用可持续增长率等式来求：

$$可持续增长率 = \frac{(权益收益率 \times b)}{[1-(权益收益率 \times b)]}$$

$$= \frac{(0.12 \times 0.85)}{(1-0.12 \times 0.85)} = 0.1136，或 11.36\%$$

17. a. 可持续增长率是：

$$可持续增长率 = \frac{ROE \times b}{1-ROE \times b}$$

其中：

$$b = 留存比率 = 1 - 股利支付率 = 0.75$$

因此：

$$可持续增长率 = \frac{0.114 \times 0.75}{1-0.114 \times 0.75} = 0.0935，或 9.35\%$$

b. 可持续增长率和实际的增长率有可能不同。如果可持续增长率计算等式中参数的实际数值与我们用来计算可持续增长率的数值不相同，则实际的增长率将与可持续增长率不同。考虑到可持续增长率计算等式中也包括了ROE，这还意味着利润率、总资产周转率或权益乘数的变化也将影响可持续增长率。

c. 一个公司可以通过以下任一方面的做法来提高增长率：

- 通过发售更多的债券或回购股票来提高债务-权益比率；
- 通过提高利润率，通常是由成本控制而实现的；
- 提高总资产/销售额比率，换言之，提高资产的利用效率；
- 降低股利支付率。

18. 这个问题需要分几个步骤用到几个比率来计算。往前推算，我们可以较容易地找出应该从哪个比率开始计算。我们需要利用应收账款周转率来求出应收账款回收期。为了计算应收账款周转率，我们需要赊账销售额。为了求出赊账销售额，我们需要销售额。因为我们已经得到了利润率和净利润，我们可以使用这两个比率来求出销售额：

$$利润率 = \frac{净利润}{销售额}$$

$$0.0890 = \frac{314\,000}{销售额}$$

$$销售额 = 3\,528\,090（美元）$$

赊账销售额是总销售额的80%，因此：

$$赊账销售额 = 3\,528\,090 \times 0.80 = 2\,822\,472（美元）$$

现在我们可以求出应收账款周转率：

$$应收账款周转率 = \frac{赊账销售额}{应收账款} = \frac{2\,822\,472}{152\,800} = 18.47（次）$$

$$应收账款回收期 = \frac{365\,天}{应收账款周转率} = \frac{365}{18.47} = 19.76（天）$$

19. 这个问题要求你在利润表上进行倒推。首先，考虑到净利润=(1-公司所得税率)×税前利润。将数值代入等式中，我们可以求出税前利润：

$$税前利润（EBT）= \frac{9\,620}{(1-0.34)} = 14\,575.76（美元）$$

现在，我们可以在税前利润的基础上加上利息，得到息税前利润，计算如下：

息税前利润（EBIT）= 税前利润 + 支付的利息 = 14 575.76 + 2 380 = 16 955.76（美元）

为求出 EBITD（扣除利息、税和折旧之前的利润），即现金对利息保障比率的分子，我们在息税前利润的基础上加上折旧：

EBITD = 息税前利润 + 折旧 = 16 955.76 + 3 170 = 20 125.76（美元）

现在，我们将数据代入现金对利息保障比率的计算式子中，得到：

$$现金对利息保障比率 = \frac{EBITD}{利息} = \frac{20\,125.76}{2\,380} = 8.46（倍）$$

第 4 章

折现现金流量估价

本章概要

1. 两个基本概念：**终值**和**现值**。本章一开始便介绍了这两个基本概念。终值分析在于确定当前资金在未来的价值，在 10% 的利率下，投资者当前的 1 美元 1 年后的终值为 1.10 美元，2 年后为 1.21（$=1 \times 1.10^2$）美元，依此类推。相反，现值分析则是要确定未来的现金流在当前的价值。利率为 10% 时，1 年后收到的 1 美元，其当前的价值是 0.909（$=1/1.10$）美元，而两年后收到的 1 美元，其当前的价值是 0.826（$=1/1.10^2$）美元。

2. 利率一般是按年计息的，比如说每年 12%。但是也有些金融机构计息期短于 1 年，比如说是季息 3%。这样虽然后一种方式的名义利率仍为 12%（$=3\% \times 4$），但其实际利率是 12.55%（$=1.03^4-1$）。换句话说，复利计息增加了投资的终值。计息次数增加到极限情况就是连续复利计息，其资金在每一瞬间都会被用来进行再投资。

3. 一种定量的财务决策方法是净现值分析法。一项在未来时期产生现金流（C_i）的投资，其净现值公式为：

$$NPV = -C_0 + \frac{C_1}{1+r} + \frac{C_2}{(1+r)^2} + \cdots + \frac{C_T}{(1+r)^T}$$

$$= -C_0 + \sum_{i=1}^{n} \frac{C_i}{(1+r)^i}$$

其中：C_i 为第 i 期的现金流（$i = 1, \cdots, n$），公式中假定第 0 期的现金流为初始投资，其实际上是一笔现金流出。

4. 简化公式。事实上，现值的计算常常是冗长烦琐的。按月偿还的长期抵押贷款的现值的计算就是一个典型例子。为了便于运算，我们推导出了下列 4 个简化公式：

永续年金：$PV = \dfrac{C}{r}$

永续增长年金：$PV = \dfrac{C}{r-g}$

年金：$PV = C\left[\dfrac{1-\dfrac{1}{(1+r)^T}}{r}\right]$

增长年金：$PV = C\left[\dfrac{1-\left(\dfrac{1+g}{1+r}\right)^T}{r-g}\right]$

5. 在上边几个简化公式的应用中，我们强调要注意的有以下几点。

   a. 各个公式的分子是从现在起一个期限以后收到的现金流。
   b. 现实生活中的现金流分布常常是没有规律的，为了避免大量的笨拙计算，在教材和实际中常会假定现金流分布是有规律的。
   c. 有些问题是关于几期以后开始的年金（或永续年金）的现值的计算。同学们应学会结合折现公式和年金（或永续年金）公式来求解。
   d. 有时年金或永续年金可能是每两年或更多的时期发生一次，而不是每一年一次。年金和永续年金的计算公式可以轻易地解决这些问题。
   e. 在应用过程中，同学们还经常会碰到令两个年金的现值相等来联合求解的问题。

思考与练习

1. **计算终值** 计算以下情况下 1 000 美元的复利终值：

   a. 以 6% 的利率复利 10 年。
   b. 以 12% 的利率复利 10 年。
   c. 以 6% 的利率复利 20 年。

d. 为什么 c 题中计算得到的数值不是 a 题中的两倍？

2. **计算利率** 计算以下情况下的利率：

现值（美元）	年数	利率（%）	终值（美元）
242	4		345
410	8		927
51 700	16		152 184
18 750	27		538 600

3. **连续复利** 请计算以下情况下 1 900 美元连续复利的终值。

   a. 利率为 12%，连续复利 9 年。

   b. 利率为 8%，连续复利 5 年。

   c. 利率为 5%，连续复利 17 年。

   d. 利率为 9%，连续复利 10 年。

4. **计算永续年金价值** Perpetual 人寿公司向你推销一款投资计划，该计划将为你和你的后代永续支付每年 12 000 美元。如果该计划的必要收益率为 4.7%，那么你将为该计划支付多少钱？假如该公司将该计划价格定为 275 000 美元，那么当利率为多少时该计划是公平的？

5. **利率** 著名的金融作家 Andrew Tobias 提到他能够通过买卖红酒每年获利 177%。他假设自己未来 12 周中每周购买一瓶波尔多白兰地，价格为 10 美元。他可以每周支付 10 美元，也可以直接购买一打 12 瓶。如果他购买一打，他将获得 10% 的折扣，同时他将获利 177%。假设他购买了红酒且从现在起购买第 1 瓶。你同意他的分析吗？你看出他的分析有什么问题了吗？

6. **单利与复利** First Simple 银行对于它的投资账户采取 4.1% 的单利计息。如果 First Complex 银行采用的是年复利的计息方式，为了和 First Simple 银行在 10 年期内获得相同的利率，应该设定复利利息为多少？

7. **增长年金** Mark Weinstein 正着力于研发一种眼睛激光手术的先进技术。该技术将在短期内投入使用。他预计将在两年后得到该技术带来的第一笔现金流为 215 000 美元。剩余的收入将以永续年金的方式获得，同时每年增长 3.8%。那么当折现率为 10% 的时候，该技术带来现金流的现值应为多少？

8. **气球付款** Audrey Sanborn 计划在巴哈马群岛购买一套价值 650 000 美元的度假屋，首付 20%。房屋抵押贷款的年名义利率为 5.2%，按月复利计息，要求在未来 30 年以等额本息的方式按月付清。她的第 1 笔支付将在一个月后到期。而这个房屋抵押贷款有一个"气球付款"，要求在第 8 年年末一次性付清剩余本金。假设没有其他的交易费用，8 年后 Audrey 的气球付款是多少？

9. **增长年金** 你所从事的工作每年支付一次工资。今天是 12 月 31 日，你刚刚获得了 72 500 美元的工资，而且你计划将其全部花完。但是你想从明年开始为你的退休储蓄资金。你决定从 1 年后起，将年度工资的 5% 存入银行账户，该账户将提供 9% 的利息。在你的职业生涯中，你的工资将以每年 3.7% 的增长率增长。请问在 40 年后退休时，你将能获得多少钱？

10. **计算债务清偿额** 你需要一份 30 年期、固定利率的抵押贷款来购买一幢 250 000 美元的新住房。你的抵押贷款银行将以 4.5% 的年名义利率（APR）提供一项 360 个月期的贷款。但是，你只能负担 950 美元的每月偿还额，因此你要求在贷款到期时提供一笔气球付款，以清偿所有剩余的数额。如果你将月度清偿额保持在 950 美元的水平，那么这笔气球付款的数额会是多少？

11. **现值与盈亏平衡点利率** 假设有家公司签订了一项合同，该合同约定在 3 年后以 135 000 美元的价格售出一项资产。该资产今天的价格为 89 000 美元。如果这项资产的相关折现率为每年 13%，那么公司在这项资产上能否赚取利润？在什么利率下，公司刚好实现盈亏平衡？

12. **变动利率** 一份 15 年期的年金每月支付 1 750 美元，在月底支付。如果在前 7 年采用的是以 12% 的利率进行月度复利，而在之后采用 6% 的月度复利，请问这份年金的现值是多少？

13. **年金** 你正在为你的两个孩子进行教育储蓄。他们年龄相差两岁，一个将在 15 年后上大学，另一个则是 17 年后。你预计他们的大学费用将为每个孩子 65 000 美元／年，在每个学年初支付。年利率为 8.4%。你需要每年在账户中储蓄多少钱来进行储蓄呢？你的储蓄将在 1 年后开始。同时你将在你的第 1 个孩子进入大学之后停止储蓄。假设大学学制为 4 年。

14. **气球付款** 2013 年 9 月 1 日，苏珊购买了一辆摩托车，价格为 34 000 美元。她付了 2 000 美元的首付，然后将在未来 5 年内以年利率 7.2% 按月复利计息的方式对剩余债务进行偿付。她从购买一个月后开始进行偿付，也就是从 2013 年 10 月 1 日开始。两年以后的 2015 年 10 月末，苏珊找到了一份新工作，并且决定付清贷款。如果银行将会对苏珊提前付清贷款收取一笔数额为剩余本金的 1% 的违约费用，那么苏珊在 2015 年 11 月 1 日将向银行支付多少钱？

15. **贴息贷款** 这个问题将举例说明什么是**贴现利息**。假设你正在讨论一笔从不讲道德的贷款人的债务。你想借入一笔期限 1 年的 20 000 美元贷款，利率为 15.7%。你和贷款人就利息达成了一致，为 $0.157 \times 20\ 000 = 3\ 140$ 美元。因此该贷款人提前将这笔利息从贷款中扣除，仅借给你 16 860 美元。在这个例子中，我们说贴息为 3 140 美元。这究竟是为什么呢？

16. **计算附加利息的实际年利率** 这个问题将说明一种具有迷惑性的报告利率的方式，称为**附加利息**。假设你看到了一则疯狂 Judy 立体城市的广告："1 000 美元的快速信用贷款！17.4% 的单利！3 年付清！非常非常低的月还款额！"你不是很确定这是什么意思，同时有人把贷款合同的名义年利率弄脏了看不清，因此你决定咨询该广告的经理。

Judy 对此的解释如下。如果按照 17.4% 的利率借出 3 年期 1 000 美元的贷款，那么在 3 年后你的欠款为：

$$1\ 000 \times 1.174^3 = 1\ 000 \times 1.618\ 10 = 1\ 618.10（美元）$$

Judy 说一下子支付 1 618.10 美元可能有点吃力，因此她允许你按月进行很低额度的偿还，为 1 618.10 / 36 = 44.95 美元，虽然这样会给她增加一些工作量。

那么该贷款的利率真的为 17.4% 吗？为什么？该贷款的名义年利率应该是多少？实际年利率呢？你认为这为什么被称为附加利息？

参考答案

1. 为求出一笔金额的终值 (FV)，我们使用下式：
$$FV = PV(1+r)^t$$

   a.

   ```
   0                                              10
   1 000                                          FV
   ```

   终值 (FV) = 1 000 × (1.06)^{10} = 1 790.85（美元）

   b.

   ```
   0                                              10
   1 000                                          FV
   ```

   FV = 1 000 × (1.12)^{10} = 3 105.85（美元）

   c.

   ```
   0                                              20
   1 000                                          FV
   ```

   FV = 1 000 × (1.06)^{20} = 3 207.14（美元）

   d. 因为复利的缘故，c 问题赚取的利息比 a 问题多了 2 倍以上。在复利的情况下，终值以指数级的速度增长。

2. 回答这个问题，我们既可以使用终值公式，也可以使用现值公式。两个公式将给我们相同的答案，因为它们仅仅在时间上是倒置的。我们现在使用终值公式，如下：
$$FV = PV(1+r)^t$$

   求解利率 r，我们得到：
$$r = \left(\frac{FV}{PV}\right)^{\frac{1}{t}} - 1$$

   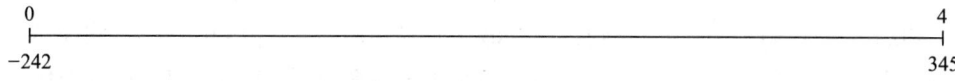

   $FV = 345 = 242 × (1+r)^4$; $\quad r = \left(\dfrac{345}{242}\right)^{\frac{1}{4}} - 1 = 0.092\ 7$，或 9.27%

   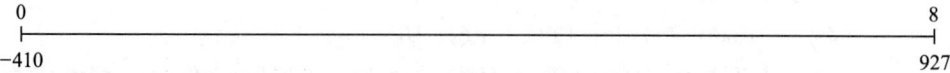

$$FV = 927 = 410 \times (1+r)^8; \qquad r = \left(\frac{927}{410}\right)^{\frac{1}{8}} - 1 = 0.1074,\ \text{或}\ 10.74\%$$

```
0                                                    16
├────────────────────────────────────────────────────┤
-51 700                                          152 184
```

$$FV = 152\,184 = 51\,700 \times (1+r)^{16}; \qquad r = \left(\frac{152\,184}{51\,700}\right)^{\frac{1}{16}} - 1 = 0.0698,\ \text{或}\ 6.98\%$$

```
0                                                    27
├────────────────────────────────────────────────────┤
-18 750                                          538 600
```

$$FV = 538\,600 = 18\,750 \times (1+r)^{27}; \qquad r = \left(\frac{538\,000}{18\,750}\right)^{\frac{1}{27}} - 1 = 0.1324,\ \text{或}\ 13.24\%$$

3. 为求出连续复利下的终值，我们使用以下等式：

$$FV = PVe^{rt}$$

a.
```
0                                                     9
├────────────────────────────────────────────────────┤
1 900                                                FV
```
$$FV = 1\,900 \times e^{0.12 \times 9} = 5\,594.89\ \text{（美元）}$$

b.
```
0                                                     5
├────────────────────────────────────────────────────┤
1 900                                                FV
```
$$FV = 1\,900 \times e^{0.08 \times 5} = 2\,834.47\ \text{（美元）}$$

c.
```
0                                                    17
├────────────────────────────────────────────────────┤
1 900                                                FV
```
$$FV = 1\,900 \times e^{0.05 \times 17} = 4\,445.33\ \text{（美元）}$$

d.
```
0                                                    10
├────────────────────────────────────────────────────┤
1 900                                                FV
```
$$FV = 1\,900 \times e^{0.09 \times 10} = 4\,673.25\ \text{（美元）}$$

4. 时间线如下：

```
0    1                                                ∞
├────┼────┼────┼────┼────...──┼────┼────┼────┼────┼──
PV  12 000 12 000 12 000 12 000  12 000 12 000 12 000 12 000 12 000
```

这是一个永续年金。为求出永续年金的现值（PV），我们使用以下式子：

$$PV = \frac{C}{r} = \frac{12\,000}{0.047} = 255\,319.15\ \text{（美元）}$$

为求出使得永续年金的现值与养老金计划的价格相等时的利率 r，我们使用永续年金现值公式：

$$PV = \frac{C}{r}$$

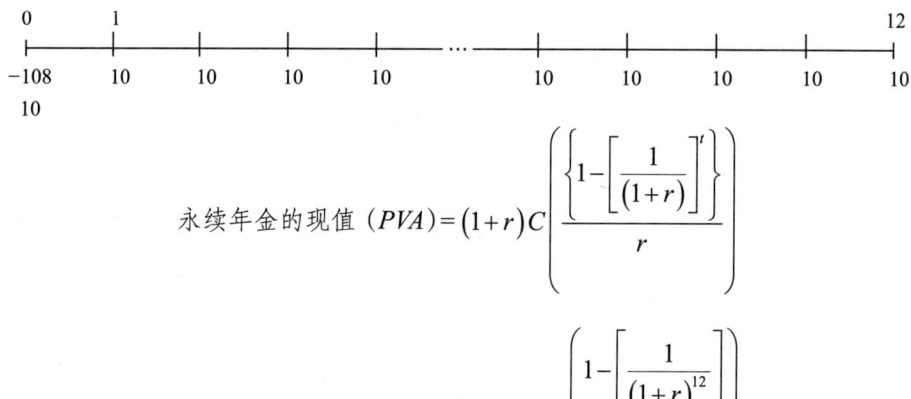

$$275\,000 = \frac{12\,000}{r}$$

我们可以求解利率 r 如下：

$$r = \frac{12\,000}{275\,000} = 0.043\,6，或 4.36\%$$

5. 一打红酒的价格比 12 瓶红酒单独出售的总价格低 10%，因此一打红酒的价格是：

$$一打红酒的价格 = 12 \times 10 \times (1 - 0.10) = 108（美元）$$

现在，我们需要求出利率。现金流量是预付现金流的形式，因此：

$$永续年金的现值 (PVA) = (1+r)C\left(\frac{1-\left[\frac{1}{(1+r)}\right]^t}{r}\right)$$

$$108 = (1+r) \times 10 \times \left(\frac{1-\left[\frac{1}{(1+r)^{12}}\right]}{r}\right)$$

求解利率，我们得到：

$$r = 0.019\,8，或每周 1.98\%$$

因此 该项投资的 APR 是：

$$APR = 0.019\,8 \times 52 = 1.027\,7，或 102.77\%$$

以及 EAR 是：

$$EAR = (1 + 0.019\,8)^{52} - 1 = 1.766\,8 \text{ 或 } 176.68\%$$

这个分析看起来是正确的。通过成打购买红酒，他可以赚取 177% 的收益率。最后，唯一的问题是：你真的可以买到 10 美元 / 瓶的波尔多白兰地吗？

6. First Simple 银行支付的利率总额是每一期的利率乘以期数。换言之，First Simple 银行在 10 年期内支付的利率是：

$$0.041 \times 10 = 0.41$$

First Complex 银行支付的是复利，因此该银行支付的利率将是 1 美元的终值因子，或者：
$$(1+r)^{10}$$
设定两个利率相等，我们得到：
$$0.041 \times 10 = (1+r)^{10} - 1$$
$$r = 1.41^{\frac{1}{10}} - 1 = 0.035\,0，或 3.50\%$$

7. 这是一个增长型的永续年金。增长型的永续现金流的现值是：
$$PV = \frac{C}{(r-g)} = \frac{215\,000}{(0.10 - 0.038)} = 3\,467\,741.94（美元）$$

我们应该认识到，在计算年金或永续年金时，现值公式中计算的现值是在第 1 笔付款的上一期。在这种情况下，由于第 1 笔付款是在两年后，我们计算出了距离今天 1 年后的现值。为求出今天的价值，我们需要将这个价值作为一笔整额付款进行折现。由此，我们求出了这一系列现金流在今天的价值是：
$$PV = \frac{FV}{(1+r)^t} = \frac{3\,467\,741.94}{(1+0.10)^1} = 3\,152\,492.67（美元）$$

8. 借款额是房子的价值乘以 1 减去首付比例的差值，或者说：
$$借款额 = 650\,000 \times (1 - 0.20) = 520\,000（美元）$$
时间线是：

气球付款的月付款额是基于一个更长的分期偿还计划来计算的，在这种情况下，是 30 年的分期偿还计划。一个 30 年的还款计划将会是：

$$PVA = 520\,000 = C \left\{ \frac{1 - \left[\dfrac{1}{\left(1+\dfrac{0.052}{12}\right)}\right]^{360}}{\left(\dfrac{0.052}{12}\right)} \right\}$$

$$C = 2\,855.38（美元）$$

现在，在第 8 年（第 96 个月），我们需要求出还未偿还的未来付款额的现值。时间线是：

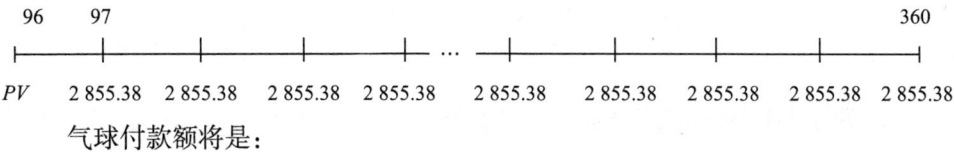

气球付款额将是：

$$PVA = 2\,855.38 \times \left(\frac{\left\{1 - \left[\frac{1}{\left(1 + \frac{0.052}{12}\right)}\right]^{22 \times 12}\right\}}{\left(\frac{0.052}{12}\right)} \right) = 448\,515.59（美元）$$

9. 考虑到你的工资是以 3.7% 的速度每年增长的，你下一年的工资将是：

下一年的工资 = 72 500 ×（1 + 0.037）= 75 182.50（美元）

这意味着你下一年的存款额将是：

下一年的存款额 = 75 182.50 × 0.05 = 3 759.13（美元）

因为你的工资是以 3.7% 的速度每年增长的，所以你的存款额也会以 3.7% 的速度每年增长。我们可以使用增长年金的现值等式来求出你的存款额在今天的价值。这样做我们就得到：

$$PV = C\left\{\left[\frac{1}{(r-g)}\right] - \left[\frac{1}{(r-g)}\right] \times \left[\frac{(1+g)}{(1+r)}\right]^t\right\}$$

$$= 3\,759.13 \times \left\{\left[\frac{1}{(0.09-0.037)}\right] - \left[\frac{1}{(0.09-0.037)}\right] \times \left[\frac{(1+0.037)}{(1+0.09)}\right]^{40}\right\}$$

$$= 61\,268.57（美元）$$

现在我们可以求出这笔资金在 40 年后的终值。我们求出：

$$FV = PV(1+r)^t = 61\,268.57 \times (1+0.09)^{40} = 1\,924\,410.40（美元）$$

这就是你在 40 年后的储蓄额。

10. 时间线是：

```
0      1                                                              360
|------|------|------|------|  ...  |------|------|------|------|------|
PV    950   950    950    950     950    950    950    950    950    950
```

这笔贷款的本金额就是你的一系列月还款额的现值。因此，一系列每月 950 美元还款额的现值是：

$$PVA = 950 \times \left[\frac{\left[1 - \left\{\frac{1}{\left[1 + \left(\frac{0.045}{12}\right)\right]}\right\}^{360}\right]}{\left(\frac{0.045}{12}\right)} \right] = 187\,493.10（美元）$$

一系列每月 950 美元还款额对应的本金就是 187 493.10 美元。因此你还欠的本金额是：

$$250\,000 - 187\,493.10 = 62\,506.90\,(美元)$$

```
0    1                    ...                        360
|----|----|----|----|----|----|----|----|----|----|
62 506.90                                            FV
```

剩下来的本金将以贷款利率的速度增长，直到贷款期结束。因此 30 年后的气球付款额，即剩下来的本金在 30 年后的终值将是：

$$气球付款额 = 62\,506.90 \times \left[1 + \left(\frac{0.045}{12}\right)\right]^{360} = 240\,507.67\,(美元)$$

11. 时间线是：

```
0                         ...                          3
|----|----|----|----|----|----|----|----|----|----|
PV                                                135 000
```

公司赚取的利润就是销售价格的现值减去生产这项资产的成本。我们求出销售价格的现值，即一笔整额款项的现值：

$$PV = \frac{135\,000}{1.13^3} = 93\,561.77\,(美元)$$

公司的利润是：

$$利润 = 93\,561.77 - 89\,000 = 4\,561.77\,(美元)$$

为求出使得公司盈亏平衡的利率，我们需要基于一笔整额款项的现值（或终值）来求出利率。使用一笔整额款项的现值等式，

```
0                         ...                          3
|----|----|----|----|----|----|----|----|----|----|
-89 000                                           135 000
```

$$89\,000 = \frac{135\,000}{(1+r)^3}$$

$$r = \left(\frac{135\,000}{89\,000}\right)^{\frac{1}{3}} - 1 = 0.149\,0，或 14.90\%$$

12. 时间线是：

```
0    1                    ...                        180
|----|----|----|----|----|----|----|----|----|----|
    1 750 1 750 1 750 1 750  1 750 1 750 1 750 1 750 1 750
```

我们需要求出这笔年金在今天的价值，但在年金存续期间，利率发生了变化。我们先要找出后面 8 年的现金流的现值，这些现金流的现值是：

$$PVA_2 = 1\,750 \times \left[\frac{\left\{1 - \frac{1}{\left[1 + \left(\frac{0.06}{12}\right)\right]^{96}}\right\}}{\left(\frac{0.06}{12}\right)}\right] = 133\,166.63\,(美元)$$

注意，这是从今天开始前 7 年的现值。现在我们计算下前 7 年总的现金流的现值。其价值为：

$$PV = \frac{133\,166.63}{\left[1+\left(\frac{0.12}{12}\right)\right]^{84}} + 1\,750 \times \left[\frac{\left\{1-\frac{1}{\left[1+\left(\frac{0.12}{12}\right)\right]^{84}}\right\}}{\left(\frac{0.12}{12}\right)}\right] = 156\,864.59\,（美元）$$

13. 时间线是：

```
0    1              15     16     17     18     19     20
|----|----...----|------|------|------|------|------|------|
                 65 000 65 000 65 000 65 000
                               65 000 65 000 65 000 65 000
C    C           C      C
```

首先，我们求出每个孩子的大学学费的现值。这笔费用就是一个年金，因此大学学费的现值是：

$$PVA = C\left(\frac{\left\{1-\left[\frac{1}{(1+r)}\right]^{t}\right\}}{r}\right)$$

$$= 65\,000 \times \left(\frac{\left\{1-\left[\frac{1}{(1+0.084)}\right]^{4}\right\}}{0.084}\right) = 213\,385.24\,（美元）$$

这是每个孩子在上大学的前一年的学费，因此年纪较大的孩子的大学学费在今天的价值是：

$$PV = \frac{FV}{(1+r)^{t}} = \frac{213\,385.24}{(1+0.084)^{14}} = 68\,984.96\,（美元）$$

年纪较小的孩子的大学学费在今天的价值是：

$$PV = \frac{FV}{(1+r)^{t}} = \frac{213\,385.24}{(1+0.084)^{16}} = 58\,707.81\,（美元）$$

因此，你孩子的大学学费总额在今天的价值是：

今天的价值 = 68 984.96 + 58 707.81 = 127 692.77（美元）

这就是你每年储蓄额的现值，即一笔年金。因此，你每年需要的储蓄额是：

$$PVA = C\left(\frac{\left\{1-\left[\frac{1}{(1+r)}\right]^t\right\}}{r}\right)$$

$$127\,692.77 = C\left(\frac{\left\{1-\left[\frac{1}{(1+0.084)}\right]^{15}\right\}}{0.084}\right)$$

$$C = 15\,284.63（美元）$$

14. 因为苏珊首先付了 2 000 美元的首付，因此借款额是：

$$借款额 = 34\,000 - 2\,000 = 32\,000（美元）$$

因此，月偿还额是：

$$PVA = C\left(\frac{\left\{1-\left[\frac{1}{(1+r)}\right]^t\right\}}{r}\right)$$

$$32\,000 = C\left[\frac{\left\{1-\left[\frac{1}{\left(1+\frac{0.072}{12}\right)}\right]^{60}\right\}}{\left(\frac{0.072}{12}\right)}\right]$$

$$C = 636.66（美元）$$

因为第一笔款项是在 2013 年 10 月 1 日偿还的，而她也在 2015 年 10 月 1 日偿还一笔款项，随后会提前偿还剩余本金，因此还剩下 35 期偿还额。由此，我们可以求出 2015 年 11 月 1 日以后剩下的 34 期偿还额的现值，再将其加到当日的付款额里。因此这笔贷款还欠的本金额是：

$$PV = C\left(\frac{\left\{1-\left[\frac{1}{(1+r)}\right]^t\right\}}{r}\right) + C_0$$

$$= 636.66 \times \left[\frac{\left\{1-\left[\frac{1}{\left(1+\frac{0.072}{12}\right)}\right]^{34}\right\}}{\left(\frac{0.072}{12}\right)}\right]$$

$$C = 19\ 528.60\ (美元)$$

苏珊还需要支付一笔 1% 的违约金，以及 2015 年 11 月 1 日的偿还额，因此还款总额为：

总偿还额 = 气球付款额 × （1 + 违约金比例）+ 当前偿还额

$= 19\ 528.60 × (1 + 0.01) + 636.66 = 20\ 360.54\ (美元)$

15. 这笔现金流的时间线是：

```
0                                                      1
├──────────────────────── ⋯ ────────────────────────┤
-16 860                                              20 000
```

为求出 APR 以及 EAR，我们需要求出这笔贷款的实际现金流。换言之，题目中所报告的利率仅可以在题目中所给出的背景下用来计算利息总额。这笔贷款的现金流量包括你在 1 年后需要偿还的 20 000 美元，以及你今天借入的 16 860 美元。贷款的利率是：

$$20\ 000 = 16\ 860 × (1 + r)$$

$$r = \left(\frac{20\ 000}{16\ 860}\right) - 1 = 0.186\ 2,\ 或者\ 18.62\%$$

因为折扣，你只能使用 16 860 美元的资金，而你在这笔款项上需要支付的利率是 18.62%，而不是 15.7%。

16. 时间线是：

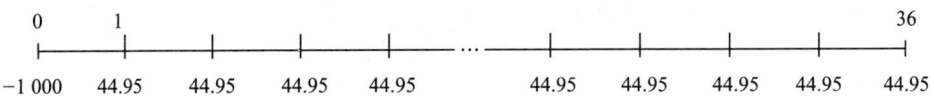

在报告利率的时候，我们需要谨慎一点。一笔贷款的实际利率是由其现金流决定的。在此，我们知道这笔贷款的现值是 1 000 美元，而 3 年内的每月付款额是 44.95 美元，因此这笔贷款的利率是：

$$PVA = 1\ 000 = 44.95 × \left[\frac{\left\{1 - \left[\frac{1}{(1+r)}\right]^{36}\right\}}{r}\right]$$

使用 Excel 的电子数据表格、金融计算器或试错法，我们可以求出利率 r：

$$r = 2.87\% / 月$$

$$APR = 12 × 2.87\%$$

$$= 34.49\%$$

$$EAR = (1 + 0.028\ 7)^{12} - 1 = 0.405\ 1,\ 或者\ 40.51\%$$

这被称为附加利息，因为在计算偿还额之前，贷款的利息就被加到了贷款的本金里。

第5章 净现值和投资评价的其他方法

CHAPTER 5

本章概要

1. 本章介绍了几种十分常用的投资决策方法：回收期法、折现回收期法、内部收益率法和盈利指数法。通过分析，我们对净现值法有了进一步的认识。
2. 尽管每种方法都有其自身的优点，但我们说过，从理财学的角度来看，它们都不如净现值法。这也注定了它们的辅助地位。
3. 在这些方法中，内部收益率法优于回收期法。实际上，当独立项目首期为现金流出，首期之后均为现金流入时，内部收益率法可以得到与净现值法完全相同的结论。
4. 我们把内部收益率法的缺陷分为两大类。首先，我们分析了在独立项目和互斥项目中可能遇到的两个问题。
   （a）有些项目首先有现金流入，其后才需要现金流出。在这种情况下，内部收益率法的投资法则与一般法则正好相反：

当内部收益率低于贴现率时，项目可行。
（b）有些项目的现金流量多次变号，这样就会出现多个内部收益率。此时，从业人员必须使用 NPV 法或修正内部收益率法。
5. 我们分析了互斥项目所独有的问题。如本章所述，由于规模与时间序列的不同，高内部收益率未必对应高净现值。这样，单纯的内部收益率法就不再适用。（当然，净现值法仍然可以使用。）

接着，我们引入了增量现金流量。为简化计算，我们建议用投资额较大项目的现金流量减去投资额较小项目的现金流量，这样就可以使首期的增量现金流量为负值。如果增量的内部收益率大于折现率，那么接受较大的项目总是正确的。
6. 我们把有限资金条件下的投资决策称为资本配置，在这种情况下可以用盈利指数调整净现值法。

思考与练习

1. **计算投资回收期** 一项投资可以在未来 8 年内带来每年 790 美元的现金流入。如果初始投资为 3 200 美元，那么该项目的投资回收期应为多少？当初始投资为 4 800 美元时呢？为 7 300 美元时呢？

2. **计算内部收益率（IRR）** 请计算以下两个项目的内部收益率：

年	现金流（美元）	
	项目 A	项目 B
0	-5 700	-3 450
1	2 750	1 380
2	2 800	1 800
3	1 600	1 200

3. **有关内部收益率的问题** 假设你今天获得了 9 400 美元的收入，但是之后需要按下表进行偿付：

年	现金流（美元）	年	现金流（美元）
0	9 400	3	-2 400
1	-4 500	4	-1 800
2	-3 100		

a. 这笔贷款的内部收益率为多少？
b. 如果折现率为 10%，你是否应该接受这笔贷款？
c. 如果折现率为 20%，你是否应该接受这笔贷款？
d. 当折现率为 10% 时，该贷款的净现值为多少？折现率为 20% 时呢？
e. d 中根据净现值法则得到的结论是否与内部收益率法得到的结论相一致？

4. **比较投资标准** wii 兄弟公司是一家游戏制作公司，有一个冒险类游戏的新想法。其可以将该游戏设计成传统的桌面游戏，也可以设计成互动的 DVD 形式，但是只能选择其中一种。两种游戏开发方式的现金流如下表所示。假设折现率为 10%。

年	桌面游戏（美元）	DVD（美元）
0	−950	−2 100
1	700	1 500
2	550	1 050
3	130	450

a. 根据回收期法则，应该接受哪个项目？
b. 根据净现值法则，应该接受哪个项目？
c. 根据内部收益率法则，应该接受哪个项目？
d. 根据增量内部收益率法则，应该接受哪个项目？

5. **比较投资标准**　东京橡胶公司的两个互斥项目如下表所示。假设折现率为8%。

年	Dry Prepreg（美元）	Solvent Prepreg（美元）
0	−1 700 000	−750 000
1	1 100 000	375 000
2	900 000	600 000
3	750 000	390 000

a. 根据回收期法则，应该接受哪个项目？
b. 根据净现值法则，应该接受哪个项目？
c. 根据内部收益率法则，应该接受哪个项目？
d. 在此项分析中，增量内部收益率法是必需的吗？如果是，请进行分析。

6. **多个内部收益率**　考虑以下现金流，有多少项不同的内部收益率？（**提示**：20%～70%。）我们何时应该接受该项目？

年	现金流（美元）	年	现金流（美元）
0	−2 016	3	22 800
1	11 448	4	−8 000
2	−24 280		

参考答案

1. 为求出投资回收期，我们需要求出可以使得未来现金流入弥补掉初始投资额的时间。这道题目里的现金流是一个年金，因此计算会简单一些。如果初始投资是3 200美元，则回收期是：

$$回收期 = 4 + \left(\frac{40}{790}\right) = 4.05（年）$$

当现金流是一个年金时，有一个便捷的方法，即只需要用初始投资额除以每一年的现金流。如果初始投资额是3 200美元，投资回收期是：

$$回收期 = \frac{3\ 200}{790} = 4.05（年）$$

如果初始成本是4 800美元，则回收期是：

$$回收期 = \frac{4\ 800}{790} = 6.08（年）$$

当初始成本为 7 300 美元时，所计算得出的投资回收期有一些问题。请注意，8 年之后的现金流量总额是：

$$\text{现金流量总额} = 8 \times 790 = 6\,320（美元）$$

如果初始成本是 7 300 美元，则这个项目将永远无法弥补初始投资。注意，如果你用年金的便捷公式计算，你得到：

$$\text{回收期} = \frac{7\,300}{790} = 9.24（年）$$

这个答案是说不通的，因为 8 年后将没有现金流，因此没有投资回收期。

2. 内部收益率（IRR）就是使得项目的 NPV 等于 0 时的利率。因此，计算 A 项目内部收益率的等式就是：

$$0 = C_0 + \frac{C_1}{(1+IRR)} + \frac{C_2}{(1+IRR)^2} + \frac{C_3}{(1+IRR)^3}$$

$$= -5\,700 + \frac{2\,750}{(1+IRR)} + \frac{2\,800}{(1+IRR)^2} + \frac{1\,600}{(1+IRR)^3}$$

使用 Excel 的电子数据表格、金融计算器或试错法，我们可以求出：

$$IRR = 13.40\%$$

项目 B 的内部收益率是：

$$0 = C_0 + \frac{C_1}{(1+IRR)} + \frac{C_2}{(1+IRR)^2} + \frac{C_3}{(1+IRR)^3}$$

$$= -3\,450 + \frac{1\,380}{(1+IRR)} + \frac{1\,800}{(1+IRR)^2} + \frac{1\,200}{(1+IRR)^3}$$

使用 Excel 的电子数据表格、金融计算器或试错法，我们可以求出：

$$IRR = 13.22\%$$

3. a. 内部收益率（IRR）就是使得项目的 NPV 等于 0 时的利率。因此，计算该项目内部收益率的等式就是：

$$0 = C_0 + \frac{C_1}{(1+IRR)} + \frac{C_2}{(1+IRR)^2} + \frac{C_3}{(1+IRR)^3} + \frac{C_4}{(1+IRR)^4}$$

$$= 9\,400 - \frac{4\,500}{(1+IRR)} - \frac{3\,100}{(1+IRR)^2} - \frac{2\,400}{(1+IRR)^3} - \frac{1\,800}{(1+IRR)^4}$$

使用 Excel 的电子数据表格、金融计算器或试错法，我们可以求出：

$$IRR = 11.65\%$$

b. 这个问题有一点不同，因为初始现金流是正值，而未来所有的现金流是负值。换言之，这是一个融资项目。对于融资项目而言，当 IRR 低于折现率时，才能接受项目。当 IRR 高于折现率时，需要拒绝项目。

$$IRR = 11.65\%$$

$$\text{折现率} = 10\%$$

$$IRR > \text{折现率}$$

当 IRR 高于折现率时，需要拒绝项目。

c. 与问题 b 一样，若折现率是 20%，就能接受该项目。

IRR=11.65%

折现率=20%

IRR ＜折现率

当折现率高于 IRR 时，接受该项目。

d. NPV 是所有现金流的现值总额，若折现率为 10%，则项目的 NPV 为：

$NPV = 9\,400 - 4\,500/1.1 - 3\,100/1.1^2 - 2\,400/1.1^3 - 1\,800/1.1^4$

$= -285.47$（美元）

当折现率为 10% 时，NPV 为 -285.47 美元，拒绝该项目。

若折现率为 20%，NPV 为：

$NPV = 9\,400 - 4\,500/1.2 - 3\,100/1.2^2 - 2\,400/1.2^3 - 1\,800/1.2^4$

$= 1\,240.28$（美元）

当折现率为 20% 时，NPV 为 1 240.28 美元，接受该项目。

e. 两者是一致的。

4. a. 投资回收期就是使得累积的未折现现金流等于初始投资所需要的时间。

桌面游戏：

第 1 年的累积现金流 = 700　　　　　=700（美元）

第 2 年的累积现金流 = 700 + 550　　=1 250（美元）

$\text{回收期} = 1 + \dfrac{(950 - 700)}{550}$　　=1.45（年）

DVD：

第 1 年的累积现金流 = 1 500　　　　　　=1 500（美元）

第 2 年的累积现金流 = 1 500 + 1 050　　=2 550（美元）

$\text{回收期} = 1 + \dfrac{(2\,100 - 1\,500)}{1\,050}$　　=1.57（年）

由于桌面游戏的回收期比 DVD 项目的回收期更短，因此公司应选择桌面游戏。

b. NPV 就是项目现金流的现值总额，因此每个项目的 NPV 就是：

桌面游戏：

$NPV = -950 + \left(\dfrac{700}{1.10}\right) + \left(\dfrac{550}{1.10^2}\right) + \left(\dfrac{130}{1.10^3}\right) = 238.58$（美元）

DVD：

$NPV = -2\,100 + \left(\dfrac{1\,500}{1.10}\right) + \left(\dfrac{1\,050}{1.10^2}\right) + \left(\dfrac{450}{1.10^3}\right) = 469.50$（美元）

由于 DVD 项目的 NPV 比桌面游戏的 NPV 更高，因此公司应选择 DVD 项目。

c. IRR 就是使得每个项目的 NPV 为 0 时的利率，因此每个项目的 IRR 就是：

桌面游戏：

$$0 = -950 + \frac{700}{(1+IRR)} + \frac{550}{(1+IRR)^2} + \frac{130}{(1+IRR)^3}$$

使用Excel的电子数据表格、金融计算器或试错法，我们可以求出：

$$IRR = 27.51\%$$

DVD：

$$0 = -2\,100 + \frac{1\,500}{(1+IRR)} + \frac{1\,050}{(1+IRR)^2} + \frac{450}{(1+IRR)^3}$$

使用Excel的电子数据表格、金融计算器或试错法，我们可以求出：

$$IRR = 25.09\%$$

由于桌面游戏的 IRR 大于DVD项目的 IRR，根据 IRR 我们应选择桌面游戏。请注意，当我们仅仅根据 IRR 做决策时，就会做出这样的决定。IRR 决策法则有一些缺点，因为它存在一个规模问题，即DVD项目的初始投资额比桌面游戏大。通过计算增量现金流量的 IRR，或是比较两个项目的 NPV，可以纠正这个问题。

d. 在计算增量 IRR 时，我们用初始投资较大的项目产生的现金流量减去初始投资较小的项目产生的现金流量。在此，我们用DVD项目产生的现金流量减去桌面游戏项目产生的现金流量。增量 IRR 就是增量现金流量的 IRR。DVD项目的增量现金流量为：

（单位：美元）

	第0年	第1年	第2年	第3年
DVD	−2 100	1 500	1 050	450
桌面游戏	−950	700	550	130
DVD − 桌面游戏	−1 150	800	500	320

令这些增量现金流量的现值为0，我们求出增量 IRR 为：

$$0 = C_0 + \frac{C_1}{(1+IRR)} + \frac{C_2}{(1+IRR)^2} + \frac{C_3}{(1+IRR)^3}$$

$$= -1\,150 + \frac{800}{(1+IRR)} + \frac{500}{(1+IRR)^2} + \frac{320}{(1+IRR)^3}$$

使用Excel的电子数据表格、金融计算器或试错法，我们可以求出：

$$\text{增量 } IRR = 23.19\%$$

对于投资型项目而言，当增量 IRR 超过折现率时，我们将接受规模较大的项目。由于增量 IRR 为23.19%，超过了10%的必要收益率，则我们选择DVD项目。

5. a. 投资回收期就是使得累积的未折现现金流量等于初始投资所需要的时间。

Dry Prepeg：

第1年的累积现金流 = 1 100 000　　　　　　= 1 100 000（美元）

第2年的累积现金流 = 1 100 000 + 900 000　　= 2 000 000（美元）

回收期 = $1 + \left(\dfrac{600\,000}{900\,000}\right)$　　　　　　= 1.67（年）

Solvent Prepeg：

第 1 年的累积现金流 = 375 000　　　　　= 375 000（美元）

第 2 年的累积现金流 = 375 000 + 600 000　= 975 000（美元）

回收期 = $1 + \left(\dfrac{375\,000}{600\,000}\right)$ = 1.63（年）

由于 Solvent Prepeg 的回收期短于 Dry Prepeg 的回收期，因此公司应该选择 Solvent Prepeg。请记住，根据回收期对项目的排列并不一定是准确的。

b. 每个项目的 NPV 为：

$$NPV_{\text{Dry Prepeg}} = -1\,700\,000 + \dfrac{1\,100\,000}{1.08} + \dfrac{900\,000}{1.08^2} + \dfrac{750\,000}{1.08^3} = 685\,497.64\,(\text{美元})$$

$$NPV_{\text{Solvent Prepeg}} = -750\,000 + \dfrac{375\,000}{1.08} + \dfrac{600\,000}{1.08^2} + \dfrac{390\,000}{1.08^3} = 421\,220.09\,(\text{美元})$$

NPV 法则将接受 Dry Prepeg，因为该项目的 NPV 较高。

c. IRR 就是使得项目的 NPV 等于 0 时的利率。因此，Dry Prepeg 的内部收益率的等式就是：

$$0 = -1\,700\,000 + \dfrac{1\,100\,000}{(1+IRR)} + \dfrac{900\,000}{(1+IRR)^2} + \dfrac{750\,000}{(1+IRR)^3}$$

使用 Excel 的电子数据表格、金融计算器或试错法，我们可以求出：

$$IRR_{\text{Dry Prepeg}} = 30.90\%$$

Solvent Prepeg 的 IRR 为：

$$0 = -750\,000 + \dfrac{375\,000}{(1+IRR)} + \dfrac{600\,000}{(1+IRR)^2} + \dfrac{390\,000}{(1+IRR)^3}$$

使用 Excel 的电子数据表格、金融计算器或试错法，我们可以求出：

$$IRR_{\text{Solvent Prepeg}} = 36.51\%$$

IRR 法则将接受 Solvent Prepeg，因为该项目的 IRR 较高。请记住，根据 IRR 法则对项目的排列并不一定是准确的。

d. 进行增量 IRR 分析是有必要的。Solvent Prepeg 的 IRR 比较高，但 NPV 较低一些。在计算增量现金流时，我们用初始投资较大的项目产生的现金流减去初始投资较小的项目产生的现金流。因此，增量现金流为：

（单位：美元）

	第 0 年	第 1 年	第 2 年	第 3 年
Dry Prepeg	−1 700 000	1 100 000	900 000	750 000
Solvent Prepeg	−750 000	375 000	600 000	390 000
Dry Prepeg − Solvent Prepeg	−950 000	725 000	300 000	360 000

令这些增量现金流的现值为 0，我们求出增量 IRR 为：

$$0 = -950\,000 + \dfrac{750\,000}{(1+IRR)} + \dfrac{300\,000}{(1+IRR)^2} + \dfrac{360\,000}{(1+IRR)^3}$$

使用 Excel 的电子数据表格、金融计算器或试错法，我们可以求出：

$$增量\ IRR = 25.52\%$$

对于投资型项目而言，当增量 IRR 超过折现率时，我们将接受规模较大的项目。由于增量 IRR 为 25.52%，超过了 8% 的必要收益率，则我们选择 Dry Prepeg。

6. 求解该项目 IRR 的式子如下：

$$0 = -2\,016 + \frac{11\,448}{(1+IRR)} - \frac{24\,280}{(1+IRR)^2} + \frac{22\,800}{(1+IRR)^3} - \frac{8\,000}{(1+IRR)^4}$$

使用 Descartes 符号法则，从现金流量中我们可以得知这个项目有 4 个 IRR。即使是使用电子数据表格，我们也还是需要做一些试错工作。从试错法中，我们可以求出这 4 个 IRR 是 25%、33.33%、42.86% 以及 66.67%。

当 NPV 大于 0，我们将接受项目。你可以自己试着算一下，当必要收益率在 25% 和 33.33% 之间，或是在 42.86% 和 66.67% 之间时，NPV 是否会大于 0。

第 6 章 投资决策

本章概要

本章探讨了许多资本预算的实际运用问题。

1. 资本预算应建立在增量的基础上。这意味着沉没成本应忽略不计,而机会成本和副效应应加以考虑。
2. 在教材 Baldwin 公司的例子中,我们通过以下两个步骤来计算 NPV。
   a. 求出每一期的净现金流量。
   b. 利用上面求出的现金流量计算 NPV。
3. 折现现金流法可以运用在资本预算的很多领域中。在本章中我们在成本削减、竞价投标和不同生命周期设备中运用了该方法。
4. 经营性现金流可以通过不同的方法计算得到。教材中展示了三种不同的方法:自上而下法、自下而上法和税盾法。三种方法得到的结果是一致的。
5. 对于通货膨胀必须进行一致的处理。一种方法是以名义形式表示现金流量和折现率,另一种方法是以实际形式表示现金流量和折现率。由于两种方法对 NPV 的计算结果是相同的,因此可选择相对简单的一种。哪一种更简单一般取决于资本预算问题的类型。

思考与练习

1. **计算项目净现值** Best 制造公司正在考虑一项新的投资项目,关于该项目的财务预测如下表所示。公司税率为 34%。假定所有的销售收入都是现金收入,所有的运营成本和所得税也以现金支出,且所有的现金流都发生在年末。所有的净营运资本在项目结束时都收回了。

(单位:美元)

	第 0 年	第 1 年	第 2 年	第 3 年	第 4 年
投资	27 400				
销售收入		12 900	14 000	15 200	11 200
运营成本		2 700	2 800	2 900	2 100
折旧		6 850	6 850	6 850	6 850
净营运资本支出	300	200	225	150	?

   a. 计算该投资项目每年的增量净利润。
   b. 计算该投资项目每年的增量现金流。
   c. 假定恰当的折现率为 12%,请问该投资项目的净现值为多少?

2. **项目估值** 你所在的公司正考虑以 530 000 美元的价格购进新的计算机支持的订购系统。该系统在 5 年的试用期内折旧至账面价值为 0,采用直线折旧法计提折旧。5 年后,该系统的价值将为 50 000 美元。每年你在订购处理成本上可以节约 186 000 美元(税前),而且你可以使营运资本减少 85 000 美元(这是单次的减少)。如果税率为 35%,请问这个项目的内部收益率为多少?

3. **计算约当年均成本** 你正在评估两台不同的硅晶片采矿机。Techron I 的成本为 245 000 美元,使用期限为 3 年,每年税前运营成本为 39 000 美元。Techron II 的成本为 315 000 美元,使用期限为 5 年,每年税前运营成本为 48 000 美元。这两台采矿机都采用直线折旧法计提折旧,在使用期限内折旧至账面价值为 0,同时假定其残值为 20 000 美元。如果你的税率为 35%,折现率为 9%。计算两台机器的约当年均成本。你更倾向于使用哪台机器?为什么?

4. **通货膨胀与公司价值** Sparkling 饮用水公司预计能永远保持每年 270 万瓶的饮用水销售量。今年每瓶饮用水的售价为 1.35 美元,成本为 0.85 美元。销售利润与成本在年末发生。收入将以 1.3% 的实际年利率增长,而实际成本也将以 0.8% 的实际年利率增长。实际折现率为 6%,公司税率为 34%。请问 Sparkling 公司今天的价值是多少?

5. **现金流估计** 飞利浦集团公司正在运营一个小项目。最新一个会计年度预计将带来 235 000 美元的实际净现金流入。由于是正在进行的项目,预计未来的竞争将会永续地对实际净现金流入带来每年 3% 的侵蚀。该公司的折现率为 4%。所有的净现金流都将在年末获得。那么该公司的运营带来的现金流现值应该是多少?

6. **项目分析与通货膨胀** Sanders 有限公司正考虑购买一台新的制造机器,价格为 750 000 美元。该机器的使用期限为 7 年,将采用直线折旧法完全折旧。该机器生产带来的名义收入预计为第 1 年 635 000 美元,而后以每年 5% 的速率增加。第 1 年年末的名义生产成本为 395 000 美元,而后以每年 4% 的速率增加。实际折现率为 7%。公司税率为 34%。该公司是否应该接受该项目?

7. **项目评估** Aday 音响公司计划一个新的八度声音仿真模拟器的单位产品销售量如下:

年	单位产品销售量	年	单位产品销售量
1	81 000	4	92 000
2	89 000	5	77 000
3	97 000		

该模拟器的生产需要的初始净营运资本投入为 1 500 000 美元,而后每年额外的净营运资本投入为每年单位产品销售额的 15%。每年的固定成本为 1 850 000 美元,变动成本为每单位产品 190 美元。而产品的单位定价为 345 美元。生产设备的初始安装费用为 19 500 000 美元。该模拟器是为专业歌手准备的,因此被认为是工业产品,符合修订快速成本回收制度(MACRS)条件。在 5 年后该生产设备可以以购置成本的 20% 售出。公司税为 35%,要求项目回报率为 18%。基于上述描述,请问该项目的净现值为多少?内部收益率为多少?

8. **计算竞标价** 你的公司正在为年采购量为 15 000 个的声音识别计算机键盘设备(共 4 年)订单进行竞标。由于技术的更新,该设备在 4 年后将不会有更多的销售量。该产品的生产设备的购置成本为 340 万美元,同时将直线折旧至残值为 0。净营运资本的投入为 75 000 美元,将在项目期末回收。而生产设备在生产期末可以以 200 000 美元的价格出售。每年的固定成本为 700 000 美元,变动成本为每单位产品 48 美元。在合同以外,你认为该产品还可以在未来 4 年内销售到其他国家,预计销售量分别为 4 000、12 000、14 000、7 000,定价为 145 美元。税率为 40%,必要收益率为 13%。同时公司的董事长在净现值为 100 000 美元以下时将不会接受该项目。那么竞标价应该设定为多少呢?

参考答案

1. 我们使用自下而上法来计算每一年的经营性现金流量。我们也需要将每一年的净营运资本现金流量包括进来。因此,每一年的净利润和现金流量总额为:

(单位:美元)

	第 1 年	第 2 年	第 3 年	第 4 年
销售额	12 900	14 000	15 200	11 200
成本	2 700	2 800	2 900	2 100
折旧	6 850	6 850	6 850	6 850
税前利润	3 350	4 350	5 450	2 250

	第1年	第2年	第3年	第4年
税		1 139	1 479	1 853	765
净利润		2 211	2 871	3 597	1 485
经营性现金流量		9 061	9 721	10 447	8 335
资本支出	−27 400	0	0	0	0
净营运资本	−300	−200	−225	−150	875
增量现金流量	−27 700	8 861	9 496	10 297	9 210

项目的 NPV 为：

$$NPV = -27\,700 + \frac{8\,861}{1.12} + \frac{9\,496}{1.12^2} + \frac{10\,297}{1.12^3} + \frac{9\,210}{1.12^4} = 964.08\,(美元)$$

2. 首先，我们要算出新设备的年度折旧，这将是：

$$年度折旧费用 = \frac{530\,000}{5} = 106\,000\,(美元)$$

设备的税后残值为：

$$税后残值 = 50\,000 \times (1 - 0.35) = 32\,500\,(美元)$$

使用税盾法，OCF 为：

$$OCF = 186\,000 \times (1 - 0.35) + 0.35 \times 106\,000 = 158\,000\,(美元)$$

现在我们可以求出项目的 IRR。这个项目有一个不同寻常的地方。接受这个项目意味着我们将使得净营运资本降低。这个净营运资本的降低就是第0年中的现金流入。净营运资本的降低意味着当项目结束时，我们将会有净营运资本的增加。因此，当项目结束时，我们将会有一个现金流出，以使得净营运资本恢复到项目开始之前的水平。我们还需要将项目结束时的税后残值包括进来。项目的 IRR 为：

$$NPV = 0 = -530\,000 + 85\,000 + 158\,000(PVIFA_{IRR\%,4}) + \left[\frac{(158\,000 + 32\,500 - 85\,000)}{(1+IRR)^5}\right]$$

$IRR = 20.68\%$

3. 我们需要利用设备的税后残值来计算约当年均成本。虽然两台设备的初始成本不同，但两者的残值是相同的。两台设备的税后残值为：

$$两台设备的税后残值 = 20\,000 \times (1 - 0.35) = 13\,000\,(美元)$$

为了计算约当年均成本 EAC，我们首先需要知道每台设备的 OCF 以及 NPV。Techron I 的 OCF 为：

$$OCF = -39\,000 \times (1 - 0.35) + 0.35 \times \left(\frac{245\,000}{3}\right) = 3\,233.33\,(美元)$$

$$NPV = -245\,000 + 3\,233.33 \times (PVIFA_{9\%,3}) + \left(\frac{13\,000}{1.09^3}\right) = -226\,777.10\,(美元)$$

$$EAC = \frac{-226\,777.10}{(PVIFA_{12\%,3})} = -89\,589.37\,(美元)$$

Techron II 的 *OCF* 和 *NPV* 为：

$$OCF = -48\,000 \times (1-0.35) + 0.35 \times \left(\frac{315\,000}{5}\right) = -9\,150 \,(\text{美元})$$

$$NPV = -315\,000 - 9\,150 \times (PVIFA_{9\%,\,5}) + \left(\frac{13\,000}{1.09^5}\right) = -342\,141.20 \,(\text{美元})$$

$$EAC = \frac{-342\,141.20}{(PVIFA_{12\%,\,5})} = -87\,961.62 \,(\text{美元})$$

这两台设备的使用寿命不相等，因此只能通过比较约当年均成本来判断哪种设备更好。由此，你应该选择 Techron II，因为它的年度成本更低（为负的程度更少）一些。

4. 为了算出公司的价值，我们可以求出公司未来现金流的现值。没有给出折旧，因此我们可以假设折旧为 0。使用税盾法，我们可以求出税后收入的现值以及税后成本的现值。必要收益率、增长率、价格以及成本都是实际意义上的金额。从收入中减去成本，我们将得到公司的现金流量。我们需要分别算出每一项的净现值，因为每一项的增长率都是不同的。首先，我们将求出收入的现值。第 1 年的收入就是销售量乘以每瓶水的价格，即

第 1 年实际的税后收入 =（2 700 000 × 1.35）×（1 − 0.34）= 2 405 700（美元）

收入将以 6% 的实际年利率永续增长。使用增长型永续年金公式，我们求出收入的现值为：

$$\text{收入的现值} = \frac{C_1}{(R-g)} = \frac{2\,405\,700}{(0.06-0.013)} = 51\,185\,106 \,(\text{美元})$$

第 1 年实际的税后成本为：

第 1 年实际的税后成本 =（2 700 000 × 0.85）×（1 − 0.34）= 1 514 700（美元）

成本将以 0.8 的实际年利率永续增长。使用增长型永续年金公式，我们求出成本的现值为：

$$\text{成本的现值} = \frac{C_1}{(R-g)} = \frac{1\,514\,700}{(0.06-0.008)} = 29\,128\,846 \,(\text{美元})$$

现在，我们可以求出公司的价值，为：

公司的价值 = 收入的现值 − 成本的现值 = 51 185 106 − 29 128 846 = 22 056 260（美元）

5. 该公司的现值就是这家公司未来产生的所有现金流的现值。此处我们用的是实际现金流、实际利率以及实际增长率。现金流是一个增长型的永续年金，其增长率为负。基于增长型的永续年金的等式，现金流的现值为：

$$PV = \frac{C_1}{(R-g)}$$

$$= \frac{235\,000}{[0.04-(-0.03)]} = 3\,357\,142.86 \,(\text{美元})$$

6. 我们可以用名义现金流或者实际现金流求出 *NPV*。两种方法会得到相同的 *NPV*。在这

个问题中，我们将既使用名义现金流，也使用实际现金流。两种情况下的初始投资都是 750 000 美元，因为这是今天要花费的。我们将首先使用名义现金流。收入和成本以不同的增长率增长，因此我们应该仔细考虑，以使用合适的增长率。每一年的名义现金流将是：

（单位：美元）

	第 0 年	第 1 年	第 2 年	第 3 年
收入		635 000.00	666 750.00	700 087.50
成本		395 000.00	410 800.00	427 232.00
折旧		107 142.86	107 142.86	107 142.86
税前利润		132 857.14	148 807.14	165 712.64
税		45 171.43	50 594.43	56 342.30
净利润		87 685.71	98 212.71	109 370.34
经营性现金流量		194 828.57	205 355.57	216 513.20
资本支出	−750 000			
现金流总额	−750 000	194 828.57	205 355.57	216 513.20

	第 4 年	第 5 年	第 6 年	第 7 年
收入	735 091.88	771 846.47	810 438.79	850 960.73
成本	444 321.28	462 094.13	480 577.90	499 801.01
折旧	107 142.86	107 142.86	107 142.86	107 142.86
税前利润	183 627.74	202 609.48	222 718.04	244 016.86
税	62 433.43	68 887.22	75 724.13	82 965.73
净利润	121 194.31	133 722.26	146 993.91	161 051.13
经营性现金流量	228 337.16	240 865.11	254 136.76	268 193.99
资本支出				
现金流总额	228 337.16	240 865.11	254 136.76	268 193.99

请注意，我们有名义现金流，因此可以求出 NPV。使用名义现金流时，必须相应地也使用名义必要收益率。使用费雪方程式求名义必要收益率，我们得到：

$$(1+R)=(1+r)(1+h)=(1+0.07)\times(1+0.05)$$

$$R = 0.1235，或 12.35\%$$

因此，基于名义现金流，项目的 NPV 为：

$$NPV = -750\,000 + \frac{194\,828.57}{1.1235} + \frac{205\,355.57}{1.1235^2} + \frac{216\,513.20}{1.1235^3} + \frac{228\,337.16}{1.1235^4}$$

$$+ \frac{240\,865.11}{1.1235^5} + \frac{254\,136.76}{1.1235^6} + \frac{268\,193.99}{1.1235^7}$$

$$= 261\,708.30（美元）$$

我们也可以由实际现金流算出 NPV。因为题目给出的收入和成本都是名义的，我们需要将两者以通货膨胀率折现，从而求出实际收入和实际成本。

$$实际收入 = \frac{635\,000}{(1+0.05)} = 604\,761.90（美元）$$

$$实际成本 = \frac{395\,000}{(1+0.05)} = 376\,190.48（美元）$$

并且，我们需要注意到，成本的增长率和通货膨胀率是不同的，我们需要求出实际成本增加额，即

$$实际成本增加额 = \left[\frac{(1+0.04)}{(1+0.05)}\right] - 1 = -0.009\,5，或 -0.95\%$$

实际成本将会每年减少 0.95%。因此，实际现金流为：

（单位：美元）

	第 0 年	第 1 年	第 2 年	第 3 年
收入		604 761.90	604 761.90	604 761.90
成本		376 190.48	372 607.71	369 059.06
折旧		102 040.82	97 181.73	92 554.03
税前利润		126 530.61	134 972.47	143 148.81
税		43 020.41	45 890.64	48 670.60
净利润		83 510.20	89 081.83	94 478.22
经营性现金流量		185 551.02	186 263.56	187 032.24
资本支出	−750 000			
现金流总额	−750 000	185 551.02	186 263.56	187 032.24

	第 4 年	第 5 年	第 6 年	第 7 年
收入	604 761.90	604 761.90	604 761.90	604 761.90
成本	365 544.22	362 062.84	358 614.63	355 199.25
折旧	88 146.69	83 949.23	79 951.65	76 144.43
税前利润	151 070.99	158 749.83	166 195.63	173 418.23
税	51 364.14	53 974.94	56 506.51	58 962.20
净利润	99 706.86	104 774.89	109 689.12	114 456.03
经营性现金流量	187 853.55	188 724.12	189 640.77	190 600.46
资本支出				
现金流总额	187 853.55	188 724.12	189 640.77	190 600.46

因此，基于实际现金流，项目的 NPV 为：

$$NPV = -750\,000 + \frac{185\,551.02}{1.07} + \frac{186\,263.56}{1.07^2} + \frac{187\,032.24}{1.07^3}$$
$$+ \frac{187\,853.55}{1.07^4} + \frac{188\,724.12}{1.07^5} + \frac{189\,640.77}{1.07^6} + \frac{190\,600.46}{1.07^7}$$
$$= 261\,708.30\,(\text{美元})$$

我们也可以用实际现金流和名义的必要收益率来计算NPV。这样做的话，我们可以基于税盾法求出经营性现金流。收入和成本都是增长型永续年金，但其增长率不同。这意味着我们需要分别求出它们的现值。我们还需要考虑税的影响，因此我们会乘以1减去税率。因此，基于增长型永续年金公式，税后收入的现值为

$$\text{税后收入的现值} = C\left\{\left[\frac{1}{(r-g)}\right] - \left[\frac{1}{(r-g)}\right] \times \left[\frac{(1+g)}{(1+r)}\right]^t\right\}(1-t_C)$$

$$= 635\,000 \times \left\{\begin{matrix}\left[\dfrac{1}{(0.1235-0.05)}\right] - \left[\dfrac{1}{(0.1235-0.05)}\right] \\ \times \left[\dfrac{(1+0.05)}{(1+0.1235)}\right]^7\end{matrix}\right\} \times (1-0.34)$$

$$= 2\,151\,096.37\,(\text{美元})$$

而税后成本的现值为：

$$\text{税后成本的现值} = C\left\{\left[\frac{1}{(r-g)}\right] - \left[\frac{1}{(r-g)}\right] \times \left[\frac{(1+g)}{(1+r)}\right]^t\right\}(1-t_C)$$

$$= 395\,000 \times \left\{\begin{matrix}\left[\dfrac{1}{(0.1235-0.04)}\right] - \left[\dfrac{1}{(0.1235-0.04)}\right] \\ \times \left[\dfrac{(1+0.04)}{(1+0.1235)}\right]^7\end{matrix}\right\} \times (1-0.34)$$

$$= 1\,303\,810.24\,(\text{美元})$$

现在我们需要求出折旧税盾的现值。第1年的折旧额是一个名义价值，因此我们可以将折旧税盾作为一个普通年金，基于名义的必要收益率求出折旧税盾的现值。因此，折旧税盾的现值为：

$$\text{折旧税盾的现值} = \left(\frac{750\,000}{7}\right) \times 0.34 \times PVIEA_{12.35\%,7} = 164\,422.17\,(\text{美元})$$

基于实际现金流，我们求解NPV：

$$NPV = \text{初始成本} + \text{收入的现值} - \text{成本的现值} + \text{折旧税盾的现值}$$
$$= -750\,000 + 2\,151\,096.37 - 1\,303\,810.24 + 164\,422.17$$
$$= 261\,708.30\,(\text{美元})$$

注意，基于名义现金流或实际现金流算出的NPV是相同的，这也是我们所预期的。

7. 求解这个问题的最简单的经营性现金流量计算方法可能就是自下而上法。从时点 0 的初始现金流量开始,这个项目需要对设备进行初始投资。项目还需要对于净营运资本投资 1 500 000 美元。因此,该项目今天需要的现金流为:

(单位:美元)

资本性支出	−19 500 000
净营运资本变化额	−1 500 000
现金流量总额	−21 000 000

现在我们开始进行余下的计算。每年的销售额和每单位价格是给出的。可以使用每单位可变成本来计算可变成本总额,固定成本是已知的每年 1 850 000 美元。为了计算每年的折旧,我们使用设备初设成本 1 950 万美元,乘以每一年合适的 MACRS 折旧率。每年的利润表余下的部分计算如下。请注意,在利润表底部,我们将折旧加回来,以得到每一年的经营性现金流量。"净现金流量"的计算部分也如下所示:

(单位:美元)

年	1	2	3	4	5
期末账面价值	16 713 450	11 937 900	8 527 350	6 091 800	4 350 450
销售额	27 945 000	30 705 000	33 465 000	31 740 000	26 565 000
可变成本	15 390 000	16 910 000	18 430 000	17 480 000	14 630 000
固定成本	1 850 000	1 850 000	1 850 000	1 850 000	1 850 000
折旧	2 786 550	4 775 550	3 410 550	2 435 550	1 741 350
息税前利润	7 918 450	7 169 450	9 774 450	9 974 450	8 343 650
税费	2 771 458	2 509 308	3 421 058	3 491 058	2 920 278
净利润	5 146 993	4 660 143	6 353 393	6 483 393	5 423 373
折旧	2 786 550	4 775 550	3 410 550	2 435 550	1 741 350
经营性现金流	7 933 543	9 435 693	9 763 943	8 918 943	7 164 723
净现金流量					
经营性现金流	7 933 543	9 435 693	9 763 943	8 918 943	7 164 723
净营运资本变化额	−414 000	−414 000	258 750	776 250	1 293 000
资本性支出					4 057 658
现金流量总额	7 519 543	9 021 693	10 022 693	9 695 193	12 515 380

当我们计算出每一年的经营性现金流之后,需要考虑其他的现金流。在这个例子中其他的现金流包括净营运资本现金流和资本支出(即设备的税后残值)。需要的净营运资本为下一年销售收入增加额的 15%。我们将计算出第 1 年的净营运资本现金流。第 1 年的净营运资本是从第 1 年到第 2 年的销售收入增加额的 15%。

第 1 年的净营运资本增加额 = 0.15×(27 945 000 − 30 705 000)
= −414 000(美元)

注意,净营运资本现金流是负的。因为销售额在上升,我们需要花费更多的钱才能增加净营运资本。在第 3 年,当销售额下降,净营运资本现金流将变为正的。并且，在第5年，净营运资本现金流就是这个公司在这个项目中所有能够恢复的净营运资本。

为了计算出税后残值，我们首先需要知道设备的账面价值。第5年年末的账面价值将等于购买价格减去折旧总额。因此，项目期末的账面价值为：

项目期末的账面价值 = 19 500 000 − (2 786 500 + 4 775 550 + 3 410 550
$$+ 2\,435\,550 + 1\,741\,350)$$
$$= 4\,350\,450（美元）$$

这些用过的设备的市场价值是购买价格的20%，或者说390万美元，因此税后残值为：

税后残值 = 3 900 000 + (4 350 450 − 3 900 000) × 0.35 = 4 057 658（美元）

税后残值和资本支出都被包含在现金流总额中。现在我们得到了项目的所有的现金流。项目的 NPV 为：

$$NPV = -21\,000\,000 + \frac{7\,519\,543}{1.18} + \frac{9\,021\,693}{1.18^2} + \frac{10\,022\,693}{1.18^3} + \frac{9\,695\,193}{1.18^4} + \frac{12\,515\,380}{1.18^5}$$
$$= 8\,423\,113.19（美元）$$

且 IRR 为：

$$0 = -21\,000\,000 + \frac{7\,519\,543}{(1+IRR)} + \frac{9\,021\,693}{(1+IRR)^2} + \frac{10\,022\,693}{(1+IRR)^3}$$
$$+ \frac{9\,695\,193}{(1+IRR)^4} + \frac{12\,515\,380}{(1+IRR)^5}$$
$$IRR = 33.29\%$$

我们应该接受该项目。

8. 我们需要求出项目的竞标价，但这个项目有额外的现金流。因为我们还未生产出键盘，因此合同之外的键盘销售量就是一个相关的现金流。因为我们知道额外的销售量和价格，我们可以计算由这些销售产生的现金流。合同之外的键盘销售额所产生的现金流为：

（单位：美元）

	第1年	第2年	第3年	第4年
销售额	580 000	1 740 000	2 030 000	1 015 000
可变成本	192 000	576 000	672 000	336 000
税前利润	388 000	1 164 000	1 358 000	679 000
税	155 200	465 600	543 200	271 600
净利润（以及经营性现金流量）	232 800	698 400	814 800	407 400

因此，这些市场销售额带来的 NPV 是：

$$市场销售额的\,NPV = \frac{232\,800}{1.13} + \frac{698\,400}{1.13^2} + \frac{814\,800}{1.13^3} + \frac{407\,400}{1.13^4}$$
$$= 1\,567\,530.66（美元）$$

你可能注意到，在计算市场销售额的现金流时，我们没有将初始的现金流量、折旧和固定成本包括进来。无论我们将它们包括进来还是不包括进来，这些因素都是不相关的。请记住，我们并不只是在尝试确定竞标价，我们还在确定项目是否可行。换言之，我们在计算项目的 NPV，而不仅仅是竞标价的 NPV。在计算竞标价时，我们会将这些因素包括进来。我们在初始计算中是否将这些因素包括进来都是没有关系的，因为你最终会得到相同的竞标价。

接下来，我们计算税后残值，为：

$$税后残值 = 200\ 000 \times (1 - 0.40) = 120\ 000（美元）$$

在大部分情况下，当我们确定竞标价的时候将会求解 NPV 为 0 时的情况，但此处我们不会这样做，因为公司的总裁要求得到一个 100 000 美元的 NPV，因此我们会求解当 NPV 等于这个值时的情况。这个项目的 NPV 等式是（请记住应将项目期初的净营运资本现金流以及项目期末恢复的净营运资本现金流考虑进来）：

$$NPV = 100\ 000 = -3\ 400\ 000 - 75\ 000 + 1\ 576\ 530.66$$
$$+ OCF(PVIFA_{13\%,4}) + \left[\frac{(120\ 000 + 75\ 000)}{1.13^4}\right]$$

求解 OCF，我们得到：

$$OCF = \frac{1\ 887\ 872.18}{PVIFA_{13\%,4}} = 634\ 691.67（美元）$$

现在我们可以求出竞标价：

$$OCF = 634\ 691.67 = [(P - v)Q - FC](1 - t_C) + t_C D$$
$$634\ 691.67 = [(P - 48) \times 15\ 000 - 700\ 000]$$
$$\times (1 - 0.40) + 0.40 \times (3\ 400\ 000/4)$$
$$P = 127.41（美元）$$

CHAPTER 7 第7章

风险分析、实物期权和资本预算

本章概要

本章探讨了资本预算在实际中的应用。

1. 尽管在理论上 NPV 是最好的资本预算分析方法,但 NPV 由于在实践中给经理提供了"安全错觉"而受到指责。敏感性分析法提供了不同假设下的 NPV,从而使经理能够更好地察觉到项目的风险。然而,敏感性分析法只在同一时间修正一个变量,而在现实中很多变量很有可能是联合变动的。场景分析法考虑不同场景下(如战争爆发或油价飞涨)项目的表现。最后,为了帮助经理了解项目亏损前错误预测的危害性,我们介绍了盈亏平衡分析法。盈亏平衡分析法是计算出项目盈亏平衡时所应实现的销售量。尽管盈亏平衡分析法通常采用会计利润进行分析,但我们建议用净现值更为恰当。

2. 蒙特卡罗模拟是从企业的现金流模型开始,基于不同变量间的相互作用以及每个单独变量随时间的变化而变化的概率预测。随机抽样产生每一时期现金流量的分布,并对净现值进行估算。

3. 我们分析了资本预算中的隐含期权,包括拓展期权、放弃期权以及择机期权。
4. 决策树是对隐含实物期权的项目进行评估的方法。

思考与练习

1. **敏感性分析和盈亏平衡** 我们正在评估一项需要花费588 000美元的项目,期限为8年,无残值。计提折旧采用直线折旧法,折旧年限为8年,无残值。假设每年的销售量为70 000件,每件的价格为36美元,变动成本为每件20美元,固定成本为每年695 000美元。税率为35%,并且我们要求这个项目的投资回报率为15%。假设项目所给定的价格、数量、变动成本以及固定成本都在±10%浮动。估计最优与最差的NPV值。

2. **决策树** Ang Electronics公司研发了一种新型DVDR。如果DVDR可以成功,产品投放市场盈利的NPV为2 700万美元。反之如果失败,项目的NPV为-900万美元。产品进入市场,成功的概率为50%。Ang可以推迟1年推出产品,花费130万美元对DVDR产品进行市场测试。市场测试允许企业改善产品,并将成功概率提升到80%。恰当的折旧率为11%。企业需要进行市场测试吗?

3. **盈亏平衡点** Niko购买一台品牌机器用来生产它的High Flight品牌系列鞋。机器采用直线折旧法计提折旧,折旧期限为5年,无残值。机器成本为575 000美元。这种鞋子每双的售价为50美元,变动成本为14美元,机器每年的固定成本为195 000美元。假设所得税税率为34%,适当的折旧率为8%,那么企业要实现多少销售才能盈亏平衡?

4. **项目分析** McGilla Golf决定出售新的高尔夫球杆系列。球杆每根售价850美元,变动成本为430美元。公司花费150 000美元进行市场调研,并估计在7年中每年可以销售60 000根球杆。市场调研还估计在高价位球杆上公司将少销售12 000根。高价位球杆售价1 100美元,变动成本为620美元。公司也将增加15 000根低价球杆的销售。低价球杆的售价为400美元,变动成本为210美元。每年的固定成本为9 300 000美元。公司研发新球杆的花费为1 000 000美元。固定资产成本为28 700 000美元,并采用直线折旧法计提折旧。新球杆将扩大净营运资本1 400 000美元,在项目结束时收回。公司所得税税率为40%,资本成本为14%。估计投资回收期、NPV和IRR。

5. **盈亏平衡点分析** 你的好朋友跑来告诉你有一个一定会成功的赚快钱的项目,能够帮你还清助学贷款。他的主意是售卖印有"I get"字样的T恤。"你知道为什么吗?"他说,"你看到那些保险杠贴纸和T恤上写着的'got milk'或者'got surf'字样了吗?我们的T恤上写着'I get',有趣极了!我们要做的只是花6 500美元买一个二手孔板印刷机,就可以开始做自己的生意了。"假设没有固定成本,并且在第1期就将6 500美元计提折旧。税率是30%。

    a. 如果每件T恤的成本为4.8美元,售价为11美元,那么会计盈亏平衡点应为多少?
        现在假设1年过去了,你卖出了5 000件T恤! Dairy Farmers of America公司拥有"got milk"的商标权,要求你支付20 000美元才能继续使用这一标语。你预计这种 T 恤的流行还将持续 3 年，而你的折现率为 12%。

b. 现在你这个项目的财务盈亏平衡点应该是多少？

参考答案

1. 我们将使用税盾法来求出最佳情况和最差情况的经营性现金流量。对于最佳情况，价格和数量增加 10%，因此我们将基本情况的数据乘以 1.1，即一个 10% 的增加。可变成本和固定成本都增加 10%，因此我们将基本情况的数据乘以 0.9，即一个 10% 的减少。由此，我们得到：

$$OCF_{最佳} = [(36 \times 1.1 - 20 \times 0.9) \times 70\,000 \times 1.1 - 695\,000 \times 0.9] \times 0.65 + 0.35 \times 73\,500 = 700\,230 \text{（美元）}$$

最佳情况下的 NPV 为：

$$NPV_{最佳} = -588\,000 + 700\,230 \times PVIFA_{15\%,8} = 2\,554\,157.14 \text{（美元）}$$

对于最差情况，价格和数量减少 10%，因此我们将基本情况的数据乘以 0.9，即一个 10% 的减少。可变成本和固定成本都增加 10%，因此我们将基本情况的数据乘以 1.1，即一个 10% 的增加。由此，我们得到：

$$OCF_{最差} = [(36 \times 0.9 - 20 \times 1.1) \times 70\,000 \times 0.9 - 695\,000 \times 1.1] \times 0.65 + 0.35 \times 73\,500 = -45\,320 \text{（美元）}$$

最差情况下的 *NPV* 为：

$$NPV_{最差} = -588\,000 - 45\,320 \times PVIFA_{15\%,8} = -791\,365.41 \text{（美元）}$$

2. 我们需要首先算出这两个选项的 *NPV*：是应该直接推向市场，还是应该首先进行市场测试。

直接推向市场的 *NPV* 为：

$$NPV = C_{成功}（成功的概率） + C_{失败}（失败的概率）$$
$$= 27\,000\,000 \times (0.50) + 9\,000\,000 \times (0.50)$$
$$= 18\,000\,000 \text{（美元）}$$

现在，我们可以计算首先进行市场测试的 *NPV*。市场测试需要 130 万美元的现金支出。选择了进行市场测试，也会使得产品的推出延迟 1 年。因此，预期的收益将会延迟 1 年，并需要被折现到第 0 年。

$$NPV = C_0 + \frac{\{[C_{成功}（成功的概率）] + [C_{失败}（失败的概率）]\}}{(1+R)^t}$$

$$= -1\,300\,000 + \frac{(27\,000\,000 \times 0.80 + 9\,000\,000 \times 0.20)}{1.11}$$

$$= 19\,781\,081.08 \text{（美元）}$$

公司应该首先进行市场测试，因为这种选择的收益是最高的。

3. 在计算财务盈亏平衡点时，我们将初始投资表示为约当年均成本（*EAC*）。将这个初始投资的金额除以 5 年期的年金因子，基于 8% 的折现率，可以求出初始投资的约当年均成本（*EAC*）：

$$\text{约当年均成本} = \frac{\text{初始投资}}{PVIFA_{8\%,5}} = \frac{575\,000}{3.99\,271} = 144\,012.46\,(\text{美元})$$

注意，此处的计算是将初始投资金额作为一项年金的现值来求出每一年的支付额的，换言之：

$$PVA = C\left\{\frac{1 - \left[\frac{1}{(1+R)}\right]^t}{R}\right\}$$

$$575\,000 = C\left\{\frac{\left[1 - \left(\frac{1}{1.08}\right)^5\right]}{0.08}\right\}$$

$$C = 144\,012.46\,(\text{美元})$$

年度折旧就是设备的成本除以经济寿命，即

$$\text{年度折旧} = \frac{575\,000}{5} = 115\,000\,(\text{美元})$$

现在，我们会计算财务盈亏平衡点。项目的财务盈亏平衡点为：

$$Q_F = \frac{[EAC + FC(1 - t_C) - D(t_C)]}{[(P - VC)(1 - t_C)]}$$

$$= \frac{[144\,012.46 + 195\,000 \times (1 - 0.34) - 115\,000 \times 0.34]}{[(50 - 14) \times (1 - 0.34)]}$$

$$= 9\,832.17，\text{或大约 } 9\,832 \text{ 单位}$$

4. 市场调研和研发成本都是沉没成本，因此应该忽略。我们首先会计算销售额和可变成本。因为我们高价位的球杆的销量会下降，而低价位的球杆的销量会上升，我们应该将这些情况作为侵蚀来考虑。新项目的总销售额为：

销售额		
新球杆	850 × 60 000	= 51 000 000
高价位的球杆	1 100 × (−12 000)	= −13 200 000
低价位的球杆	400 × 15 000	= 6 000 000
		43 800 000

对于可变成本而言，我们需要将现有的球杆产品增加或减少的销售量考虑进来。请注意，高价位的球杆的可变成本是一个流入。如果我们不再生产这一系列产品，则我们会减少这些可变成本，这将造成流入。因此：

可变成本		
新球杆	−430 × 60 000	= −25 800 000
高价位的球杆	−620 × (−12 000)	= 7 440 000

	（续）
低价位的球杆	$-210 \times 15\,000 =$ $\underline{-3\,150\,000}$
	$-21\,510\,000$

预计利润表为：

	（单位：美元）
销售额	43 800 000
可变成本	21 510 000
固定成本	9 300 000
折旧	4 100 000
税前利润	8 890 000
税	3 556 000
净利润	5 334 000

使用自下而上的 OCF 计算法，我们得到：

$OCF =$ 净利润 + 折旧 $= 5\,334\,000 + 4\,100\,000 = 9\,434\,000$（美元）

因此，投资回收期是：

$$\text{投资回收期} = 3 + \frac{1\,798\,000}{9\,434\,000} = 3.191 \text{（年）}$$

NPV 是：

$$NPV = -28\,700\,000 - 1\,400\,000 + 9\,434\,000\,(PVIFA_{14\%,\,7}) + \frac{1\,400\,000}{1.14^7}$$

$$= 10\,915\,360.10 \text{（美元）}$$

且 IRR 是：

$$IRR = -28\,700\,000 - 1\,400\,000 + 9\,434\,000\,(PVIFA_{IRR\%,\,7}) + \frac{1\,400\,000}{(1+IRR)^7}$$

$$= 25.02\%$$

5. a. 会计盈亏平衡点就是税后的固定成本与折旧之和除以边际贡献（销售价格减去可变成本）。在这个例子中，不存在固定成本，折旧就是这台印刷机的全部成本。因此，会计盈亏平衡点的销售量为：

$$Q_A = \frac{(FC+D)(1-t_C)}{(P-VC)(1-t_C)} = \frac{(0+6\,500) \times (1-0.30)}{(11-4.80) \times (1-0.30)}$$

$$= 1\,048.39 \text{，或大约 } 1\,048 \text{ 单位}$$

b. 在计算财务盈亏平衡点时，我们将初始投资表示为约当年均成本（EAC）。初始投资为 20 000 美元的使用费。将这个初始投资的金额除以 3 年期的年金因子，基于 12% 的折现率，可以求出初始投资的约当年均成本（EAC）。

$$\text{约当年均成本} = \frac{\text{约当年均成本}}{PVIFA_{12\%,\,3}} = \frac{20\,000}{2.401\,8} = 8\,326.98 \text{（美元）}$$

注意，此处的计算是将初始投资金额作为一项年金的现值来求出每一年的支付额的，换言之：

$$PVA = C\left(\frac{\left\{1-\left[\frac{1}{(1+R)}\right]^t\right\}}{R}\right)$$

$$20\,000 = C\left\{\frac{\left[1-\left(\frac{1}{1.12}\right)^3\right]}{0.12}\right\}$$

$$C = 8\,326.98\,(美元)$$

现在，我们计算财务盈亏平衡点。注意，不存在固定成本或折旧。因此这个项目的财务盈亏平衡点为：

$$Q_F = \frac{EAC + FC(1-t_C) - D(t_C)}{(P-VC)(1-t_C)}$$

$$= \frac{8\,326.98 + 0 - 0}{(11-4.80) \times 0.70}$$

$$= 1\,918.66，或大约 1\,919 单位$$

CHAPTER 8

第 8 章

利率和债券估值

本章概要

本章着重讨论债券、债券收益率以及利息。研究发现:

1. 计算债券价格以及债券收益率其实就是应用基本的现金流折现法则。
2. 债券价格与利率反向运动,这可能导致债券投资者的潜在收益或是潜在损失。
3. 债券的评级基于其违约风险。有些债券(国债)不存在违约风险,而所谓的垃圾债券违约风险则相当高。
4. 几乎所有的债券交易都在场外进行(OTC),在大多数情况下几乎或完全不存在市场透明度。因此,对于某些债券来说,债券价格及规模的信息很难获得。
5. 债券收益率与利率是 6 个不同因素的反映:实际利率以及投资者因通货膨胀、利率风险、违约风险、税款缴纳以及流动性缺乏所获得的 5 种溢价。

在本章的结尾处,特意提示不管是对于政府,还是对于各种类型

思考与练习

1. **债券估值** Microhard 已经发行了带有以下特征的一只债券：
   面值：1 000 美元
   到期期限：20 年
   息票率：7%
   半年支付一次息票
   在下列到期收益率下，该债券的价格是多少？
   a. 7%。
   b. 9%。
   c. 5%。

2. **债券收益率** 一家日本公司拥有发行在外的债券，面值 100 000 日元，价格为其面值的 106%。该债券的票面利率为 2.8%，按年支付，到期期限为 21 年。请问该债券的到期收益率为多少？

3. **计算实际收益率** 如果短期国债当前的息票率为 3.9%，通货膨胀率为 2.1%，那么其实际利率大概为多少？准确值应该为多少？

4. **名义和实际收益率** 一项投资项目预计在未来 1 年提供高达 13% 的收益率。但是艾伦认为该项目的实际总收益率只有 8%。请问艾伦认为未来 1 年的通货膨胀率应为多少？

5. **利率风险** Laurel 公司和 Hardy 公司各自拥有发行在外的息票率为 6.5% 的债券。两只债券都按照半年付息，以面值计价。Laurel 公司的到期期限为 3 年，而 Hardy 公司的到期期限为 20 年。如果利率突然升高 2 个百分点，那么这两只债券价格的变动百分比为多少？若利率突然降低 2 个百分点呢？做出债券价格与到期收益率的走势关系图来证明你的答案。请问你从这个问题中学到了关于长期债券利率风险的什么知识？

参考答案

1. 任何债券的价格就是利息支付额的现值，加上面值的现值。请注意，这道题假设每半年支付利息。因此在 3 种情况的到期收益率下，该债券的价格是：

   a. $P = 35 \times (\{1 - [1/(1 + 0.035)]^{40}\} / 0.035) + 1\ 000 \times [1/(1 + 0.035)^{40}]$
      $= 1\ 000.00$（美元）

   当 YTM 等于票面利率时，债券将平价销售。

   b. $P = 35 \times (\{1 - [1/(1 + 0.045)]^{40}\} / 0.045) + 1\ 000 \times [1/(1 + 0.045)^{40}]$
      $= 815.98$（美元）

   当 YTM 高于票面利率时，债券将折价销售。

   c. $P = 35 \times (\{1 - [1/(1 + 0.025)]^{40}\} / 0.025) + 1\ 000 \times [1/(1 + 0.025)^{40}]$
      $= 1\ 251.03$（美元）

当 YTM 低于票面利率时，债券将溢价销售。

2. 现在我们在求一个年度付息的债券的 YTM。债券是以日元标价的，这与估值无关。债券价格的等式为：

$$P = 106\,000 = 2\,800\,(PVIFA_{R\%,\,21}) + 100\,000\,(PVIF_{R\%,\,21})$$

因为我们不能直接求解 R，我们使用电子数据表格、金融计算器或试错法，得到：

$$R = 2.43\%$$

因为债券利息是按年度支付的，因此算出的结果就是到期收益率。

3. 名义利率（R）、实际利率（r）和通货膨胀率（h）之间的近似关系为：

$$R \approx r + h$$

r 的近似值 $= 0.039 - 0.021 = 0.018\,0$，或 1.80%

费雪方程式为我们展现出名义利率、实际利率和通货膨胀率之间的精确关系，即

$$(1+R) = (1+r)(1+h)$$

$$(1+0.039) = (1+r)(1+0.021)$$

$$r\,的精确值 = \left[\frac{(1+0.039)}{(1+0.021)}\right] - 1 = 0.017\,6，或 1.76\%$$

4. 费雪方程式为我们展现出名义利率、实际利率和通货膨胀率之间的精确关系，即

$$(1+R) = (1+r)(1+h)$$

$$h = \left[\frac{(1+0.13)}{(1+0.08)}\right] - 1 = 0.046\,3，或 4.63\%$$

5. 以平价发行的债券将会有一个等于票面利率的 YTM，因此任何两个债券的初始到期收益率等于票面利率，为 6.5%。如果到期收益率突然上升到 8.5%：

$$P_{Laurel} = 32.50\,(PVIFA_{4.25\%,\,6}) + 1\,000\,(PVIF_{4.25\%,\,6}) = 948.00（美元）$$

$$P_{Hardy} = 32.50\,(PVIFA_{4.25\%,\,40}) + 1\,000\,(PVIF_{4.25\%,\,40}) = 809.23（美元）$$

价格变化百分比计算如下：

$$价格变化百分比 = \frac{(新价格 - 初始价格)}{初始价格}$$

$$\Delta P_{Laurel}\% = \frac{(948.00 - 1\,000)}{1\,000} = -0.052\,0，或 -5.20\%$$

$$\Delta P_{Hardy}\% = \frac{(809.23 - 1\,000)}{1\,000} = -0.190\,8，或 -19.08\%$$

如果到期收益率下降到 4.5%：

$$P_{Laurel} = 32.50\,(PVIFA_{2.25\%,\,6}) + 1\,000\,(PVIF_{2.25\%,\,6}) = 1\,055.54（美元）$$

$$P_{Hardy} = 32.50\,(PVIFA_{2.25\%,\,40}) + 1\,000\,(PVIF_{2.25\%,\,40}) = 1\,261.94（美元）$$

$$\Delta P_{Laurel}\% = \frac{(1\,055.54 - 1\,000)}{1\,000} = 0.055\,5，或 5.55\%$$

$$\Delta P_{\text{Hardy}}\% = \frac{(1\,261.94 - 1\,000)}{1\,000} = 0.261\,9,\ \text{或}\ 26.19\%$$

在其他条件相同的情况下,债券的到期时间越长,其价格对于利率变化的敏感度越高。

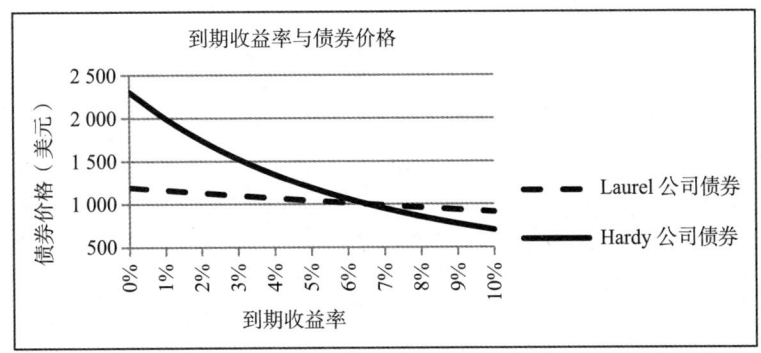

CHAPTER 9 第 9 章

股票估值

本章概要

本章涵盖了股票以及股票估值的基本概念,主要知识点包括:
1. 股票价格可以通过折现公司股利计算而得。教材中谈到了3种情形:
   a. 股利零增长模型;
   b. 股利永续增长模型;
   c. 两阶段增长模型。
2. 在股利折现模型中,需要估计股利增长率。有效估计增长率的方法就是:
   $$g = 留存收益比率 \times 留存收益回报率（ROE）$$
   只要公司保持其股利支付率不变,g 就可以表示公司的股利增长率以及盈利增长率。
3. 从会计的角度来说,盈利被分为两个部分:股利和留存收益。大多数公司持续地留存利润以便未来能够发放更多股利。不应该折现利润来获得每股价格,因为有部分盈利被用于再投资了。只有股利被分配到股东手中,也只有股利可以加以折现以估算股票价格。

4. 有些分析师通过比率乘数（比如市盈率等）对股票进行估值，然而要特别注意的是比率乘数只能够用于相似的公司。
5. 公司的市盈率是以下三个因素的函数：
   a. 公司每股所包含的有价值的成长机会；
   b. 股票的风险；
   c. 公司所采取的会计政策。
6. 作为股利折现模型和市场类比法的替代，我们还可以通过对公司自由现金流进行折现来估值。
7. 美国两大股票市场分别为纽约证券交易所（NYSE）和纳斯达克（NASDAQ）。教材中讨论了这两个市场的组织及运营，另外还介绍了股票价格的信息是如何报告的。

思考与练习

1. **股票价格** ECY公司的下一次股息支付为2.90美元/股。该股息预计将以5.5%的增长率永续增长。如果该股票当前价格为53.10美元/股，请问必要收益率为多少？
2. **股票估值** 你知道有一只股票当前的价格为67美元/股，必要收益率为10.8%，而且你知道总回报在资本利得和股息收入之间平均分配。如果该公司的政策是保持股息支付的固定增长率，请问当前每股的股息为多少？
3. **优先股股票估值** Ayden公司有一部分发行在外的优先股股份，每年支付每股4.50美元的股息直到永远。如果该优先股当前价格为87美元/股，那么必要收益率应为多少？
4. **不固定的股息支付** Bucksnort公司的股息支付政策比较奇怪。该公司刚刚支付了9美元/股的股息，又宣布将在未来5年每年增加4美元/股的股息支付，之后就不再支付股息。如果你要求12%的收益率，你今天应该用什么价格购买该公司股票？
5. **计算股息** Mau公司的股票当前价格为每股64.87美元。市场要求该公司的股票收益率为10.5%。如果该公司维持5%的股息支付增长率，那么该公司股票未来最近一次的每股股息支付应为多少？
6. **计算股息** Briley公司计划在未来两年年底各支付相等的股息，而之后支付的股息每年增长4%直到永远。当前股票价格为53美元/股。如果必要收益率为11%，请问下一年的股息支付应该是多少？
7. **资本利得和收入** 我们来考虑4种股票，它们的必要收益率都为14%，同时最近一次的股息支付都为3.5美元/股。其中W、X、Y三家公司决定在未来以每年恒定的增长率进行股息支付，分别为7%、0和-5%。Z公司股票是成长股，计划在未来两年的股息支付增长30%，之后以8%的恒定增长率增长。请问这4家公司股票的股息收益率各为多少？预计资本利得率为多少？请讨论你计算出来的不同收益率之间的关系。

参考答案

1. 我们需要求出必要收益率。基于稳定增值模型，我们可以求解 R。由此我们求出：

$$R = \left(\frac{D_1}{P_0}\right) + g = \left(\frac{2.90}{53.10}\right) + 0.055 = 0.109\ 6,\ 或\ 10.96\%$$

2. 我们知道股票的必要收益率为 10.8%，股利收益率和资本利得收益率相等，因此：

$$股利收益率 = \frac{1}{2} \times 0.108 = 0.054 = 资本利得收益率$$

现在我们知道了股利收益率和资本利得收益率。股利就是股票价格乘以股利收益率，因此：

$$D_1 = 0.054 \times 67 = 3.62\ （美元）$$

这是下一年的股利。这个题目需要求解本年支付的股利。基于本年支付的股利和下一年的股利之间的关系：

$$D_1 = D_0(1+g)$$

我们可以求解出最近一期刚支付的股利：

$$3.62 = D_0(1+0.054)$$

$$D_0 = \frac{3.62}{1.054} = 3.43\ （美元）$$

3. 优先股的价格就是股利除以必要收益率。这与稳定增长模型是一致，但股利增长率为 0。请记住，大部分的优先股支付的股利都是固定的，因此股利增长率为 0。基于这个等式，我们将求出优先股的每股价格为：

$$R = \frac{D}{P_0} = \frac{4.50}{87} = 0.051\ 7,\ 或\ 5.17\%$$

4. 股票的价格就是未来股利的现值。该股票支付 5 期股利，因此股票的价格就是这些股利的现值，基于必要收益率进行折现。股票的价格是：

$$P_0 = \frac{13}{1.12} + \frac{17}{1.12^2} + \frac{21}{1.12^3} + \frac{25}{1.12^4} + \frac{29}{1.12^5} = 72.45\ （美元）$$

5. 我们知道股票价格、股利增长率以及必要收益率，需要求出股利。基于股利稳定增长模型，我们得到：

$$P_0 = 64.87 = D_0\frac{(1+g)}{(R-g)}$$

由此等式我们求解出股利，得到：

$$D_0 = 64.87 \times \frac{(0.105 - 0.05)}{(1.05)} = 3.40\ （美元）$$

6. 题目中的股票有着不规律的股利增长率，现在我们要求出下一年的股利。我们知道股票价格、股利增长率以及必要收益率，需要求出股利。首先，我们需要认识到第 3 年的股利就是固定股利乘以 FVIF 因子。第 3 年的股利是：

$$D_3 = D(1.04)$$

股票价格的等式就是未来稳定股利的现值加上未来股票价格的现值，即

$$P_0 = \frac{D}{1.11} + \frac{D}{1.11^2} + \frac{D\left[\frac{(1.04)}{(0.11-0.04)}\right]}{1.11^2}$$

$$53 = \frac{D}{1.11} + \frac{D}{1.11^2} + \frac{D\left[\frac{(1.04)}{(0.11-0.04)}\right]}{1.11^2}$$

我们可以在等式中提出 D_0。由此我们得到：

$$53 = D\left\{\frac{\frac{1}{1.11} + \frac{1}{1.11^2} + \left[\frac{(1.04)}{(0.11-0.04)}\right]}{1.11^2}\right\}$$

计算出括号中的数据，由此将等式进一步简化，我们得到：

$$53 = D(13.7709)$$

$$D = \frac{53}{13.7709} = 3.85（美元）$$

7. 我们需要求出每一个股票的股利收益率和资本利得收益率。所有的股票都有着 14% 的必要收益率，即股利收益率和资本利得收益率之和。为求出总收益率的组成部分，我们需要求出每只股票的价格。基于股票价格和股利，我们可以计算股利收益率。资本利得收益率就是总收益率（即必要收益率）减去股利收益率。

W 公司：$P_0 = D_0\frac{(1+g)}{(R-g)} = 3.50 \times \frac{1.07}{(0.14-0.07)} = 53.50$（美元）

股利收益率 $= \frac{D_1}{P_0} = 3.50 \times \frac{1.07}{53.50} = 0.07$，或 7%

资本利得收益率 $= 0.14 - 0.07 = 0.07$，或 7%

X 公司：$P_0 = D_0\frac{(1+g)}{(R-g)} = \frac{3.50}{(0.14-0)} = 25.00$（美元）

股利收益率 $= \frac{D_1}{P_0} = \frac{3.50}{25.00} = 0.14$，或 14%

资本利得收益率 $= 0.14 - 0.14 = 0\%$

Y 公司：$P_0 = D_0\frac{(1+g)}{(R-g)} = 3.50 \times \frac{(1-0.05)}{(0.14+0.05)} = 17.50$（美元）

股利收益率 $= \frac{D_1}{P_0} = 3.50 \times \frac{(0.95)}{17.50} = 0.19$，或 19%

资本利得收益率 $= 0.14 - 0.19 = -0.05$，或 −5%

Z 公司: $P_2 = D_2 \dfrac{(1+g)}{(R-g)} = D_0(1+g_1)^2 \dfrac{(1+g_2)}{(R-g_2)} = 3.50 \times (1.30)^2 \times \dfrac{1.08}{(0.14-0.08)}$
$= 106.47$（美元）

$P_0 = 3.50 \times \dfrac{1.30}{1.14} + 3.50 \times \dfrac{1.30^2}{1.14^2} + \dfrac{106.47}{1.14^2} = 90.47$（美元）

股利收益率 $= \dfrac{D_1}{P_0} = 3.50 \times \dfrac{1.30}{90.47} = 0.0503$，或 5.03%

资本利得收益率 $= 0.14 - 0.0503 = 0.0897$，或 8.97%

在所有的情况下，必要收益率都是 14%，但这个收益率在当前的收益和资本利得之间的分配是不一样的。高增长股票有着明显的资本利得，但当前的收益相对较小。相反，较为成熟的、负增长的股票会提供一个较高的当前收益，但其价格随着时间也会增长。

第 10 章

收益和风险：从市场历史得到的经验

本章概要

1. 本章展示了若干不同资产类别的收益。一般结论是，股票在 20 世纪的大部分时候表现得比债券更好，但股票也显示出了更多风险。
2. 本章的统计指标是接下来 3 章内容的必要组成部分。特别地，标准差和方差度量单个资产或者证券组合收益的变异性。在下一章中，如果投资者的组合只包含一个资产，我们将会主张标准差和方差是度量那个资产风险的合适指标。

思考与练习

1. **计算收益率** 假设一只股票的初始价格是每股 64 美元，在这一年中支付了每股 1.20 美元的股利，而且期末价格是每股 73 美元。计算一下以百分比形式表示的总收益是多少？
2. **计算回报** 第 1 题中的股利收益率是多少？资本利得收益率是多少？

3. **计算收益** 假设期末价格是每股 57 美元，重新计算第 1～2 题。

4. **计算收益** 假设你一年前以 1 030 美元的价格购买了票面利息 5.8% 的债券，债券今天的价格是 1 059 美元。

   a. 假定面值是 1 000 美元，过去一年你在这项投资上的总收益是多少？

   b. 过去一年你在这项投资上的名义收益率是多少？

   c. 如果去年的通货膨胀率是 3%，你在这项投资上的实际收益率是多少？

5. **名义收益率对比实际收益率** 大公司股票 1926～2014 年的算术平均收益率是多少？

   a. 名义收益率是多少？

   b. 实际收益率是多少？

6. **债券收益率** 长期政府债券的历史实际收益率是多少？长期公司债券是多少？

7. **计算收益率和波动率** 用以下数据计算 X 和 Y 的平均收益率、方差和标准差：

年	收益率 X	Y	年	X	(%) Y
1	9	12	4	15	14
2	21	27	5	23	36
3	−27	−32			

8. **风险溢价** 参考教材中表 10-1 中 1973～1978 年的数据。

   a. 分别计算大公司股票组合和国库券组合在这段时间的算术平均收益率。

   b. 分别计算大公司股票组合和国库券组合在这段时间的标准差。

   c. 计算大公司股票组合相对于国库券组合每年观察到的风险溢价。这段时间的算术平均风险溢价是多少？这段时间风险溢价的标准差是多少？

9. **计算收益率和变异性** 你已经观测到 SkyNet Data Corporation 的股票在过去 5 年的收益是：21%、17%、26%、−7% 和 4%。

   a. 公司股票在这段时间的算术平均收益率是多少？

   b. 公司股票收益率在这段时间的方差是多少？标准差是多少？

10. **计算实际收益率和风险溢价** 假设第 9 题中这段时间的平均通货膨胀率是 4.2%，并且这段时间国库券的平均收益率为 5.1%。

    a. 公司股票的平均实际收益率是多少？

    b. 公司股票的平均名义风险溢价是多少？

11. **计算实际收益率** 根据第 10 题的信息，这段时间的平均实际无风险收益率是多少？平均实际风险溢价是多少？

12. **持有期收益率** 一只股票在过去 5 年的收益率分别是 14.38%、8.43%、11.97%、25.83% 和 −9.17%。这只股票的持有期收益率是多少？

13. **计算收益率** 你一年前以 160.53 美元的价格购买了一份零息债券。现在的市场利率是 7.5%。如果你最初购买的时候，债券的到期时间是 25 年，你在过去一年的收益率是多少？

14. **计算收益率** 你去年以每股 92.07 美元的价格购买了一份票息率为 3.5% 的优先股。

你的股票现在的市场价格是 96.12 美元，你过去 1 年的收益率是多少？

15. **计算收益率**　你 3 个月前以每股 62.18 美元的价格购买了一只股票。该股票没有支付股利。当前的股票价格是每股 65.37 美元。你这项投资的 APR 是多少？EAR 是多少？

16. **计算实际收益率**　参考教材表 10-1，国库券组合 1926～1932 年的平均实际收益率是多少？

17. **收益率分布**　参考教材表 10-2，你认为长期公司债券的收益率 68% 的可能会落在哪个范围？如果是 95% 的可能呢？

18. **收益率分布**　参考教材表 10-2，你认为大公司股票的收益率 68% 的可能会落在哪个范围？如果是 95% 的可能呢？

19. **计算收益率和变异性**　你发现某一只股票在近 5 年中的 4 年的收益率分别是 12%、−15%、13% 和 27%。如果该股票在这段时间的平均收益率是 10.5%，缺少的那年的收益率是多少？股票收益率的标准差是多少？

20. **算术平均和几何平均**　一只股票在过去 6 年的收益率分别是 24%、12%、38%、−2%、21% 和 −16%。这只股票的算术平均收益率和几何平均收益率分别是多少？

21. **算术平均和几何平均**　某只股票在年末的股票价格和股利如下所示：

年	价格（美元）	股利（美元）	年	价格（美元）	股利（美元）
1	73.18	—	4	84.65	1.36
2	77.98	1.15	5	91.37	1.47
3	69.13	1.25	6	103.66	1.60

这只股票的算术平均收益率和几何平均收益率分别是多少？

22. **计算收益率**　参考教材表 10-1 的 1973～1980 年的数据。

    a. 计算国库券在这段时间的平均收益率和平均通货膨胀率（消费品价格指数）。

    b. 计算这段时间国库券收益率和通货膨胀率的标准差。

    c. 计算每年的实际收益率。国库券的平均实际收益率是多少？

    d. 许多人认为国库券是无风险的，就国库券潜在的风险而言，这些计算结果能告诉你什么？

23. **计算投资收益率**　你一年前以每份 1 032.50 美元的价格购买了 Bergen Manufacturing Co. 票面利率为 6.4% 的债券。这些债券按年支付利息，现在算起 6 年之后到期。假设当债券的必要收益率是 5.5% 的时候你决定卖掉这个债券。如果去年的通货膨胀率是 3.2%，该项投资的实际总收益率是多少？

24. **使用收益率分布**　假设长期政府债券收益率呈正态分布。根据历史数据，某一年这些债券的收益率小于 −3.7% 的可能性大概是多少？95% 的情况下你将看到收益率落在哪个区间？

25. **使用收益率分布**　假设持有小公司投资组合的收益率呈正态分布。你的钱一年后翻倍的概率大约是多少？增至 3 倍的概率是多少？

26. **分布**　在前面一个问题中，收益小于 −100% 的概率是多少？（思考）收益分布的含义是什么？

27. **使用概率分布** 假设大公司股票的收益服从正态分布。根据历史记录，使用 Excel 的 NORMDIST 函数来确定你在任何给定年份投资普通股亏本的概率。

28. **使用概率分布** 假设长期公司债券和国库券的收益呈正态分布。根据历史记录，使用 Excel 的 NORMDIST 函数来回答下列问题。

    a. 长期公司债券收益在任意年份大于 10% 的概率是多少？小于 0 的概率是多少？
    b. 国库券收益率在任意年份大于 10% 的概率是多少？小于 0 的概率是多少？
    c. 长期公司债券 1979 年的收益率是 −4.18%。这么低的收益率未来再次出现的可能性是多大？国库券同年的收益率是 10.56%，这么高的国库券收益率未来再次出现的可能性是多大？

参考答案

1. 任何资产的收益率都是其价格的上涨额加上可能有的股利或类似现金流量，再除以初始价格。这只股票的收益率为：

$$R = \frac{(73-64)+1.20}{64} = 0.1594，或 15.94\%$$

2. 股利收益率等于股利除以期初的股票价格，因此：

$$股利收益率 = \frac{1.20}{64} = 0.0188，或 1.88\%$$

   资本利得收益率为价格的上涨额除以初始价格，因此：

$$资本利得收益率 = \frac{(73-64)}{64} = 0.1406，或 14.06\%$$

3. 基于总收益率等式，我们得到：

$$R = \frac{(57-64)+1.20}{64} = -0.0906，或 -9.06\%$$

   股利收益率和资本利得收益率为：

$$股利收益率 = \frac{1.20}{64} = 0.0188，或 1.88\%$$

$$资本利得收益率 = \frac{(57-64)}{64} = -0.1094，或 -10.94\%$$

   此处有一个问题：股利收益率能够为负吗？不行，这意味着，在持有这只股票的过程中，你向公司付了钱。不过这样的情况在债券上出现过。

4. 金额上的总收益等于价格的变化额加上利息支付额，因此：

$$金额上的总收益 = 1\,059 - 1\,030 + 58 = 87（美元）$$

   债券的名义收益率为：

$$R = \frac{[(1\,059-1\,030)+58]}{1\,030} = 0.0845，或 8.45\%$$

此处请注意，我们也可以将金额上的总收益 87 美元作为等式的分子。

基于费雪等式，实际收益率为：
$$(1+R)=(1+r)(1+h)$$
$$r=\frac{1.0845}{1.030}-1=0.0529，或 5.29\%$$

5. 名义收益率是报告出来的收益率，即 11.80%。基于费雪等式，实际收益率为：
$$(1+R)=(1+r)(1+h)$$
$$r=\frac{1.1180}{1.031}-1=0.0844，或 8.44\%$$

6. 基于费雪等式，长期政府债券和长期公司债券的实际收益率为：
$$(1+R)=(1+r)(1+h)$$
$$r_G=\frac{1.061}{1.030}-1=0.0301，或 3.01\%$$
$$r_c=\frac{1.064}{1.030}-1=0.0330，或 3.30\%$$

7. 平均收益率就是收益率加总除以收益率的个数。每只股票的平均收益率为：
$$\overline{X}=\frac{\left[\sum_{i=1}^{N}x_i\right]}{N}=\frac{(0.09+0.21-0.27+0.15+0.23)}{5}=0.0820，或 8.20\%$$

$$\overline{Y}=\frac{\left[\sum_{i=1}^{N}y_i\right]}{N}=\frac{(0.12+0.27-0.32+0.14+0.36)}{5}=0.1140，或 11.40\%$$

我们可以计算出每一只股票的方差为：
$$\sigma_X^2=\frac{\left[\sum_{i=1}^{N}(x_i-\overline{x})^2\right]}{(N-1)}$$

$$\sigma_X^2=\frac{1}{5-1}\times\{(0.09-0.082)^2+(0.21-0.082)^2+(-0.27-0.082)^2+$$
$$(0.15-0.082)^2+(0.23-0.082)^2\}=0.04172$$

$$\sigma_Y^2=\frac{1}{5-1}\times\{(0.12-0.114)^2+(0.27-0.114)^2+(-0.32-0.114)^2+$$
$$(0.14-0.114)^2+(0.36-0.114)^2\}=0.06848$$

标准差就是方差的平方根，因此每只股票的标准差为：
$$\sigma_X=(0.04172)^{1/2}=0.2043，或 20.43\%$$
$$\sigma_Y=(0.06848)^{1/2}=0.2617，或 26.17\%$$

8. 我们可以首先计算出资产的收益率之和以及观察到的风险溢价。由此我们得到：

年	大公司股票收益率（%）	国库券收益率（%）	风险溢价（%）
1973	−14.69	7.29	−21.98
1974	−26.47	7.99	−34.46
1975	37.23	5.87	31.36
1976	23.93	5.07	18.86
1977	−7.16	5.45	−12.61
1978	6.57	7.64	−1.07
	19.41	39.31	−19.90

a. 大公司股票组合在这段时间的算术平均收益率为：

$$\text{大公司股票组合的算术平均收益率} = \frac{19.41\%}{6} = 3.24\%$$

国库券组合在这段时间的算术平均收益率：

$$\text{国库券组合的算术平均收益率} = \frac{39.31\%}{6} = 6.55\%$$

b. 使用方差等式，我们可以求出大公司股票组合在这段时间的方差为：

$$\text{方差} = \frac{1}{5} \times [(-0.1469 - 0.0324)^2 + (-0.2647 - 0.0324)^2$$
$$+ (0.3723 - 0.0324)^2 + (0.2393 - 0.0324)^2$$
$$+ (-0.0716 - 0.0324)^2 + (0.0657 - 0.0324)^2]$$
$$= 0.058136$$

大公司股票组合在这段时间的标准差为：

$$\text{标准差} = (0.058136)^{1/2} = 0.2411，或 24.11\%$$

使用方差等式，我们可以求出国库券组合在这段时间的方差为：

$$\text{方差} = \frac{1}{5} \times [(0.0729 - 0.0655)^2 + (0.0799 - 0.0655)^2$$
$$+ (0.0587 - 0.0655)^2 + (0.0507 - 0.0655)^2$$
$$+ (0.0545 - 0.0655)^2 + (0.0764 - 0.0655)^2]$$
$$= 0.000153$$

国库券组合在这段时间的标准差为：

$$\text{标准差} = (0.000153)^{1/2} = 0.0124，或 1.24\%$$

c. 这段时间内观察到的平均风险溢价为：

$$\text{观察到的风险溢价} = \frac{-19.90\%}{6} = -3.32\%$$

观察到的风险溢价的方差为：

$$\text{方差} = \frac{1}{5} \times [(-0.2198 - (-0.0332))^2 + (-0.3446 - (-0.0332))^2$$
$$+ (0.3136 - (-0.0332))^2 + (0.1886 - (-0.0332))^2$$

$$+(-0.126\ 1-(-0.033\ 2))^2+(-0.010\ 7-(-0.033\ 2))^2]$$
$$=0.062\ 078$$

观察到的风险溢价的标准差为：

$$标准差=(0.062\ 78)^{1/2}=0.249\ 2，或\ 24.92\%$$

9. a. 为求出平均收益率，我们将所有的收益率加总然后除以收益率的个数，因此：

$$算术平均收益率=\frac{(0.21+0.17+0.26-0.07+0.04)}{5}=0.122\ 0，或\ 12.20\%$$

b. 使用计算方差的等式，我们得到

$$方差=\frac{1}{4}\times[(0.21-0.122)^2+(0.17-0.122)^2$$
$$+(0.26-0.122)^2+(-0.07-0.122)^2+(0.04-0.122)^2]$$
$$=0.018\ 17$$

因此，标准差为：

$$标准差=(0.018\ 17)^{1/2}=0.134\ 8，或\ 13.48\%$$

10. a. 为了计算平均实际收益率，我们可以使用费雪等式中资产的平均收益率以及平均通货膨胀率，由此，我们得到：

$$(1+R)=(1+r)(1+h)$$
$$\bar{r}=\left(\frac{1.122}{1.042}\right)-1=0.076\ 8，或\ 7.68\%$$

b. 平均风险溢价就是资产的平均收益率减去平均实际无风险收益率。因此，这个资产的平均风险溢价为：

$$\overline{RP}=\bar{R}-\overline{R_f}=0.122\ 0-0.051\ 0=0.071\ 0，或\ 7.10\%$$

11. 我们可以利用费雪等式求出平均无风险利率。平均无风险利率为：

$$(1+R)=(1+r)(1+h)$$
$$\overline{r_f}=\left(\frac{1.051}{1.042}\right)-1=0.008\ 6，或\ 0.86\%$$

为求出平均实际风险溢价，我们可以用平均实际收益率减去平均无风险利率。因此，平均实际风险溢价为：

$$\overline{rp}=\bar{r}-\overline{r_f}=7.68\%-0.86\%=6.81\%$$

12. 使用 5 年期的持有期收益率公式来计算这只股票在 5 年的持有期中的总收益率，我们得到

$$5\ 年期的持有期收益率=[(1+R_1)(1+R_2)(1+R_3)(1+R_4)(1+R_5)]-1$$
$$=[(1+0.143\ 8)\times(1+0.084\ 3)\times(1+0.119\ 7)$$
$$\times(1+0.258\ 3)\times(1-0.091\ 7)]-1$$
$$=0.587\ 1，或\ 58.71\%$$

13. 为求出零息债券的收益率，我们必须首先算出债券在今天的价格，由于已经过去了 1

年，债券还有24年到期，如果半年复利一次，今天的价格为：

$$P_1 = \frac{1\,000}{1.037\,5^{48}} = 170.83（美元）$$

对于零息债券而言，不存在中期的现金流量，因此，其收益率等于资本利得，或者说：

$$R = \frac{(170.83 - 160.53)}{160.53} = 0.064\,2，或 6.42\%$$

14. 资产的收益率就是价格的上涨额加上可能的股利或现金流量，再除以初始价格。每股优先股支付股利3.50美元，因此本年的收益率为：

$$R = \frac{(96.12 - 92.07 + 3.50)}{92.07} = 0.082\,0，或 8.20\%$$

15. 资产的收益率就是价格的上涨额加上可能的股利或现金流量，再除以初始价格。这只股票不支付股利，因此收益率为：

$$R = \frac{(65.37 - 62.18)}{62.18} = 0.051\,3，或 5.13\%$$

这是3个月期的收益率，因此 APR 为：

$$APR = 4 \times 5.13\% = 20.52\%$$

而 EAR 为：

$$EAR = (1 + 0.051\,3)^4 - 1 = 0.221\,5，或 22.15\%$$

16. 为求出每一年的实际收益率，我们将使用费雪等式，即

$$1 + R = (1 + r)(1 + h)$$

基于每一年的这个关系式，我们得到：

	国库券	通货膨胀率	实际收益率
1926	0.033 0	-0.011 2	0.044 7
1927	0.031 5	-0.022 6	0.055 4
1928	0.040 5	-0.011 6	0.052 7
1929	0.044 7	0.005 8	0.038 7
1930	0.022 7	-0.064 0	0.092 6
1931	0.011 5	-0.093 2	0.115 5
1932	0.008 8	-0.102 7	0.124 3

因此，平均实际收益率为：

$$平均实际收益率 = \frac{(0.044\,7 + 0.055\,4 + 0.052\,7 + 0.038\,7 + 0.092\,6 + 0.115\,5 + 0.124\,3)}{7}$$

$$= 0.074\,8，或 7.48\%$$

请注意，这段时间的实际收益率比名义收益率高，因为存在通货紧缩，或者说负的通货膨胀。

17. 参考教材中表10-2中的长期企业债券的历史收益率，我们看到平均收益率为6.4%，

标准差为 8.4%。在 68% 的时间里,你将看到的收益率变化的范围是在平均收益率上下 1 个标准差的范围内:

$$R \in \mu \pm 1\sigma = 6.4\% \pm 8.4\% = -2.00\% \sim 14.80\%$$

在 95% 的时间里,你将看到的收益率变化的范围是在平均收益率上下 2 个标准差的范围内:

$$R \in \mu \pm 2\sigma = 6.4\% \pm 2 \times 8.4\% = -10.40\% \sim 23.20\%$$

18. 参考教材中表 10-2 中的大公司股票的历史收益率,我们看到平均收益率为 12.1%,标准差为 20.1%。在 68% 的时间里,你将看到的收益率变化的范围是在平均收益率上下 1 个标准差的范围内:

$$R \in \mu \pm 1\sigma = 12.1\% \pm 20.1\% = -8.00\% \sim 32.20\%$$

在 95% 的时间里,你将看到的收益率变化的范围是在平均收益率上下 2 个标准差的范围内:

$$R \in \mu \pm 2\sigma = 12.1\% \pm 2 \times 20.1\% = -28.10\% \sim 52.30\%$$

19. 此处我们知道股票的平均收益率以及用来计算平均收益率的 5 个收益率中的 4 个。我们可以由平均收益率计算等式倒推出缺失的收益率。股票的平均收益率计算如下:

$$5 \times 0.105 = 0.12 - 0.15 + 0.13 + 0.27 + R$$

$$R = 0.155,\text{ 或 } 15.50\%$$

缺失的收益率应该是 15.5%。现在我们可以使用这个等式来求出方差,即

$$\text{方差} = \frac{1}{4} \times [(0.12 - 0.105)^2 + (-0.15 - 0.105)^2$$

$$+ (0.13 - 0.105)^2 + (0.27 - 0.105)^2 + (0.155 - 0.105)^2]$$

$$= 0.023\ 90$$

标准差为:

$$\text{标准差} = (0.023\ 90)^{1/2} = 0.154\ 6,\text{ 或 } 15.46\%$$

20. 算术平均收益率就是几个收益率加总再除以收益率的个数,因此:

$$\text{算术平均收益率} = \frac{(0.24 + 0.12 + 0.38 - 0.02 + 0.21 - 0.16)}{6}$$

$$= 0.128\ 3,\text{ 或 } 12.83\%$$

基于几何平均收益率的等式,我们得到:

$$\text{几何平均收益率} = [(1+R_1) \times (1+R_2) \times \cdots \times (1+R_T)]^{1/T} - 1$$

$$= [(1+0.24) \times (1+0.12) \times (1+0.38)$$

$$\times (1-0.02) \times (1+0.21)$$

$$\times (1-0.16)]^{(1/6)} - 1$$

$$= 0.113\ 8,\text{ 或 } 11.38\%$$

请记住,如果收益率有波动的话,几何平均收益率总是会小于算术平均收益率。

21. 为计算出这只股票的算术平均收益率和几何平均收益率,我们首先需要算出每一年的

收益率。每一年的收益率为：

$$R_1 = \frac{(77.98 - 73.18 + 1.15)}{73.18} = 0.0813，或 8.13\%$$

$$R_2 = \frac{(69.13 - 77.98 + 1.25)}{77.98} = -0.0975，或 -9.75\%$$

$$R_3 = \frac{(84.65 - 69.13 + 1.36)}{69.13} = 0.2442，或 24.42\%$$

$$R_4 = \frac{(91.37 - 84.65 + 1.47)}{84.65} = 0.0968，或 9.68\%$$

$$R_5 = \frac{(103.66 - 91.37 + 1.60)}{91.37} = 0.1521，或 15.21\%$$

算术平均收益率为：

$$R_A = \frac{(0.0813 - 0.0975 - 0.2442 + 0.0968 + 0.1521)}{5} = 0.0954，或 9.54\%$$

几何平均收益率为：

$$R_G = [(1+0.0813) \times (1-0.0975) \times (1-0.2442) \\ \times (1+0.0968) \times (1+0.1521)]^{1/5} - 1 \\ = 0.0894，或 8.94\%$$

22. 为了求出实际收益率，我们需要使用费雪等式。对费雪等式变形，求解实际收益率，我们得到：

$$r = \left[\frac{(1+R)}{(1+h)}\right] - 1$$

因此，每年的实际收益率为：

年	国库券收益率	通货膨胀率	实际收益率
1973	0.0729	0.0871	-0.0131
1974	0.0799	0.1234	-0.0387
1975	0.0587	0.0694	-0.0100
1976	0.0507	0.0486	0.0020
1977	0.0545	0.0670	-0.0117
1978	0.0764	0.0902	-0.0127
1979	0.1056	0.1329	-0.0241
1980	0.1210	0.1252	-0.0037
	0.6197	0.7438	-0.1120

a. 这段时期国库券的平均收益率为：

$$平均收益率 = \frac{0.6197}{8} = 0.0775，或 7.75\%$$

平均通货膨胀率为：

$$\text{平均通货膨胀率} = \frac{0.7438}{8} = 0.0930, \text{ 或 } 9.30\%$$

b. 基于方差公式，我们求出这段时间国库券的方差：

$$\text{方差} = \frac{1}{7} \times [(0.0729 - 0.0775)^2 + (0.0799 - 0.0775)^2 + (0.0587 - 0.0775)^2$$
$$+ (0.0507 - 0.0775)^2 + (0.0545 - 0.0775)^2 + (0.0764 - 0.0775)^2$$
$$+ (0.1056 - 0.0775)^2 + (0.1210 - 0.0775)^2]$$
$$= 0.000616$$

国库券的标准差为：

$$\text{标准差} = (0.000616)^{1/2} = 0.0248, \text{ 或 } 2.48\%$$

这段时间通货膨胀率的方差为：

$$\text{方差} = \frac{1}{7} \times [(0.0871 - 0.0930)^2 + (0.1234 - 0.0930)^2 + (0.0694 - 0.0930)^2$$
$$+ (0.0486 - 0.0930)^2 + (0.0670 - 0.0930)^2 + (0.0902 - 0.0930)^2$$
$$+ (0.1329 - 0.0930)^2 + (0.1252 - 0.0930)^2]$$
$$= 0.000971$$

通货膨胀率的标准差为：

$$\text{标准差} = (0.000971)^{1/2} = 0.0312, \text{ 或 } 3.12\%$$

c. 这段时间平均观察到的实际收益率为：

$$\text{平均观察到的实际收益率} = \frac{-0.1122}{8} = -0.0140, \text{ 或 } -1.40\%$$

d. 关于国库券没有风险的说法，实际上指的是政府违约的可能性是非常小的，因此违约风险很小。由于国库券是短期的，利率风险也是很小的。但是，就如这个例子显示的，通货膨胀风险是存在的，即投资金额的购买力可能随着时间下降，虽然投资者赚取的是一个正的收益率。

23. 为求出债券的收益率，我们首先需要求出债券今天的价格。由于已经过了1年，债券还有6年到期，因此今天的价格为：

$$P_1 = 64 \times (PVIFA_{5.5\%, 6}) + \frac{1\,000}{1.055^6} = 1\,044.96 \text{（美元）}$$

你收到了债券的票面利息，因此名义收益率为：

$$R = \frac{(1\,044.96 - 1\,032.50 + 64)}{1\,032.50} = 0.0741, \text{ 或 } 7.41\%$$

基于费雪等式求解实际收益率，我们得到：

$$r = \left(\frac{1.0741}{1.032}\right) - 1 = 0.0407, \text{ 或 } 4.070\%$$

24. 观察教材中表10-2中的长期政府债券的历史收益率情况，我们看到平均收益率为6.1%，标准差为10%。在正态分布的情况下，大约有2/3的观测值是在均值的上下1

个标准差范围内的。这意味着大约有 1/3 的观测值是在均值的上下 1 个标准差范围之外的,即

$$\Pr(R < -3.9 \text{ 或 } R > 16.1) \approx \frac{1}{3}$$

但我们只关心其中一个尾部的数据,即小于 −3.9% 的收益率,因此:

$$\Pr(R < -3.9) \approx \frac{1}{6}$$

你可以使用 z 统计值以及累积正态分布表格来求出答案,由此,我们得到:

$$z = \frac{(X - \mu)}{\sigma} = \frac{(-3.9\% - 6.1\%)}{10\%} = -1.00$$

根据 z 统计值的表格,我们知道这个概率是 15.87%,即:

$$\Pr(R < -3.9) \approx 0.158\,7 \text{ 或 } 15.87\%$$

你在 95% 的时间里观察到的收益率的范围将在均值的上下 2 个标准差的范围内,即

95% 的置信水平: $R \in \mu \pm 2\sigma = 6.1\% \pm 2 \times 10\% = -13.90\% \sim 26.10\%$

你在 99% 的时间里观察到的收益率的范围将在均值的上下 3 个标准差的范围内,即

99% 的置信水平: $R \in \mu \pm 3\sigma = 6.1\% \pm 3 \times 10\% = -23.90\% \sim 36.10\%$

25. 小公司股票的平均收益率为 16.7%,标准差为 32.1%。将你的钱翻倍则意味着 100% 的收益率,因此如果收益率分布是正态的,我们可以使用 z 统计值。因此:

$$z = \frac{(X - \mu)}{\sigma} = \frac{(100\% - 16.7\%)}{32.1\%} = \text{均值以上的 2.595 个标准差}$$

这与一个 0.473% 的概率是对应的,或者说每 200 年将会有一次。你的钱增至 3 倍的概率是:

$$z = \frac{(200\% - 16.7\%)}{32.1\%} = \text{均值以上的 5.710 个标准差}$$

这与一个大大低于 0.5% 的概率是对应的。精确的回答是约等于 0.000 000 563 95%,或者说每 1.77 亿年将会有一次。

26. 你不可能损失超过 100% 的投资。因此,收益率的分布在 −100% 的地方就截断了。

27. 使用 z 统计值,我们得到:

$$z = \frac{(X - \mu)}{\sigma} = \frac{(0\% - 12.1\%)}{20.1\%} = -0.602$$

$$\Pr(R \leqslant 0) \approx 27.36\%$$

28. 对于此处的每一个问题,我们需要使用 z 统计值,为:

$$z = \frac{(X - \mu)}{\sigma}$$

a. $z_1 = (10\% - 6.4\%)/8.4\% = 0.428\,6$

z 统计值告诉我们收益率小于 10% 的概率是多少,但我们需要求的是收益率大于 10% 的概率。考虑到总概率是 100%(或者说 1),收益率大于 10% 的概率就是 1

减去收益率小于 10% 的概率。基于累积正态分布表，我们得到：
$$\Pr(R \geqslant 10\%) = 1 - \Pr(R \leqslant 10\%) = 33.41\%$$
对收益率小于 0% 的情况来说：
$$z_2 = \frac{(0\% - 6.4\%)}{8.4} = -0.7619$$
$$\Pr(R < 10\%) = 1 - \Pr(R > 0\%) = 22.31\%$$

b. 国库券的收益率大于 10% 的概率为：
$$z_3 = \frac{(10\% - 3.5\%)}{3.1\%} = 2.0968$$
$$\Pr(R \geqslant 10\%) = 1 - \Pr(R \leqslant 10\%) = 1 - 0.9802 \approx 1.80\%$$
国库券的收益率低于 0 的概率为：
$$z_4 = \frac{(0\% - 3.5\%)}{3.1\%} = -1.129$$
$$\Pr(R \leqslant 0) \approx 12.94\%$$

c. 长期企业债券的收益率低于 −4.18% 的概率为：
$$z_5 = \frac{(-4.18\% - 6.4\%)}{8.4\%} = -1.2595$$
$$\Pr(R \leqslant -4.18\%) \approx 10.39\%$$
国库券的收益率大于 10.56% 的概率为：
$$z_6 = \frac{(10.56\% - 3.6\%)}{3.1\%} = 2.2774$$
$$\Pr(R \geqslant 10.56\%) = 1 - \Pr(R \leqslant 10.56\%) = 1 - 0.9886 \approx 1.14\%$$

CHAPTER 11 第 11 章

收益和风险：资本资产定价模型

本章概要

本章阐述了现代投资组合理论的基础原理，要点如下。

1. 这一章向我们展示了如何计算单个证券的期望收益和方差，两个证券收益之间的协方差和相关系数。有了这些统计量，两种证券 A 和 B 的投资组合的期望收益和方差可以写成：

$$\text{组合的期望收益} = X_A \bar{R}_A + X_B \bar{R}_B$$
$$\text{组合的方差} = X_A^2 \sigma_A^2 + 2 X_A X_B \sigma_{AB} + X_B^2 \sigma_B^2$$

2. 用 X 表示某种证券在投资组合中的比例。通过改变 X，我们可以找出投资组合的有效集。我们将两种资产投资组合的有效集画成一条曲线，曲线的弯曲程度反映了投资组合多元化的效应：两种证券收益之间的相关系数越低，曲线越弯曲。多个资产的有效集的形状大体相同。

3. 正如两种证券的方差公式是根据 2×2 矩阵计算的一样，N 种证券的

方差公式是根据 $N \times N$ 矩阵的方法计算的。我们指出了当资产数量很多时，矩阵中协方差的个数远远多于方差的个数。事实上，方差项在一个大型的投资组合中可以通过有效的分散而消除，但协方差项则不行。因此多元化的投资组合只能消除单个证券的部分风险，而不是全部风险。
4. 风险资产组合的有效集合可以与无风险借贷相结合。在这种情况下，理性投资者总会选择持有教材图 11-9 中 A 点所示的风险证券的组合，然后可以通过无风险借贷取得直线 II 上任意想得到的一点。
5. 一种证券对一个大型的、很多元化的投资组合的风险的贡献跟这种证券收益与市场收益的协方差成比例。这种贡献经过标准化被称为贝塔系数。证券的贝塔系数也可以理解为该种证券的收益对市场收益变动的反应程度。
6. 资本资产定价模型（CAPM）被陈述为：

$$\overline{R} = R_F + \beta\,(\overline{R}_M - R_F)$$

换句话说，证券的期望收益和证券的贝塔系数正相关。

思考与练习

1. **可分散与不可分散风险**　一般地说，为什么有些风险是可分散的？为什么有些风险是不可分散的？因此能断定投资者可以控制的是投资组合的非系统性风险的水平，而不是系统性风险的水平吗？
2. **系统性与非系统性风险**　把下面的事件分为系统性风险和非系统性风险。每种情况下的区别都很清楚吗？
   a. 短期利率意外上升。
   b. 银行提高了公司偿还短期贷款的利率。
   c. 油价意外下跌。
   d. 一艘油轮破裂，发生大量原油泄漏。
   e. 制造商在一个价值几百万美元的产品责任诉讼中败诉。
   f. 最高法院的决定显著扩大了生产商对产品使用者受伤害的责任。
3. **期望组合收益**　如果一个组合对每种资产都进行投资，组合的期望收益可能比组合中每种资产的收益高吗？可能比组合中每种资产的收益低吗？如果你对这一个或者两个问题的回答是"是"，举例说明你的回答。
4. **多元化**　判断对错：决定多元化组合的期望收益最重要的特性是组合中单个资产的方差。解释你的回答。
5. **组合风险**　如果一个组合对每种资产都进行投资，组合的标准差可能比组合中每种资产的标准差小吗？组合的贝塔系数呢？
6. **贝塔系数和资本资产定价模型**　风险资产的贝塔系数有可能为零吗？解释一下。根据资本资产定价模型，这种资产的期望收益是多少？风险资产的贝塔系数可能为负吗？资本资产定价模型对这种资产期望收益的预测是什么？为什么？

7. **协方差** 简要解释为什么一种证券与很多元化的组合中其他证券的协方差比该证券的方差更适合度量证券的风险?

8. **贝塔系数** 考虑一个投资经理如下的话,"Southern Co. 的股票在过去 3 年的大多数时间都在 12 美元附近交易。既然 Southern 显示了非常小的价格变动,该股票的贝塔系数低。另外,Texas Instruments 的交易价格高的时候达到 150 美元,低的时候像现在的 75 美元。既然 Texas Instruments 的股票显示了非常大的价格变动,该股票的贝塔系数非常高"。你同意这个分析吗? 解释原因。

9. **风险** 经纪人建议你不要投资于原油工业的股票,因为它们的标准差高。对于风险规避的投资者,比如你自己,经纪人的建议合理吗? 为什么?

10. **决定组合的权重** 对于一个有 165 股、每股卖 43 美元的股票 A 和 120 股、每股卖 74 美元的股票 B 的投资组合,它的组合权重是多少?

11. **组合的期望收益** 假设你拥有一个 2 700 美元投资于股票 A、3 800 美元投资于股票 B 的投资组合。如果这些股票的期望收益分别是 9.5% 和 14%,组合的期望收益是多少?

12. **组合的期望收益** 假设你拥有一个 20% 投资于股票 X、45% 投资于股票 Y 和 35% 投资于股票 Z 的投资组合。这 3 只股票的期望收益分别是 11%、17% 和 14%。这个组合的期望收益是多少?

13. **组合的期望收益** 假设你投资 10 000 美元于一个股票组合。你的选择有期望收益为 13% 的股票 X 和期望收益为 8.5% 的股票 Y。如果你的目标是创造一个期望收益为 11.9% 的组合,你对股票 X 的投资是多少,对股票 Y 的投资是多少?

14. **计算收益和标准差** 根据如下信息,计算两只股票的期望收益和标准差。

经济状况	状况发生的概率	状况发生的收益	
		股票 A	股票 B
衰退	0.30	0.06	−0.20
正常	0.55	0.07	0.13
繁荣	0.15	0.11	0.33

15. **计算收益和标准差** 根据如下信息,计算期望收益和标准差。

经济状况	状况发生的概率	状况发生的收益	经济状况	状况发生的概率	状况发生的收益
衰退	0.15	−0.105	正常	0.45	0.130
萧条	0.30	0.059	繁荣	0.10	0.211

16. **计算期望收益** 一个组合 20% 投资于股票 G、55% 投资于股票 J、25% 投资于股票 K。这些股票的期望收益分别是 9%、11% 和 14%。该组合的期望收益是多少? 你是怎么理解你的答案的?

17. **收益和标准差** 考虑如下信息。

经济状况	状况发生的概率	状况发生的收益		
		股票 A	股票 B	股票 C
繁荣	0.65	0.06	0.16	0.33
萧条	0.35	0.14	0.02	−0.06

a. 一个平均投资于这 3 只股票的组合的期望收益是多少？

b. 各投资 20% 于股票 A 和股票 B、60% 于股票 C 的组合的方差是多少？

18. **收益和标准差**　考虑如下信息。

经济状况	状况发生的概率	状况发生的收益		
		股票 A	股票 B	股票 C
繁荣	0.25	0.24	0.45	0.33
良好	0.40	0.09	0.10	0.15
不佳	0.30	0.03	−0.10	−0.05
萧条	0.05	−0.05	−0.25	−0.09

a. 假设你的组合各 30% 投资于股票 A 和股票 C、40% 投资于股票 B。这个组合的期望收益是多少？

b. 这个组合的方差是多少？标准差是多少？

19. **计算组合的贝塔系数**　假设你有一个 15% 投资于股票 Q、35% 投资于股票 R、30% 投资于股票 S，还有 20% 投资于股票 T 的股票组合。这 4 只股票的贝塔系数分别是 0.75、1.90、1.38 和 1.16。这个组合的贝塔系数是多少？

20. **计算组合的贝塔系数**　假设你有一个股票组合均等地投资于无风险资产和两只股票。如果其中的一只股票的贝塔系数是 1.73，并且整个组合和市场的风险水平一样，那么组合中另外一个股票的贝塔系数是多少？

21. **运用 CAPM**　一只股票的贝塔系数是 1.15，市场的期望收益是 10.6%，而且无风险利率是 4.5%。这只股票的期望风险必须是多少？

22. **运用 CAPM**　一只股票的期望收益是 13.4%，无风险利率是 3.8%，而且市场风险溢价是 7%。这只股票的贝塔系数必须是多少？

23. **运用 CAPM**　一只股票的期望收益是 13.4%，它的贝塔系数是 1.20，而且无风险利率是 4.4%。市场的期望收益必须是多少？

24. **运用 CAPM**　一只股票的期望收益是 11.2%，它的贝塔系数是 1.15，而且市场的期望收益是 10.4%。无风险收益必须是多少？

25. **运用 CAPM**　一只股票的贝塔系数是 1.13，它的期望收益是 12.1%，无风险资产目前的收益是 3.6%。

a. 均等投资于两个资产的组合的期望收益是多少？

b. 如果两个资产组合的贝塔系数是 0.5，组合的投资比重是多少？

c. 如果两个资产组合的期望收益是 10%，它的贝塔系数是多少？

d. 如果两个资产组合的贝塔系数是 2.26，组合的投资比重是多少？你是如何理解本例中两个资产的比重的？

26. **运用 SML**　资产 W 的期望收益是 11.9%，它的贝塔系数是 1.2。如果无风险利率是 4%，完成下面资产 W 和无风险资产的表格。通过画图揭示组合的期望收益和组合的贝塔系数之间的关系。那样得到的直线的斜率是多少？

组合中资产 W 的百分比（%）	组合的期望收益	组合的贝塔系数	组合中资产 W 的百分比（%）	组合的期望收益	组合的贝塔系数
0			100		
25			125		
50			150		
75					

27. **风险回报比率**　股票 Y 的贝塔系数是 1.20，它的期望收益是 12.7%。股票 Z 的贝塔系数是 0.90，它的期望收益是 11.1%。如果无风险利率是 4.5%，并且市场风险溢价是 7.1%，这些股票是否被正确定价？

28. **组合收益**　在之前的问题中，两只股票被正确定价的无风险利率会是多少？

29. **组合收益**　运用前一章有关资本市场历史的信息，得出均等投资于大公司股票和长期政府债券的组合的收益。均等投资于小公司股票和国库券的组合的收益是多少？

30. **CAPM**　运用 CAPM，证明两资产风险溢价的比例等于它们贝塔系数的比例。

31. **组合收益和离差**　考虑如下关于 3 只股票的信息。

经济状况	状况发生的概率	状况发生的收益		
		股票 A	股票 B	股票 C
繁荣	0.25	0.20	0.25	0.60
正常	0.55	0.15	0.11	0.05
萧条	0.20	0.01	−0.15	−0.50

a. 如果你的组合各 40% 投资于股票 A 和股票 B、20% 投资于股票 C，组合的期望收益是多少？方差是多少？标准差是多少？

b. 如果国库券的期望收益是 3.80%，组合的预期风险溢价是多少？

c. 如果预期的通货膨胀率是 3.50%，组合实际收益的近似值和准确值是多少？预期组合的实际风险溢价的近似值和准确值是多少？

32. **分析组合**　你想创造一个和市场一样的风险组合，并且你有 1 000 000 美元进行投资。根据这些信息，把下面表格的其他部分填满。

资产	投资额（美元）	贝塔系数
股票 A	180 000	0.75
股票 B	290 000	1.25
股票 C		1.45
无风险资产		

33. **分析组合**　你有 1 000 000 美元，要投资于一个包含股票 X、股票 Y 的组合。你的目标是创造一个期望收益为 12.9% 的资产组合，如果股票 X 的期望收益是 11.2%、贝塔系数是 1.3，股票 Y 的期望收益是 7.7%、贝塔系数是 0.8，你会投资多少钱买股票 Y？如何理解你的回答？你的资产组合的贝塔系数是多少？

34. **协方差和相关系数**　根据下面的信息，计算下面每一个股票的期望收益和标准差。假设每个状况发生的可能性是相同的。两个股票收益的协方差和相关系数是多少？

经济状况	股票 A 的收益	股票 B 的收益
熊市	0.108	−0.067
正常	0.126	0.113
牛市	0.064	0.276

35. **协方差和相关系数** 根据下面的信息，计算下面每一个股票的期望收益和标准差。假设每个状况发生的可能性是相同的。两个股票收益的协方差和相关系数是多少？

经济状况	经济状况发生的概率	股票 A 的收益	股票 B 的收益
熊市	0.30	−0.020	0.034
正常	0.55	0.138	0.062
牛市	0.15	0.218	0.092

36. **组合的标准差** 证券 F 每年的期望收益是 10%、标准差是 49%。证券 G 每年的期望收益是 14%、标准差是 73%。

    a. 30% 证券 F 和 70% 证券 G 构成的组合的期望收益是多少？

    b. 如果证券 F 和证券 G 的相关系数是 0.25，那么 a 问题中描述的组合的标准差是多少？

37. **组合的标准差** 假设股票 A 和股票 B 的期望收益和标准差分别是：

    $$E(R_A)=0.11, E(R_B)=0.13, \sigma_A=0.39, \sigma_B=0.76$$

    a. 当 A 收益和 B 收益之间的相关系数为 0.5 时，计算 35% 股票 A 和 65% 股票 B 组成的投资组合的期望收益和标准差。

    b. 当 A 收益和 B 收益之间的相关系数为 −0.5 时，计算 35% 股票 A 和 65% 股票 B 组成的投资组合的期望收益和标准差。

    c. A 收益和 B 收益的相关系数是如何影响投资组合的标准差的？

38. **相关系数和贝塔系数** 你有如下有关 3 个公司证券、市场组合和无风险资产的数据：

证券	期望收益	标准差	相关系数①	贝塔系数
公司 A	0.10	0.31	(i)	0.85
公司 B	0.14	(ii)	0.50	1.40
公司 C	0.16	0.65	0.35	(iii)
市场组合	0.12	0.20	(iv)	(v)
无风险资产	0.05	(vi)	(vii)	(viii)

①和市场组合的相关系数。

a. 填写表中缺失的数值。

b. 公司 A 的股票是否根据资本资产定价模型被正确定价？公司 B 的股票呢？公司 C 呢？如果这些股票没有被正确定价，你对一个拥有相当多元化投资组合的投资者的投资建议是什么？

39. **CML** 市场组合的期望收益是 11%、标准差是 19%、无风险利率是 4.3%。

    a. 一个标准差为 9%、相当多元化的组合的期望收益是多少？

    b. 一个期望收益为 20%、相当多元化的组合的标准差是多少？

40. **贝塔系数和 CAPM** 一个由无风险资产和市场组合构成的投资组合的期望收益是 8%、

标准差是17%、无风险利率是4.3%，且市场组合的期望收益是11%。假定资本资产定价模型有效。如果一个证券与市场组合的相关系数是0.45、标准差是60%，那么这个证券的期望收益是多少？

41. **贝塔系数和CAPM** 假设无风险利率是4.7%，且市场组合的期望收益是11.2%、方差是0.038 2。组合Z与市场组合的相关系数是0.28，它的方差是0.328 5。根据资本资产定价模型，组合Z的期望收益是多少？

42. **系统性和非系统性风险** 考虑如下关于股票Ⅰ和股票Ⅱ的信息：

经济状况	状况发生的概率	状况发生的收益	
		股票Ⅰ	股票Ⅱ
衰退	0.15	0.11	−0.25
正常	0.55	0.18	0.11
非理性繁荣	0.30	0.08	0.31

市场的风险溢价是7.5%，无风险利率是4%。哪只股票的系统性风险最大？哪只股票的非系统性风险最大？哪只股票的风险大一些？解释你的回答。

43. **SML** 假设你观察到如下情况：

证券	贝塔系数	期望收益（%）
Pete Corp.	1.35	12.28
Repete Co.	0.80	8.54

假设这些证券定价都正确。根据资本资产定价模型，市场的期望收益是多少？无风险利率是多少？

44. **协方差和组合的标准差** 这些是市场上的3种证券，下表显示了它们可能的回报。

状态	出现可能	证券1的收益	证券2的收益	证券3的收益
1	0.15	0.20	0.20	0.05
2	0.35	0.15	0.10	0.10
3	0.35	0.10	0.15	0.15
4	0.15	0.05	0.05	0.20

a. 每只证券的期望收益和标准差是多少？
b. 每对证券之间的相关系数和协方差是多少？
c. 资金一半投资于证券1、另一半投资于证券2的投资组合的期望收益和标准差是多少？
d. 资金一半投资于证券1、另一半投资于证券3的投资组合的期望收益和标准差是多少？
e. 资金一半投资于证券2、另一半投资于证券3的投资组合的期望收益和标准差是多少？
f. 你在a、c、d和e的回答就多元化来说意味着什么？

45. **SML** 假设你观察到如下情况。

经济状况	状况发生的概率	状况发生的收益	
		股票A	股票B
萧条	0.15	−0.10	−0.08
正常	0.60	0.09	0.08
繁荣	0.25	0.32	0.26

a. 计算每只股票的期望收益。

b. 假定资本资产定价模型有效，且股票 A 的贝塔系数比股票 B 的贝塔系数大 0.25，预期的市场风险溢价是多少？

46. **标准差和贝塔系数**　市场有两只股票，股票 A 和股票 B。股票 A 今天的价格是 75 美元 / 股。如果经济不景气，股票 A 明年的价格将会是 64 美元 / 股；如果经济正常，将会是 87 美元 / 股；如果经济持续发展，将会是 97 美元 / 股。经济不景气、正常、持续发展的可能性分别是 0.2、0.6 和 0.2。股票 A 不支付股利，和市场组合的相关系数是 0.7。股票 B 的期望收益是 14%，标准差是 34%，和市场组合的相关系数是 0.24，和股票 A 的相关系数是 0.36。市场组合的标准差是 18%。假设资本资产定价模型有效。

a. 如果你是一个持有相当多元化的投资组合、倾向于风险规避的典型投资者，你更喜欢哪一只股票，为什么？

b. 一个 70% 股票 A、30% 股票 B 构成的投资组合的期望收益和标准差是多少？

c. b 中投资组合的贝塔系数是多少？

47. **最小方差组合**　假设股票 A 和股票 B 的特征如下所示。

股票	期望收益（%）	标准差（%）
A	9	33
B	15	62

两只股票收益的协方差是 0.001。

a. 假设一个投资者持有仅仅由股票 A 和股票 B 构成的投资组合。求使得该组合的方差最小化的投资比重 X_A 和 X_B。（**提示**：两个比重之和必须等于 1。）

b. 最小方差组合的期望收益是多少？

c. 如果两只股票收益的协方差是 -0.05，最小方差组合的投资比重又是多少？

d. c 中的组合的方差是多少？

参考答案

1. 在持有某个资产所面临的风险中，有一部分是针对这个资产所特有的。通过投资于不同种类的资产，总风险中的特定风险可以以较低的成本被消除掉。但另一方面，还存在一些影响所有投资的风险。如果要消除某个资产的总风险中的这一部分风险，需要付出一定的成本。换言之，只有在预期收益率降低的条件下，系统风险才是可控的。

2. a. 系统性。
   b. 非系统性。
   c. 两者都有，大部分是系统性。
   d. 非系统性。
   e. 非系统性。
   f. 系统性。

3. 对于两个问题的回答都是：不是。组合的预期收益是组成投资组合的资产的收益率的加权平均，因此，投资组合的预期收益肯定比组合中收益率最高的那个资产的收益低，也肯定比组合中收益率最低的那个资产的收益高。

4. 错误。每个资产的方差就是总风险的衡量指标。充分分散的投资组合的方差仅仅只是一个关于系统性风险的函数。

5. 是的。投资组合的标准差可能比组合中每个资产的标准差小。但是，投资组合的贝塔系数 β_p 不可能低于组合中贝塔系数最低的那个资产的贝塔系数，因为投资组合的贝塔系数就是组合中每个资产的贝塔系数的加权平均。

6. 这是可能的。在理论上可以构建起一个贝塔系数为零、由风险资产组成且收益率等于无风险利率的投资组合。风险资产的贝塔系数也有可能为负，则收益率就会小于无风险利率。贝塔系数为负的资产的风险溢价也是负的，因为它作为一个分散化投资工具是具有一定价值的。

7. 对于一个充分多元化的证券组合而言，协方差是一个衡量证券风险的合适指标，因为协方差反映了某只证券对于投资组合方差的影响。投资者关注的是投资组合的方差，而不是组合中某只证券的方差。由于协方差衡量了某只证券对于投资组合方差的影响，因此是一个衡量风险的合适指标。

8. 如果我们假设市场在最近3年没有保持稳定，则 Southern Co. 较小的股票价格波动要么说明这只股票的标准差接近于0，要么说明其贝塔系数接近于0。Texas Instruments 的股票显示了非常大的价格变动，并不一定说明该股票的贝塔系数非常高。总波动性（价格波动）是关于系统和非系统风险的一个函数。贝塔系数仅仅反映出系统风险。价格波动的标准差不能体现出价格的变化是由于系统性因素还是公司特有的因素造成的。因此，如果你观察到类似于 Texas Instruments 股票那样的价格波动，你不能够认为该股票的贝塔系数一定是很高的。你知道的只是：Texas Instruments 的股票的总风险是很高的。

9. 原油工业股票价格的大幅波动并不说明该股票是一项不好的投资。如果你在一个充分分散的投资组合中持有原油工业股票，则你只需要考虑该股票对于整个投资组合的风险是什么影响。这个影响可以用系统性风险或贝塔系数来衡量。由于原油工业股票价格波动反映了可分散化和不可分散化的风险，那么如果仅仅根据价格波动的标准差来判断是否应将一只原油工业股票纳入投资组合中，是不够的。

10. 某个资产在投资组合中的权重就是那个资产的价值除以投资组合的总价值。首先，我们需要求出投资组合的总价值，为：

$$总价值 = 165 \times 43 + 120 \times 74 = 15\ 975\ (美元)$$

每只股票在投资组合中的权重为：

$$X_A = \frac{165 \times 43}{15\ 975} = 0.444\ 1$$

$$X_B = \frac{120 \times 74}{15\ 975} = 0.555\ 9$$

11. 投资组合的预期收益率就是每一种资产的权重乘以每一种资产的预期收益率。投资组合的总价值为：
$$总价值 = 2\,700 + 3\,800 = 6\,500（美元）$$
因此，这个投资组合的预期收益率为：
$$E(R_p) = \left(\frac{2\,700}{6\,500}\right) \times 0.095 + \left(\frac{3\,800}{6\,500}\right) \times 0.14 = 0.121\,3，或12.13\%$$

12. 投资组合的预期收益率就是每一种资产的权重乘以每一种资产的预期收益率。投资组合的预期收益率为：
$$E(R_p) = 0.20 \times 0.11 + 0.45 \times 0.17 + 0.35 \times 0.14 = 0.147\,5，或14.75\%$$

13. 我们知道投资组合的预期收益率以及投资组合中每个资产的预期收益率。我们可以使用投资组合的预期收益率等式来解决这个问题。由于投资组合的总权重必须等于1（100%），因此 Y 股票的权重必须等于1减去 X 股票的权重。以数字形式表示，即
$$E(R_p) = 0.119 = 0.13X_X + 0.085(1-X_X)$$
我们可以由此式求解出 X 股票的权重：
$$0.119 = 0.13X_X + 0.085 - 0.085X_X$$
$$0.034 = 0.045X_X$$
$$X_X = 0.755\,6$$
因此，X 股票的投资额就是 X 的权重乘以投资组合的总价值，即
$$X\text{ 的投资额} = 0.755\,6 \times 10\,000 = 7\,556（美元）$$
Y 股票的投资额为：
$$Y\text{ 的投资额} = (1 - 0.755\,6) \times 10\,000 = 2\,444（美元）$$

14. 资产的预期收益率就是每一种经济状况发生的概率乘以那种经济状况下的预期收益率。因此，股票资产的预期收益率为：
$$E(R_A) = 0.30 \times 0.06 + 0.55 \times 0.07 + 0.15 \times 0.11 = 0.073\,0，或7.30\%$$
$$E(R_B) = 0.30 \times (-0.20) + 0.55 \times 0.13 + 0.15 \times 0.33 = 0.061\,0，或6.10\%$$

为计算出标准差，我们需要算出方差。为求出方差，我们需要算出距离预期收益率的离差平方。然后再将离差平方乘以其发生概率，最后进行加总。其结果就是方差。因此，每只股票的方差和标准差为：
$$\sigma_A^2 = 0.30 \times (0.06-0.073\,0)^2 + 0.55 \times (0.07-0.073\,0)^2 + 0.15 \times (0.11-0.073\,0)^2$$
$$= 0.000\,26$$
$$\sigma_A = (0.000\,26)^{\frac{1}{2}} = 0.016\,2，或1.62\%$$
$$\sigma_B^2 = 0.30 \times (-0.20-0.061\,0)^2 + 0.55 \times (0.13-0.061\,0)^2 + 0.15 \times (0.33-0.061\,0)^2$$
$$= 0.033\,91$$
$$\sigma_B = (0.033\,91)^{\frac{1}{2}} = 0.184\,1，或18.41\%$$

15. 资产的预期收益率就是每一种预期收益率发生的概率乘以每一种预期收益率。因此，股票的预期收益率为：

$$E(R_A) = 0.15 \times (-0.105) + 0.30 \times 0.059 + 0.45 \times 0.130 + 0.10 \times 0.211$$
$$= 0.081\ 6,\ 或\ 8.16\%$$

为计算出标准差，我们需要算出方差。为求出方差，我们需要算出距离预期收益率的离差平方。然后再将离差平方乘以其发生概率，最后进行加总。其结果就是方差。因此，投资组合的方差和标准差为：

$$\sigma^2 = 0.15 \times (-0.105-0.081\ 6)^2 + 0.30 \times (0.059-0.081\ 6)^2 + 0.45 \times (0.130-0.081\ 6)^2$$
$$+ 0.10 \times (0.211-0.081\ 6)^2 = 0.008\ 10$$

$$\sigma = (0.00810)^{\frac{1}{2}} = 0.090\ 0,\ 或\ 9.00\%$$

16. 投资组合的预期收益率就是每一个资产的权重乘以每一个资产的预期收益率。因此，投资组合的预期收益率为：

$$E(R_p) = 0.20 \times 0.09 + 0.55 \times 0.11 + 0.25 \times 0.14 = 0.113\ 5,\ 或\ 11.35\%$$

如果我们拥有这个投资组合，则我们预期将赚取的收益率为11.35%。

17. a. 为求出投资组合的预期收益率，我们首先需要求出投资组合在每一种经济境况下的收益率。这个投资组合较为特殊，因为其包含的3个资产的权重是相等的。为求出等权重投资组合的预期收益率，我们需要将每一个资产的收益率加总，再除以资产的个数。因此，投资组合在每一种经济境况下的预期收益率为：

繁荣：$R_p = \dfrac{(0.06+0.16+0.33)}{3} = 0.183\ 3,\ 或\ 18.33\%$

萧条：$R_p = \dfrac{(0.14+0.02-0.06)}{3} = 0.033\ 3,\ 或\ 3.33\%$

为求出投资组合的预期收益率，我们需要将每一种经济境况下的收益率乘以每一种经济境况的发生概率，然后将乘积进行加总。由此我们得到：

$$E(R_p) = 0.65 \times 0.183\ 3 + 0.35 \times 0.033\ 3 = 0.130\ 8,\ 或\ 13.08\%$$

b. 这个投资组合在每一个资产上的权重是不相等的。我们还是需要求出投资组合在每一种经济境况下的收益率。由此，我们需要将每一个资产的收益率乘以其在投资组合中的权重，然后将乘积进行加总，以得到投资组合在每一种经济境况下的收益率。由此我们得到：

繁荣：$R_p = 0.20 \times 0.06 + 0.20 \times 0.16 + 0.60 \times 0.33 = 0.242\ 0,\ 或\ 24.20\%$

萧条：$R_p = 0.20 \times 0.13 + 0.20 \times 0.03 + 0.60 \times (-0.06) = -0.004\ 0,\ 或\ -0.40\%$

投资组合的预期收益率为：

$$E(R_p) = 0.65 \times 0.242\ 0 + 0.35 \times (-0.004) = 0.155\ 9,\ 或\ 15.59\%$$

为求出方差，我们需要算出距离预期收益率的离差平方，然后再将离差平方乘以其发生概率，最后进行加总。其结果就是方差。因此，投资组合的方差为：

$$\sigma_p^2 = 0.65 \times (0.242\ 0-0.155\ 9)^2 + 0.35 \times (-0.004\ 0-0.155\ 9)^2 = 0.013\ 767$$

18. a. 这个投资组合在每一个资产上的权重是不相等的。我们首先需要求出投资组合在每一种经济境况下的收益率。由此，我们需要将每一个资产的收益率乘以其在投资组合中的权重，然后将乘积进行加总，以得到投资组合在每一种经济境况下的收益率。

繁荣：$R_p = 0.30 \times 0.24 + 0.40 \times 0.45 + 0.30 \times 0.33 = 0.351\,0$，或 35.10%

良好：$R_p = 0.30 \times 0.09 + 0.40 \times 0.10 + 0.30 \times 0.15 = 0.112\,0$，或 11.20%

不佳：$R_p = 0.30 \times 0.03 + 0.40 \times (-0.10) + 0.30 \times (-0.05) = -0.046\,0$，或 −4.60%

萧条：$R_p = 0.30 \times (-0.05) + 0.40 \times (-0.25) + 0.30 \times (-0.09) = -0.142\,0$，或 −14.20%

投资组合的收益率为：

$$E(R_p) = 0.25 \times 0.351\,0 + 0.40 \times 0.112\,0 + 0.30 \times (-0.046\,0) + 0.05 \times (-0.142\,0)$$
$$= 0.111\,7，或 11.17\%$$

b. 为计算出标准差，我们需要算出方差。为求出方差，我们需要算出距离预期收益率的离差平方，然后再将离差平方乘以其发生概率，最后进行加总。其结果就是方差。因此，投资组合的方差和标准差为：

$$\sigma_p^2 = 0.25 \times (0.351\,0 - 0.111\,7)^2 + 0.40 \times (0.112\,0 - 0.111\,7)^2 + 0.30$$
$$\times (-0.046\,0 - 0.111\,7)^2 + 0.05 \times (-0.142\,0 - 0.111\,7)^2$$
$$= 0.025\,00$$

$$\sigma_p = (0.025\,00)^{\frac{1}{2}} = 0.158\,1，或 15.81\%$$

19. 投资组合的贝塔系数就是每个资产的权重乘以每个资产的贝塔系数。因此投资组合的贝塔系数为：

$$\beta_p = 0.15 \times 0.75 + 0.35 \times 1.90 + 0.30 \times 1.38 + 0.20 \times 1.16 = 1.42$$

20. 投资组合的贝塔系数就是每一个资产的权重乘以每一个资产的贝塔系数。如果投资组合的风险与市场的风险相当，则其贝塔系数与市场的贝塔系数应该是相当的。由于市场的贝塔系数是1，我们的投资组合的贝塔系数也等于1。我们还需要记住，无风险资产的贝塔系数等于0，因为这类资产是无风险的，所以贝塔系数必须为0。我们现在构建起投资组合的贝塔系数等式，如下：

$$\beta_p = 1.0 = \left(\frac{1}{3}\right) \times 0 + \left(\frac{1}{3}\right) \times 1.73 + \frac{1}{3}(\beta_X)$$

求解股票 X 的贝塔系数，我们得到：

$$\beta_X = 1.27$$

21. 资本资产定价模型说明了某个资产的风险和该资产预期收益率之间的关系。CAPM 如下所示：

$$E(R_i) = R_f + [E(R_M) - R_f] \times \beta_i$$

将我们得到的数据代入，求得：

$$E(R_i) = 0.045 + (0.106 - 0.045) \times 1.15 = 0.115\,2，或 11.52\%$$

22. 除了 β 之外，我们知道 CAPM 中的其他数据。我们需要将这些数据代入 CAPM 并求解 β。我们需要认识的一个重要的事情是，题目告诉我们的是市场风险溢价。市场风险溢价是市场预期收益率减去无风险收益率。我们必须小心，不要将市场风险溢价等同于市场预期收益率。基于 CAPM，我们得到：

$$E(R_i) = 0.134 = 0.038 + 0.07\beta_i$$
$$\beta_i = 1.37$$

23. 此处，我们需要基于CAPM求出市场预期收益率。将数据代入，求解市场预期收益率，我们得到：
$$E(R_i) = 0.134 = 0.044 + [E(R_M) - 0.044] \times 1.20$$
$$E(R_M) = 0.119\ 0，或 11.90\%$$

24. 此处，我们需要基于CAPM求出无风险收益率。将数据代入，求解无风险收益率，我们得到：
$$E(R_i) = 0.112 = R_f + (0.104 - R_f) \times 1.15$$
$$0.112 = R_f + 0.119\ 6 - 1.15 R_f$$
$$R_f = 0.050\ 7，或 5.07\%$$

25. a. 这个投资组合比较特别，是一个等权重的组合，因此我们将每个资产的收益率相加，再除以资产的个数。投资组合的收益率为：
$$E(R_p) = \frac{(0.121 + 0.036)}{2} = 0.078\ 5，或 7.85\%$$

b. 我们需要求出使得投资组合的贝塔系数等于0.50时的权重。我们知道无风险资产的贝塔系数为0。我们还知道无风险资产的权重等于1减去另一只股票的权重，因为投资组合中不同资产的权重相加等于1或者100%。因此：
$$\beta_p = 0.50 = X_S \times 1.13 + (1 - X_S) \times 0$$
$$= 1.13 X_S + 0 - 0 \times X_S$$
$$X_S = \frac{0.50}{1.13} = 0.442\ 5$$

无风险资产的权重为：
$$X_{Rf} = 1 - 0.442\ 5 = 0.557\ 5$$

c. 我们需要求出使得投资组合的预期收益率等于10%时的权重。我们还知道无风险资产的权重等于1减去另一只股票的权重，因为投资组合不同资产的权重相加等于1或者100%。因此：
$$E(R_p) = 0.10 = 0.121 X_S + 0.036 \times (1 - X_S)$$
$$0.10 = 0.121 X_S + 0.036 - 0.036 X_S$$
$$X_S = 0.752\ 9$$

因此，投资组合的贝塔系数为：
$$\beta_p = 0.752\ 9 \times 1.13 + (1 - 0.752\ 9) \times 0 = 0.851$$

d. 求解投资组合的贝塔系数，如同我们在问题b中做的那样，
$$\beta_p = 2.26 = X_S \times 1.13 + (1 - X_S) \times 0$$
$$X_S = \frac{2.26}{1.13} = 2$$
$$X_{Rf} = 1 - 2 = -1$$

这个投资组合将投资 200% 在股票上，投资 −100% 在无风险资产上。这意味着我们将以无风险利率借入资金购买更多的股票。

26. 首先，我们要求出投资组合的贝塔系数。无风险资产的贝塔系数为 0。无风险资产的权重等于 1 减去另一只股票的权重。因此投资组合的贝塔系数为：

$$\beta_p = X_W \times 1.2 + (1-X_W) \times 0 = 1.2 X_W$$

因此，为求出当权重不定的时候一个投资组合的贝塔系数，我们将这只股票的权重乘以它的贝塔系数。

虽然我们在求包含了一只股票和无风险资产且权重不定的一个投资组合的贝塔系数，但实际上我们是在求解证券市场线。任何股票和无风险资产的组合都将落在证券市场线上。因此，一个包含了任何股票和无风险资产的投资组合，或者是任何一个股票投资组合都将落在证券市场线上。我们知道证券市场线的斜率就是市场风险溢价，因此使用 CAPM 以及有关股票的信息，市场风险溢价为：

$$E(R_W) = 0.119 = 0.04 + MRP(1.20)$$

$$MRP = \frac{0.079}{1.2} = 0.065\,8，或 6.58\%$$

现在，我们知道任何股票的 CAPM 等式为：

$$E(R_p) = 0.04 + 0.065\,8\beta_p$$

证券市场线的斜率等于市场风险溢价，即 0.065 8。基于这些等式，我们可以完成表格中的填空，如下所示：

X_W	$E(R_p)$	β_p	X_W	$E(R_p)$	β_p
0	0.040 0	0	100	0.119 0	1.200
25	0.059 8	0.300	125	0.138 8	1.500
50	0.079 5	0.600	150	0.158 5	1.800
75	0.099 3	0.900			

27. 有两种方法回答这个问题。我们两种都做一遍。首先，我们可以使用 CAPM 等式。将我们得到的每只股票的数据代入等式，可得到：

$$E(R_Y) = 0.045 + 0.071 \times 1.20 = 0.130\,2，或 13.02\%$$

从题目中我们知道股票 Y 的预期收益率为 12.7%，但根据 CAPM，基于这只股票的风险，其收益率应该为 13.02%。这意味着考虑到它的风险水平，这只股票的收益率太低。股票 Y 落在 SML 的下方，它的价格被高估了。换言之，它的价格必须下降到使得其收益率上升到等于 13.02% 的水平。

对于股票 Z，我们得到：

$$E(R_Z) = 0.045 + 0.071 \times 0.90 = 0.108\,9，或 10.89\%$$

从题目中我们知道股票 Z 的预期收益率为 11.1%，但根据 CAPM，基于这只股票的风险，其收益率应该为 10.89%。这意味着考虑到它的风险水平，这只股票的收益率太高。股票 Z 落在 SML 的上方，它的价格被低估了。换言之，它的价格必须上升到使得其收益率上升到等于 10.89% 的水平。

我们也可以通过使用收益/风险比率来回答这个问题。所有的资产必须具有相同的收益/风险比率，即每一个资产都必须具有相同的资产风险溢价与贝塔系数之比。这与教材中图 11-11 中的证券市场线的含义是一致的。收益/风险比率就是一个资产的资产风险溢价除以它的贝塔系数。这也被称为特雷诺比率或特雷诺指数。我们知道市场风险溢价，也知道市场贝塔系数等于 1，因此市场的收益/风险比率为 0.071 或 7.1%。计算股票 Y 的收益/风险比率，我们得到：

$$\text{股票 Y 的收益/风险比率} = \frac{(0.127-0.045)}{1.20} = 0.068\ 3$$

股票 Y 的收益/风险比率太低了，这意味着股票 Y 落在 SML 的下方，它的价格被高估了。换言之，它的价格必须下降到使得其收益/风险比率等于市场收益/风险比率的水平。计算股票 Z 的收益/风险比率，我们得到：

$$\text{股票 Z 的收益/风险比率} = \frac{(0.111-0.045)}{0.90} = 0.073\ 3$$

股票 Z 的收益/风险比率太高了，这意味着股票 Z 落在 SML 的上方，它的价格被低估了。换言之，它的价格必须上升到使得其收益/风险比率等于市场收益/风险比率的水平。

28. 我们需要将两个资产收益/风险比率（参考上一个题目）设定为相等，即

$$\frac{(0.127-R_f)}{1.20} = \frac{(0.111-R_f)}{0.90}$$

交叉相乘，我们得到：

$$0.90 \times (0.127-R_f) = 1.20 \times (0.111-R_f)$$

求解无风险利率，我们得到：

$$0.114\ 3 - 0.90R_f = 0.133\ 2 - 1.20R_f$$

$$R_f = 0.063\ 0，或 6.30\%$$

29. 对于一个包含大型公司股票和长期债券的等权重投资组合：

$$\text{收益率} = \frac{(12.1\% + 6.1\%)}{2} = 9.10\%$$

对于一个包含小型公司股票和国库券的等权重投资组合：

$$\text{收益率} = \frac{(16.7\% + 3.5\%)}{2} = 10.10\%$$

30. 我们知道所有的资产必须具有相同的收益/风险比率（参考第 19 题）。这可以被表示为：

$$\frac{[E(R_A)-R_f]}{\beta_A} = \frac{[E(R_B)-R_f]}{\beta_B}$$

每一个等式的分子就是这个资产的风险溢价，因此：

$$\frac{RP_A}{\beta_A} = \frac{RP_B}{\beta_B}$$

我们可以将等式变形，得到：

$$\frac{\beta_B}{\beta_A} = \frac{RP_B}{RP_A}$$

如果收益/风险比率相同，则两个资产的贝塔系数之比等于两者的风险溢价之比。

31. a. 我们需要求出投资组合在每一种经济状况下的收益率。由此，我们需要将每一个资产的收益率乘以其在投资组合中的权重，再加总就可以得到投资组合在每一种经济状况下的收益率。由此，我们得到：

   繁荣：$R_p = 0.4 \times 0.20 + 0.4 \times 0.25 + 0.2 \times 0.60 = 0.300\ 0$，或 30.00%

   正常：$R_p = 0.4 \times 0.15 + 0.4 \times 0.11 + 0.2 \times 0.05 = 0.114\ 0$，或 11.40%

   萧条：$R_p = 0.4 \times 0.01 + 0.4 \times (-0.15) + 0.2 \times (-0.50) = -0.156\ 0$，或 −15.60%

   投资组合的预期收益率为：

   $E(R_p) = 0.25 \times 0.30 + 0.55 \times 0.114 + 0.20 \times (-0.156) = 0.106\ 5$，或 10.65%

   为计算出标准差，我们需要算出方差。为求出方差，我们需要算出预期收益率的离差平方，然后再将离差平方乘以其发生概率，最后进行加总。其结果就是方差。因此，投资组合的方差和标准差为：

   $\sigma_p^2 = 0.25 \times (0.30-0.106\ 5)^2 + 0.55 \times (0.114-0.106\ 5)^2 + 0.20 \times (-0.156-0.106\ 5)^2$
   $= 0.023\ 17$

   $\sigma_p = (0.023\ 17)^{\frac{1}{2}} = 0.152\ 2$，或 15.22%

b. 风险溢价就是风险资产的收益率减去无风险收益率。通常以国库券的利率作为无风险收益率，因此：

   $RP_i = E(R_p) - R_f = 0.106\ 5 - 0.038 = 0.068\ 5$，或 6.85%

c. 近似的预期实际收益率就是预期的名义收益率减去通货膨胀率，即

   近似的预期实际收益率 $= 0.106\ 5 - 0.035 = 0.071\ 5$，或 7.15%

   为求出精确的实际收益率，我们需要使用费雪等式。由此，我们得到：

   $1 + E(R_i) = (1 + h)[1 + e(r_i)]$

   $1.106\ 5 = 1.035\ 0 \times [1 + e(r_i)]$

   $e(r_i) = \left(\frac{1.106\ 5}{1.035}\right) - 1 = 0.069\ 1$，或 6.91%

   近似的实际无风险利率为：

   近似的预期实际收益率 $= 0.038 - 0.035 = 0.003$，或 0.30%

   基于与精确实际无风险利率有关的费雪等式，我们得到：

   $1 + E(R_i) = (1 + h)[1 + e(r_i)]$

   $1.038 = 1.035\ 0 \times [1 + e(r_i)]$

   $e(r_i) = \left(\frac{1.038}{1.035}\right) - 1 = 0.002\ 9$，或 0.29%

   近似的预期实际风险溢价就是近似的预期实际收益率减去无风险收益率：

近似的预期实际风险溢价 = 0.071 5−0.003 = 0.068 5，或 6.85%

精确的实际风险溢价就是精确的实际收益率减去无风险收益率：

精确的预期实际风险溢价 = 0.069 1−0.002 9 = 0.066 2，或 6.62%

32. 我们知道投资组合的总价值以及两只股票的投资金额，因此我们可以求出两只股票各自的权重。股票 A 和股票 B 的权重为：

$$X_A = \frac{180\,000}{1\,000\,000} = 0.18$$

$$X_B = \frac{290\,000}{1\,000\,000} = 0.29$$

因为这个投资组合的风险与市场水平相当，这个投资组合的贝塔系数应该等于 1。我们还知道无风险资产的贝塔系数等于 0。我们可以使用投资组合的贝塔系数等式来求出第 3 只股票的权重。由此，我们得到：

$$\beta_p = 1.0 = X_A \times 0.75 + X_B \times 1.25 + X_C \times 1.45 + X_{Rf} \times 0$$

求解 C 股票的权重，我们得到：

$$X_C = 0.346\,551\,72$$

因此，C 股票的投资金额为：

C 股票的投资额 = 0.346 551 72 × 1 000 000 = 346 551.72（美元）

我们还知道投资组合的权重必须等于 1，因此无风险资产的权重必须等于 1 减去另一个资产的权重，即

$$1 = X_A + X_B + X_C + X_{Rf} = 0.18 + 0.29 + 0.346\,551\,72 + X_{Rf}$$

$$X_{Rf} = 0.183\,448\,28$$

因此，无风险资产的投资金额为：

无风险资产的投资额 = 0.183 448 28 × 1 000 000 = 183 448.28（美元）

33. 我们知道投资组合中资产的预期收益率，也知道投资组合中每一个资产的权重相加必须等于 1。基于这个关系，我们将投资组合中资产的预期收益率表示为：

$$E(R_p) = 0.129 = X_X \times 0.112 + X_Y \times 0.077$$

$$0.129 = X_X \times 0.112 + (1 - X_X) \times 0.077$$

$$= 0.112 X_X + 0.077 - 0.077 X_X$$

$$0.052 = 0.035 X_X$$

$$X_X = 1.485\,71$$

股票 Y 的权重为：

$$X_Y = 1 - 1.485\,71 = -0.485\,71$$

股票 Y 的投资额为：

股票 Y 的投资额 = −0.485 71 × 100 000 = −48 571.43（美元）

一个为负的投资组合权重意味着你需要对股票卖空。如果你不熟悉卖空，就了解一下它的含义：你今天借入一只股票，随即卖出。未来的某一天你需要买回这只股票，然后偿还这只借入的股票。如果股票价格下跌，你进行卖空的话就可以获利。

34. 一个资产的预期收益率就是每一种经济状况发生的概率乘以那种经济状况下的收益率。因此，每只股票的预期收益率为：

$$E(R_A) = 0.33 \times 0.108 + 0.33 \times 0.126 + 0.33 \times 0.064 = 0.0993，或 9.93\%$$

$$E(R_B) = 0.33 \times (-0.067) + 0.33 \times 0.113 + 0.33 \times 0.276 = 0.1073，或 10.73\%$$

为计算出标准差，我们需要算出方差。为求出方差，我们需要算出预期收益率的离差平方，然后再将离差平方乘以其发生概率，最后进行加总。其结果就是方差。因此，股票 A 的方差和标准差为：

$$\sigma_A^2 = 0.33 \times (0.108 - 0.0993)^2 + 0.33 \times (0.126 - 0.0993)^2 + 0.33 \times (0.064 - 0.0993)^2$$
$$= 0.00068$$

$$\sigma_A = (0.00068)^{\frac{1}{2}} = 0.0260，或 2.60\%$$

股票 B 的标准差为：

$$\sigma_B^2 = 0.33 \times (-0.067 - 0.1073)^2 + 0.33 \times (0.113 - 0.1073)^2 + 0.33 \times (0.276 - 0.1073)^2$$
$$= 0.01962$$

$$\sigma_B = (0.01962)^{\frac{1}{2}} = 0.1401，或 14.01\%$$

为求出协方差，我们将每一种经济状况发生的概率乘以那种经济状况下资产收益率距离收益率均值的离差，最后进行加总，其结果就是协方差。因此，协方差为：

$$\text{Cov}(A, B) = 0.33 \times (0.108 - 0.0993) \times (-0.067 - 0.1073) + 0.33 \times (0.126 - 0.0993)$$
$$\times (0.113 - 0.1073) + 0.33 \times (0.064 - 0.0993) \times (0.276 - 0.1073)$$
$$= -0.002440$$

相关系数为：

$$\rho_{A,B} = \frac{\text{Cov}(A, B)}{\sigma_A \sigma_B} = \frac{-0.002240}{0.0260 \times 0.1401} = -0.6688$$

35. 一个资产的预期收益率就是每一种经济状况发生的概率乘以那种经济状况下的收益率。因此，一只股票的预期收益率为：

$$E(R_J) = 0.30 \times (-0.020) + 0.55 \times 0.138 + 0.15 \times 0.218$$
$$= 0.1026，或 10.26\%$$

$$E(R_K) = 0.30 \times 0.034 + 0.55 \times 0.062 + 0.15 \times 0.092 = 0.0581，或 5.81\%$$

为计算出标准差，我们需要算出方差。为求出方差，我们需要算出预期收益率的离差平方，然后再将离差平方乘以其发生概率，最后进行加总。其结果就是方差。因此，股票 J 的方差和标准差为：

$$\sigma_J^2 = 0.30 \times (-0.020 - 0.1026)^2 + 0.55 \times (0.138 - 0.1026)^2 + 0.15 \times (0.218 - 0.1026)^2$$
$$= 0.00720$$

$$\sigma_J = 0.00720^{\frac{1}{2}} = 0.0848，或 8.48\%$$

股票 K 的标准差为：

$$\sigma_K^2 = 0.30\times(0.034-0.058\,1)^2 + 0.55\times(0.062-0.058\,1)^2 + 0.15\times(0.092-0.058\,1)^2$$
$$= 0.000\,35$$

$$\sigma_K = 0.000\,35^{\frac{1}{2}} = 0.018\,8，或1.88\%$$

为求出协方差，我们将每一种经济状况发生的概率乘以那种经济状况下资产收益率距离收益率均值的离差，最后进行加总，其结果就是协方差。因此，协方差为：

$$\mathrm{Cov}(J, K) = 0.30\times(-0.020-0.102\,6)\times(0.034-0.058\,1) + 0.55\times(0.138-0.102\,6)$$
$$\times(0.062-0.058\,1) + 0.15\times(0.218-0.102\,6)\times(0.092-0.058\,1)$$
$$= 0.001\,549$$

相关系数为：

$$\rho_{J,K} = \frac{\mathrm{Cov}(J, K)}{\sigma_J\sigma_K} = \frac{0.001\,549}{0.084\,8\times0.018\,8} = 0.969\,3$$

36. a. 投资组合的预期收益率就是每个资产的权重乘以每个资产的预期收益率，再进行加总，因此：

$$E(R_P) = X_F E(R_F) + X_G E(R_G) = 0.30\times0.10 + 0.70\times0.14 = 0.128\,0，或12.80\%$$

b. 由两个资产构成的投资组合的方差可以表示为：

$$\sigma_P^2 = X_F^2\sigma_F^2 + X_G^2\sigma_G^2 + 2X_F X_G\sigma_F\sigma_G\rho_{F,G}$$
$$= 0.30^2\times0.49^2 + 0.70^2\times0.73^2 + 2\times0.30\times0.70\times0.49\times0.73\times0.25$$
$$= 0.320\,29$$

因此，标准差为：

$$\sigma_P = (0.320\,29)^{\frac{1}{2}} = 0.565\,9，或56.59\%$$

37. a. 投资组合的预期收益率就是每个资产的权重乘以每个资产的预期收益率，再进行加总，因此：

$$E(R_P) = X_A E(R_A) + X_B E(R_B) = 0.35\times0.11 + 0.65\times0.13 = 0.123\,0，或12.30\%$$

由两个资产构成的投资组合的方差可以表示为：

$$\sigma_P^2 = X_A^2\sigma_A^2 + X_B^2\sigma_B^2 + 2X_A X_B\sigma_A\sigma_B\rho_{A,B}$$
$$= 0.35^2\times0.39^2 + 0.65^2\times0.76^2 + 2\times0.35\times0.65\times0.39\times0.76\times0.50$$
$$= 0.330\,10$$

因此，标准差为：

$$\sigma_P = (0.330\,10)^{\frac{1}{2}} = 0.574\,5，或57.45\%$$

b. $\sigma_P^2 = X_A^2\sigma_A^2 + X_B^2\sigma_B^2 + 2X_A X_B\sigma_A\sigma_B\rho_{A,B}$
$$= 0.35^2\times0.39^2 + 0.65^2\times0.76^2 + 2\times0.35\times0.65\times0.39\times0.76\times(-0.50)$$
$$= 0.195\,24$$

因此，标准差为：

$$\sigma = (0.195\,24)^{\frac{1}{2}} = 0.441\,9，或44.19\%$$

c. 随着股票 A 和股票 B 的相关性的降低，或者说负相关性的增加，投资组合的标准差下降。

38. a.（i）利用计算贝塔系数的等式，我们求出：

$$\beta_A = \frac{(\rho_{A,M})(\sigma_A)}{\sigma_M}$$

$$0.85 = \frac{(\rho_{A,M}) \times 0.31}{0.20}$$

$$\rho_{A,M} = 0.55$$

（ii）利用计算贝塔系数的等式，我们求出：

$$\beta_B = \frac{(\rho_{B,M})(\sigma_B)}{\sigma_M}$$

$$1.40 = \frac{(0.50)\sigma_B}{0.20}$$

$$\sigma_B = 0.56$$

（iii）利用计算贝塔系数的等式，我们求出：

$$\beta_C = \frac{(\rho_{C,M})\sigma_C}{\sigma_M} = \frac{0.35 \times 0.65}{0.20} = 1.14$$

（iv）市场与其自身的相关系数是 1。
（v）市场的贝塔系数是 1。
（vi）无风险资产的标准差为 0。
（vii）无风险资产与市场组合的相关系数为 0。
（viii）无风险资产的贝塔系数为 0。

b. 使用 CAPM 求出股票的预期收益率，我们得到：

公司 A：

$E(R_A) = R_f + \beta_A[E(R_M) - R_f] = 0.05 + 0.85 \times (0.12 - 0.05) = 0.109\,5$，或 10.95%

根据 CAPM，公司 A 的预期收益率为 10.95%。但是，表格中给出的公司 A 的预期收益率为 10%。因此，公司 A 的股票被高估了，你应该卖出。

公司 B：

$E(R_B) = R_f + \beta_B[E(R_M) - R_f] = 0.05 + 1.4 \times (0.12 - 0.05) = 0.148\,0$，或 14.80%

根据 CAPM，公司 B 的预期收益率为 14.80%。但是，表格中给出的公司 B 的预期收益率为 14%。因此，公司 B 的股票被高估了，你应该卖出。

公司 C：

$E(R_C) = R_f + \beta_C[E(R_M) - R_f] = 0.05 + 1.14 \times (0.12 - 0.05) = 0.129\,6$，或 12.96%

根据 CAPM，公司 C 的预期收益率为 12.96%。但是，表格中给出的公司 C 的预期收益率为 16%。因此，公司 C 的股票被低估了，你应该买入。

39. 因为一个充分分散的投资组合没有非系统性风险，这个投资组合应该位于证券市场线上。证券市场线的斜率等于：

$$\text{斜率}_{CML} = \frac{[E(R_M)-R_f]}{\sigma_M} = \frac{(0.11-0.043)}{0.19} = 0.35263$$

a. 投资组合的预期收益率等于：

$$E(R_P) = R_f + \text{斜率}_{CML}(\sigma_P) = 0.043 + 0.35263 \times 0.09 = 0.0747，或 7.47\%$$

b. 投资组合的预期收益率等于：

$$E(R_P) = R_f + \text{斜率}_{CML}(\sigma_P)$$

$$0.20 = 0.043 + 0.35263(\sigma_P)$$

$$\sigma_P = 0.4452，或 44.52\%$$

40. 首先，我们需要基于证券市场线算出市场投资组合的标准差。我们知道无风险资产的收益率为4.3%，标准差为0，并且投资组合的预期收益率为8%，标准差为17%。这两个点应该落在证券市场线上。证券市场线的斜率为：

$$\text{斜率}_{CML} = \frac{\text{纵轴距离}}{\text{横轴距离}} = \frac{\text{预期收益率增加额}}{\text{标准差增加额}} = \frac{(0.08-0.043)}{(0.17-0)} = 0.22$$

根据证券市场线：

$$E(R_I) = R_f + \text{斜率}_{CML}(\sigma_I)$$

因为我们知道市场投资组合的预期收益率、无风险利率以及证券市场线的斜率，我们可以求解出市场投资组合的标准差：

$$E(R_M) = R_f + \text{斜率}_{CML}(\sigma_M)$$

$$0.11 = 0.043 + 0.22\sigma_M$$

$$\sigma_M = \frac{(0.11-0.043)}{0.22} = 0.3078，或 30.78\%$$

接下来，我们使用市场投资组合的标准差，基于贝塔系数等式来求出这只证券的贝塔系数。由此，我们求出这只证券的贝塔系数为：

$$\beta_I = \frac{(\rho_{I,M})(\sigma_I)}{\sigma_M} = \frac{0.45 \times 0.60}{0.3078} = 0.88$$

现在，我们可以使用CAPM中的这只证券的贝塔系数来求出它的预期收益率，即

$$E(R_I) = R_f + \beta_I[E(R_M)-R_f] = 0.043 + 0.88 \times (0.11-0.043) = 0.1018，或 10.18\%$$

41. 首先，我们需要求出市场的标准差和这个投资组合的标准差：

$$\sigma_M = (0.0382)^{\frac{1}{2}} = 0.1954，或 19.54\%$$

$$\sigma_Z = (0.3285)^{\frac{1}{2}} = 0.5731，或 57.31\%$$

现在，我们使用贝塔系数等式求出投资组合的贝塔系数，即

$$\beta_Z = \frac{(\rho_{Z,M})(\sigma_Z)}{\sigma_M} = \frac{0.28 \times 0.5731}{0.1954} = 0.82$$

现在，我们使用CAPM来求出投资组合的预期收益率，即

$$E(R_Z) = R_f + \beta_Z[E(R_M)-R_f] = 0.047 + 0.82 \times (0.112-0.047) = 0.100\ 4，或\ 10.04\%$$

42. 某个资产的系统性风险可以由贝塔系数衡量。因为我们知道市场风险溢价和无风险利率，如果我们也知道资产的预期收益率，就可以用 CAPM 求解资产的贝塔系数。股票 I 的预期收益率为：

$$E(R_I) = 0.15 \times 0.11 + 0.55 \times 0.18 + 0.30 \times 0.08 = 0.139\ 5，或\ 13.95\%$$

用 CAPM 求解股票 I 的贝塔系数：

$$0.139\ 5 = 0.04 + 0.075\beta_I$$

$$\beta_I = 1.33$$

一个资产的总风险是由其标准差衡量的，因此我们需要算出股票 I 的标准差。首先，算出股票的方差，我们得到：

$$\sigma_I^2 = 0.15 \times (0.11-0.139\ 5)^2 + 0.55 \times (0.18-0.139\ 5)^2 + 0.30 \times (0.08-0.139\ 5)^2$$
$$= 0.002\ 09$$

$$\sigma_I = (0.002\ 09)^{\frac{1}{2}} = 0.045\ 8，或\ 4.58\%$$

通过同样的程序，我们得到股票 II 的预期收益率为：

$$E(R_{II}) = 0.15 \times (-0.25) + 0.55 \times 0.11 + 0.30 \times 0.31 = 0.116\ 0$$

基于 CAPM 来求解股票 II 的贝塔系数，我们得到：

$$0.116\ 0 = 0.04 + 0.075\beta_{II}$$

$$\beta_{II} = 1.01$$

股票 II 的标准差为：

$$\sigma_{II}^2 = 0.15 \times (-0.25-0.116\ 0)^2 + 0.55 \times (0.11-0.116\ 0)^2 + 0.30 \times (0.31-0.116\ 0)^2$$
$$= 0.031\ 40$$

$$\sigma_{II} = (0.031\ 40)^{\frac{1}{2}} = 0.177\ 2，或\ 17.72\%$$

虽然股票 II 的总风险高于股票 I，但它的系统性风险大大小于股票 I，因为股票 II 的贝塔系数大大小于股票 I。因此，股票 I 的系统性风险较高，而股票 II 的非系统性风险和总风险较高。由于非系统性风险可以被分散，股票 I 实际上是风险较高的股票，虽然它收益率的波动性不高。股票 I 的风险溢价较高，预期收益率也较高。

43. 此处，我们知道两个资产的预期收益率和贝塔系数。我们用 CAPM 将这两只股票的收益率表示出来。如果 CAPM 是成立的，则证券市场线也是正确的，即所有的资产都有相同的风险溢价。设定两个资产的收益－风险比率相等，求解无风险利率，我们得到：

$$\frac{(0.122\ 8-R_f)}{1.35} = \frac{(0.085\ 4-R_f)}{0.80}$$

$$0.80 \times (0.122\ 8-R_f) = 1.35 \times (0.085\ 4-R_f)$$

$$0.098\ 24-0.80R_f = 0.115\ 29-1.35R_f$$

$$0.55R_f = 0.017\ 05$$

$$R_f = 0.031，或\ 3.10\%$$

现在，基于两只股票的 CAPM 来求出市场预期收益率，得到：

$0.1228 = 0.0310 + 1.35(R_M - 0.0310)$　　　$0.0854 = 0.0310 + 0.80(R_M - 0.0310)$

$R_M = 0.0990$，或 9.90%　　　　　　　　　$R_M = 0.0990$，或 9.90%

44. a. 资产的预期收益率就是每种经济状况发生的概率乘以那种经济状况下的收益率。为计算出标准差，我们需要算出方差。为求出方差，我们需要算出预期收益率的离差平方，然后再将离差平方乘以其发生概率，最后进行加总。其结果就是方差。因此，每只股票的预期收益率和标准差为：

资产 1：

$E(R_1) = 0.15 \times 0.20 + 0.35 \times 0.15 + 0.35 \times 0.10 + 0.15 \times 0.05 = 0.1250$，或 12.50%

$\sigma_1^2 = 0.15 \times (0.20 - 0.1250)^2 + 0.35 \times (0.15 - 0.1250)^2 + 0.35 \times (0.10 - 0.1250)^2$
$\qquad + 0.15 \times (0.05 - 0.1250)^2 = 0.00213$

$\sigma_1 = (0.00213)^{\frac{1}{2}} = 0.0461$，或 4.61%

资产 2：

$E(R_2) = 0.15 \times 0.20 + 0.35 \times 0.10 + 0.35 \times 0.15 + 0.15 \times 0.05 = 0.1250$，或 12.50%

$\sigma_2^2 = 0.15 \times (0.20 - 0.1250)^2 + 0.35 \times (0.10 - 0.1250)^2 + 0.35 \times (0.15 - 0.1250)^2$
$\qquad + 0.15 \times (0.05 - 0.1250)^2 = 0.00213$

$\sigma_2 = (0.00213)^{\frac{1}{2}} = 0.0461$，或 4.61%

资产 3：

$E(R_3) = 0.15 \times 0.05 + 0.35 \times 0.10 + 0.35 \times 0.15 + 0.15 \times 0.20 = 0.1250$，或 12.50%

$\sigma_3^2 = 0.15 \times (0.05 - 0.1250)^2 + 0.35 \times (0.10 - 0.1250)^2 + 0.35 \times (0.15 - 0.1250)^2$
$\qquad + 0.15 \times (0.20 - 0.1250)^2 = 0.00213$

$\sigma_3 = (0.00213)^{\frac{1}{2}} = 0.0461$，或 4.61%

b. 为求出协方差，我们将每一种经济状况发生的概率乘以那种经济状况下资产收益率距离收益率均值的离差，最后进行加总，其结果就是协方差。相关系数就是协方差除以两个资产的标准差的乘积。因此，每一组两个资产之间的协方差和相关系数为：

资产 1 和资产 2：

$\mathrm{Cov}(1, 2) = 0.15 \times (0.20 - 0.1250) \times (0.20 - 0.1250) + 0.35 \times (0.15 - 0.1250)$
$\qquad \times (0.10 - 0.1250) + 0.35 \times (0.10 - 0.1250) \times (0.15 - 0.1250) + 0.15$
$\qquad \times (0.05 - 0.1250) \times (0.05 - 0.1250)$

$\qquad = 0.00125$

$\rho_{1,2} = \dfrac{\mathrm{Cov}(1, 2)}{\sigma_1 \sigma_2} = \dfrac{0.00125}{(0.0461 \times 0.0461)} = 0.5882$

资产 1 和资产 3：

$\mathrm{Cov}(1, 3) = 0.15 \times (0.20 - 0.1250) \times (0.05 - 0.1250) + 0.35 \times (0.15 - 0.1250)$
$\qquad \times (0.10 - 0.1250) + 0.35 \times (0.10 - 0.1250) \times (0.15 - 0.1250) + 0.15$

$$\times (0.05-0.125\ 0) \times (0.20-0.125\ 0)$$
$$= -0.002\ 125$$
$$\rho_{1,3} = \frac{\text{Cov}(1, 3)}{\sigma_1 \sigma_3} = \frac{-0.002\ 125}{(0.046\ 1 \times 0.046\ 1)} = -1$$

资产 2 和资产 3：
$$\text{Cov}(2, 3) = 0.15 \times (0.20-0.125\ 0) \times (0.05-0.125\ 0) + 0.35 \times (0.10-0.125\ 0)$$
$$\times (0.10-0.125\ 0) + 0.35 \times (0.15-0.125\ 0) \times (0.15-0.125\ 0) + 0.15$$
$$\times (0.05-0.125\ 0) \times (0.20-0.125\ 0)$$
$$= -0.001\ 25$$
$$\rho_{2,3} = \frac{\text{Cov}(2, 3)}{\sigma_2 \sigma_3} = \frac{-0.001\ 25}{(0.046\ 1 \times 0.046\ 1)} = -0.588\ 2$$

c. 投资组合的预期收益率就是每个资产的权重乘以每个资产的预期收益率，然后再进行加总。因此，由资产 1 和资产 2 构成的投资组合的预期收益率为：
$$E(R_P) = X_1 E(R_1) + X_2 E(R_2) = 0.50 \times 0.125\ 0 + 0.50 \times 0.125\ 0 = 0.125\ 0，或 12.50\%$$
包含两个资产的投资组合的方差为：
$$\sigma_P^2 = X_1^2 \sigma_1^2 + X_2^2 \sigma_2^2 + 2 X_1 X_2 \sigma_1 \sigma_2 \rho_{1,2}$$
$$= 0.50^2 \times 0.046\ 1^2 + 0.50^2 \times 0.046\ 1^2 + 2 \times 0.50 \times 0.50 \times 0.046\ 1 \times 0.046\ 1 \times 0.588\ 2$$
$$= 0.001\ 688$$
投资组合的标准差为：
$$\sigma_P = (0.001\ 688)^{\frac{1}{2}} = 0.041\ 1，或 4.11\%$$

d. 投资组合的预期收益率就是每个资产的权重乘以每个资产的预期收益率，然后再进行加总。因此，由资产 1 和资产 3 构成的投资组合的预期收益率为：
$$E(R_P) = X_1 E(R_1) + X_3 E(R_3) = 0.50 \times 0.125\ 0 + 0.50 \times 0.125\ 0 = 0.125\ 0，或 12.50\%$$
包含两个资产的投资组合的方差为：
$$\sigma_P^2 = X_1^2 \sigma_1^2 + X_3^2 \sigma_3^2 + 2 X_1 X_3 \sigma_1 \sigma_3 \rho_{1,3}$$
$$= 0.50^2 \times 0.046\ 1^2 + 0.50^2 \times 0.046\ 1^2 + 2 \times 0.50 \times 0.50 \times 0.046\ 1 \times 0.046\ 1 \times (-1)$$
$$= 0.000\ 000$$
由于方差为 0，标准差也为 0。

e. 投资组合的预期收益率就是每个资产的权重乘以每个资产的预期收益率，然后再进行加总。因此，由资产 2 和资产 3 构成的投资组合的预期收益率为：
$$E(R_P) = X_2 E(R_2) + X_3 E(R_3) = 0.50 \times 0.125\ 0 + 0.50 \times 0.125\ 0 = 0.125\ 0，或 12.50\%$$
包含两个资产的投资组合的方差为：
$$\sigma_P^2 = X_2^2 \sigma_2^2 + X_3^2 \sigma_3^2 + 2 X_2 X_3 \sigma_2 \sigma_3 \rho_{2,3}$$
$$= 0.50^2 \times 0.046\ 1^2 + 0.50^2 \times 0.046\ 1^2 + 2 \times 0.50 \times 0.50 \times 0.046\ 1 \times 0.046\ 1 \times (-0.588\ 2)$$
$$= 0.000\ 438$$
投资组合的标准差为：

$$\sigma_P = (0.000\,438)^{\frac{1}{2}} = 0.020\,9，或2.09\%$$

f. 只要两个资产的相关系数小于1，就存在分散投资的好处。一个投资组合中，在每只股票的收益率一定的情况下，如果资产之间的相关系数为负，相对于相关系数为正的投资组合而言就可以大大减少风险。当资产之间的相关系数为负时，如果合理地分配投资权重，则可以将投资组合的方差减少到0。

45. a. 一个资产的预期收益率就是每种经济状况出现的概率乘以那种经济状况下的收益率，再进行加总。因此，每只股票的预期收益率为：

$$E(R_A) = 0.15 \times (-0.10) + 0.60 \times 0.09 + 0.25 \times 0.32 = 0.119\,0，或11.90\%$$
$$E(R_B) = 0.15 \times (-0.08) + 0.60 \times 0.08 + 0.25 \times 0.26 = 0.101\,0，或10.10\%$$

b. 我们可以使用我们计算出的预期收益率来求出证券市场线的斜率。我们知道股票A的贝塔系数比股票B高0.25。因此，当贝塔系数增加0.25，证券的预期收益率增加0.018 (= 0.119 0−0.101 0)。证券市场线的斜率等于：

$$斜率_{SML} = \frac{纵轴距离}{横轴距离} = \frac{收益率的增加额}{贝塔系数的增加额} = \frac{(0.119\,0 - 0.101\,0)}{0.25} = 0.072\,0，或7.20\%$$

因为市场的贝塔系数是1，且无风险利率的贝塔系数为0，证券市场线的斜率等于预期市场风险溢价。因此，预期市场风险溢价应该是7.2%。

我们可以使用CAPM来解决这个问题。两只股票的预期收益率可以表示为下述等式：

$$0.119 = R_f + (\beta_B + 0.25)(MRP)$$
$$0.101 = R_f + \beta_B(MRP)$$

我们可以将股票A的CAPM等式转化为：

$$0.119 = R_f + \beta_B(MRP) + 0.25(MRP)$$

从上式中减去股票B的CAPM等式，得到：

$$0.018 = 0.25 MRP$$
$$MRP = 0.072\,0，或7.20\%$$

这个答案与我们之前的是一样的。

46. a. 一个典型的、风险规避的投资者追求较高的收益率和较低的风险。对于一个风险规避的投资者来说，如果他持有一个充分分散的投资组合，则贝塔系数是可能用来衡量其中某一只股票风险的一个较合适的指标。我们需要求出每只股票的预期收益率和贝塔系数。

由于股票A不支付股利，则股票A的收益为$(P_1 - P_0)/P_0$。因此每一种经济状况下的收益率为：

$$R_{萧条} = \frac{(64-75)}{75} = -0.147，或-14.70\%$$

$$R_{正常} = \frac{(87-75)}{75} = 0.160，或16.00\%$$

$$R_{繁荣} = \frac{(97-75)}{75} = 0.293，或 29.30\%$$

一个资产的预期收益率就是每个收益率出现的概率乘以那个收益率，再进行加总。因此，股票的预期收益率为：

$$E(R_A) = 0.20 \times (-0.147) + 0.60 \times 0.160 + 0.20 \times 0.293 = 0.125\,3，或 12.53\%$$

股票的方差为：

$$\sigma_A^2 = 0.20 \times (-0.147 - 0.125\,3)^2 + 0.60 \times (0.160 - 0.125\,3)^2 + 0.20 \times (0.293 - 0.125\,3)^2$$
$$= 0.021\,2$$

这意味着标准差为：

$$\sigma_A = 0.021\,2^{\frac{1}{2}} = 0.145\,5，或 14.55\%$$

现在，我们可以计算股票的贝塔系数，为：

$$\beta_A = \frac{(\rho_{A,M})(\sigma_A)}{\sigma_M} = \frac{0.70 \times 0.145\,5}{0.18} = 0.566$$

对于股票 B，我们可以根据题目给出的信息直接计算。因此 B 股票的贝塔系数为：

$$\beta_B = \frac{(\rho_{B,M})(\sigma_B)}{\sigma_M} = \frac{0.24 \times 0.34}{0.18} = 0.453$$

股票 B 的预期收益率高于股票 A 的预期收益率。由贝塔系数衡量的股票 B 的风险比股票 A 的风险低。因此，一个持有充分分散的投资组合的风险规避的投资者将倾向于投资股票 B。请注意，这种情况意味着，至少有一个股票是错误定价，因为较高风险（贝塔系数）的股票比较低风险（贝塔系数）的股票具有更低的收益率。

b. 投资组合的预期收益率就是每一个资产的权重乘以每一个资产的预期收益率，因此：

$$E(R_P) = X_A E(R_A) + X_B E(R_B) = 0.70 \times 0.125\,3 + 0.30 \times 0.14 = 0.129\,7，或 12.97\%$$

为求出投资组合的标准差，我们需要首先算出方差。投资组合的方差为：

$$\sigma_P^2 = X_A^2 \sigma_A^2 + X_B^2 \sigma_B^2 + 2X_A X_B \sigma_A \sigma_B \rho_{A,B}$$
$$= 0.70^2 \times 0.145\,5^2 + 0.30^2 \times 0.34^2 + 2 \times 0.70 \times 0.30 \times 0.145\,5 \times 0.34 \times 0.36$$
$$= 0.028\,25$$

投资组合的标准差为：

$$\sigma_P = 0.028\,25^{\frac{1}{2}} = 0.168\,1，或 16.81\%$$

c. 投资组合的贝塔系数就是其包含的每一个证券的贝塔系数的加权平均。因此，投资组合的贝塔系数为：

$$\beta_P = 0.70 \times 0.566 + 0.30 \times 0.453 = 0.532$$

47. a. 包含两个资产的投资组合的方差为：

$$\sigma_P^2 = X_A^2 \sigma_A^2 + X_B^2 \sigma_B^2 + 2X_A X_B \text{Cov}(A, B)$$

因为资产的权重相加必须等于 1，我们可以将投资组合的方差表示为：

$$\sigma_P^2 = X_A^2\sigma_A^2 + (1-X_A)^2\sigma_B^2 + 2X_A(1-X_A)\text{Cov}(A, B)$$

为求出一个式子的最小值，我们需要求导，并令导数等于 0。对包含资产 A 的权重的方差等式进行求导，令导数等于 0，求解资产 A 的权重，我们得到：

$$X_A = \frac{[\sigma_B^2 - \text{Cov}(A, B)]}{[\sigma_A^2 + \sigma_B^2 - 2\text{Cov}(A, B)]}$$

基于这个式子，我们算出资产 A 的权重为：

$$X_A = \frac{(0.62^2 - 0.001)}{(0.33^2 + 0.62^2 - 2 \times 0.001)} = 0.780\,4$$

这意味着股票 B 的权重为：

$$X_B = 1 - X_A = 1 - 0.780\,4 = 0.219\,6$$

b. 基于 a 问题得到的权重，投资组合的预期收益率为：

$$E(R_P) = X_A E(R_A) + X_B E(R_B) = 0.780\,4 \times 0.09 + 0.219\,6 \times 0.15 = 0.103\,2，或 10.32\%$$

c. 基于 a 问题的求导以及新的协方差，最小方差投资组合中每一只股票的权重为：

$$X_A = \frac{[\sigma_B^2 - \text{Cov}(A, B)]}{[\sigma_A^2 + \sigma_B^2 - 2\text{Cov}(A, B)]} = \frac{(0.62^2 + 0.05)}{[0.33^2 + 0.62^2 - 2 \times (-0.05)]} = 0.732\,2$$

这意味着股票 B 的权重为：

$$X_B = 1 - X_A = 1 - 0.732\,2 = 0.267\,8$$

d. 基于 c 问题得到的权重，投资组合的方差为：

$$\sigma_P^2 = X_A^2\sigma_A^2 + X_B^2\sigma_B^2 + 2X_A X_B \text{Cov}(A, B)$$
$$= 0.732\,2^2 \times 0.33^2 + 0.267\,8^2 \times 0.62^2 + 2 \times 0.732\,2 \times 0.267\,8 \times (-0.05)$$
$$= 0.066\,3$$

投资组合的标准差为：

$$\sigma_P = 0.066\,3^{\frac{1}{2}} = 0.257\,6，或 25.76\%$$

第12章

看待风险与收益的另一种观点：套利定价理论

本章概要

第11章中讨论和推导了资本资产定价模型。作为另一种可供选择的方法，本章讨论和推导套利定价理论（APT）。

1. 套利定价理论假设股票收益是根据因素模型来确定的。例如，我们可以将股票收益描述为

$$R = \overline{R} + \beta_I F_I + \beta_{GNP} F_{GNP} + \beta_r F_r + \varepsilon$$

式中，I、GNP 和 r 分别是通货膨胀、国民生产总值和利率。三个因素 F_I、F_{GNP} 和 F_r 分别是系统风险，因为这些因素影响很多证券。ε 是非系统风险，因为它是每种证券特有的。

2. 为了方便讨论，我们时常用单因素模型来描述证券的收益，即

$$R = \overline{R} + \beta F + \varepsilon$$

3. 当增加投资组合中所包括的证券的个数时，各种证券的非系统风险相互抵消。一个完全分散的投资组合没有非系统风险，但是仍然有系统风险。这一结果表明多元化可以消除证券的某些风险，但不是全部。

4. 正因为如此，证券的期望收益与它的系统风险正相关。在单因素模型中，证券的系统风险只不过是资本资产定价模型中的贝塔系数。因此资本资产定价模型的含义与单因素套利定价模型的含义相同。但是证券在多因素模型中有许多风险。证券的期望收益与影响该证券的各种因素的贝塔系数正相关。

5. 反映收益和诸如 P/E 或者 M/B 之类的股票特征的实证或者参数模型可以根据数据直接估计，无须求助于任何理论。我们还用这些比率来衡量投资组合管理者的风格，建立评价的基准和样本。

思考与练习

1. **系统和非系统风险** 描述系统风险和非系统风险的差别。

2. **套利定价模型** 考虑如下说法：要使得套利定价模型有用，系统风险的个数必须很少。你同意这个说法吗？为什么？

3. **套利定价模型** Ultra Bread 的财务总监 David McClemore 决定使用套利定价模型来估计公司股票的期望收益。他打算使用的风险因素是股票市场的风险溢价、通货膨胀率和小麦的价格。因为小麦是 Ultra Bread 所面临的最大成本，他觉得这对于 Ultra Bread 来说是一个重要的风险因素。如何评价他选择的这些风险因素？有没有其他你可以建议的风险因素？

4. **系统和非系统风险** 你拥有 Lewis-Striden 药品公司的股票。假设你已经预计到下列事情会在上个月发生：

   a. 政府将宣布实际国民生产总值在过去的一个季度增长了 1.2%。Lewis-Striden 的收益和实际国民生产总值正相关。

   b. 政府将宣布通货膨胀在过去的一个季度增长了 3.7%。Lewis-Striden 的收益和通货膨胀率负相关。

   c. 利率将会上升 2.5%。Lewis-Striden 的收益和利率负相关。

   d. 公司董事长将宣布他退休。退休将在声明发表的 6 个月之后生效。董事长非常受爱戴，总的来说，他被当作公司的一个资产。

   e. 研究数据将最后证明试验药品的功效。功效测试的完成意味着药品将很快进入市场。

   假设下列事件是实际发生的：

   a. 政府宣布实际国民生产总值在过去的一个季度增长了 2.3%；

   b. 政府将宣布通货膨胀在过去的一个季度增长了 3.7%；

   c. 利率将会上升 2.1%；

   d. 公司董事长突然死于心脏病；

   e. 功效测试的研究结果并没有预期的那么好。药品必须进行另外 6 个月的测试，而且功效必须再次上报食品药品监督管理局；

   f. 实验室在另一种药品上有了突破；

   g. 竞争者宣布将开始销售和 Lewis-Striden 最畅销的药品正面竞争的药品。

   讨论每个实际发生的事件对 Lewis-Striden 股票回报率的影响。哪些事件代表了系统性风险，哪些事件代表了非系统性风险？

5. **市场模型和套利定价模型** k 因素模型和市场模型的区别是什么？

6. **套利定价模型** 和资本资产定价模型相比，套利定价模型并没有指出决定资产风险溢价的因素有哪些？我们该如何确定应该包含哪些因素？比如，一个指明的风险因素是公司规模。为什么这可能是套利定价模型中的一个重要因素？

7. **资本资产定价模型和套利定价模型** 单因素模型和资本资产定价模型之间的关系是什么？

8. **因素模型** 如何把投资组合的收益用单因素模型表示出来？

9. **数据挖掘** 数据挖掘是什么意思？为什么这可能夸大某些股票特征和收益之间的关系？

10. **因素选择** 以英国股票为基准衡量一个美国价值型股票管理者的业绩有什么不妥？

11. **因素模型** 研究人员测定，两因素模型适于确定股票收益。两个因素是国民生产总值的变化和利率。GNP 预计将增长 3.6%，利率为 3.1%。某股票国民生产总值变化的贝塔系数是 1.4，利率的贝塔系数是 −0.53。如果股票的预期收益率是 11.5%，国民生产总值的变化是 3.2%，利率是 3.4%，修正后的股票预期收益率是多少？

12. **因素模型** 假设一个三因素模型适于描述股票的收益。关于三因素的信息如下表所示。

因素	β	预期值	实际值
国民生产总值（美元）	0.000 073 4	17 034	17 863
通货膨胀（%）	−0.90	2.80	2.6
利率（%）	−0.32	3.70	3.5

a. 股票收益的系统风险是什么？

b. 假设宣布有关公司未预期的坏消息而导致股票价格下跌 1.1%。如果股票的预期收益率是 11.7%，那么股票的总收益是多少？

13. **因素模型** 假设一个单因素模型适于描述股票的收益。目前股票的预期收益率是 10.5%。关于因素的信息如下表所示。

因素	β	预期值（%）	实际值（%）
国民生产总值的增长	1.67	2.1	2.6
通货膨胀	−1.09	4.3	4.8

a. 股票收益的系统风险是什么？

b. 公司宣布它的市场份额出人意料地从 11% 增加到 15%。投资者从过去的经验知道市场份额每增长 1%，股票收益增长 0.58%。股票的非系统风险是什么？

c. 股票的总收益是多少？

14. **多因素模型** 假设股票收益可以用下面的三因素模型解释：

$$R_i = R_F + \beta_1 F_1 + \beta_2 F_2 + \beta_3 F_3$$

假定没有公司特有风险，每只股票的信息如下表所示：

	β_1	β_2	β_3
股票 A	1.55	0.80	0.05
股票 B	0.81	1.25	−0.20
股票 C	0.73	−0.14	1.24

因素的风险溢价分别是 4.9%、3.8% 和 5.3%。如果你建立一个 20% 投资于股票 A、20% 投资于股票 B、其余投资于股票 C 的投资组合，你的投资组合收益的表达式是什么？如果无风险利率是 3.2%，你的组合的预期收益是多少？

15. **多因素模型**　假设股票收益可以用两因素模型解释。所有股票的公司特有风险是独立的。两个多元化的投资组合的信息如下表所示：

	β_1	β_2	$E(R)(\%)$
组合 A	0.85	1.15	16
组合 B	1.45	−0.25	12

如果无风险利率是 4%，那么模型中各个股票的风险溢价是多少？

16. **市场模型**　市场上有如下 3 种股票。

	$E(R)(\%)$	β
股票 A	10.5	1.20
股票 B	13.0	0.98
股票 C	15.7	1.37
市场	14.2	1.00

假定市场模型是有效的。

a. 写出每只股票的市场模型公式；

b. 30% 为股票 A、45% 为股票 B 和 25% 为股票 C 的组合的收益是多少？

c. 假设市场收益是 15%，收益没有非系统的意外。每只股票的收益是多少？组合的收益是多少？

17. **组合风险**　你正在构造一个等权股票组合。许多股票第 1 个风险因素的贝塔系数是 0.84，第 2 个风险因素的贝塔系数是 1.69。所有股票的预期收益都是 11%。假设两因素模型可以描述这些股票的收益。

a. 如果你的组合有 5 只股票，写出组合收益的公式。

b. 如果你的组合中有非常多的股票，它们都有相同的预期收益和贝塔系数，写出组合收益的公式。

18. **套利定价模型**　有两个股票市场，均受到相同的力量 F 的驱使，预期收益为 0，标准差是 10%。每个股市都有许多股票，因此你可以任意投资于很多股票。但是由于某些限制，你只能投资于两个股市中的一个。两个股市每只股票的预期收益是 10%。第 1 个市场股票 i 的收益是由下面的关系决定的：

$$R_{1i} = 0.10 + 1.5F + \varepsilon_{1i}$$

式中，ε_{1i} 是第 1 个市场股票 i 的意外收益。这些意外按正态分布，预期值为 0。第 1 个市场股票 j 的收益是由下面的关系决定的：

$$R_{2j} = 0.10 + 0.5_F + \varepsilon_{2j}$$

式中，ε_{2i} 是第 2 个市场股票 j 的意外收益。这些意外按正态分布，预期值为 0。两只股票的 ε_{2i} 和 ε_{2j} 的标准差是 20%。

a. 如果第 1 个市场两只股票意外收益的相关系数是 0，且第 2 个市场两只股票意外收益的相关系数是 0，风险规避的投资者会更喜欢投资哪一个市场？（**注意**：对于任何 i 和 j，ε_{1i} 和 ε_{1j} 的相关系数是 0。对于任何 i 和 j，ε_{2i} 和 ε_{2j} 的相关系数是 0。）

b. 如果 ε_{1i} 和 ε_{1j} 在第 1 个市场的相关系数是 0.9，ε_{2i} 和 ε_{2j} 在第 2 个市场的相关系数是 0，风险规避的投资者会更喜欢投资于哪个市场？

c. 如果 ε_{1i} 和 ε_{1j} 在第 1 个市场的相关系数是 0，ε_{2i} 和 ε_{2j} 在第 2 个市场的相关系数是 0.5，风险规避的投资者会更喜欢投资于哪个市场？

d. 大体上说，使风险规避的投资者同样愿意投资于两个市场中任何一个的、两个市场的扰动项的相关系数之间的关系是什么？

19. **套利定价模型** 假设下面的市场模型充分描述了风险资产收益产生的方式：

$$R_{it} = \alpha_i + \beta_i R_{Mt} + \varepsilon_{it}$$

式中，R_{it} 是第 i 个资产在时间 t 的收益；R_{Mt} 是一个以某种比例包括了所有资产的投资组合在时间 t 的收益。R_{Mt} 和 ε_{it} 在统计上是独立的。

市场允许卖空（持有量为负）。你所拥有的信息如下：

资产	β_i	$E(R_i)(\%)$	Var (ε_i)
A	0.7	8.41	0.010 0
B	1.2	12.06	0.014 4
C	1.5	13.95	0.022 5

市场的方差是 0.012 1，且没有交易成本。

a. 计算每个资产收益的标准差。

b. 计算各种包含无数资产 A、B 和 C 的 3 个投资组合的收益的标准差。

c. 假定无风险利率是 3.3%，市场的预期收益率是 10.6%。理性投资者不会持有的资产是哪个？

d. 无套利机会出现的均衡状态是怎样的？为什么？

20. **套利定价模型** 假定单只股票的收益是由如下两因素模型产生的：

$$R_{it} = E(R_{it}) + \beta_{i1} F_{1t} + \beta_{i2} F_{2t}$$

式中，R_{it} 是第 i 个资产在时间 t 的收益；F_{1t} 和 F_{2t} 是期望值为 0、方差为 0 的市场因素。

此外，假设有一个 4 种资产的资本市场。因为没有交易成本、卖空（持有量为负）是允许的，所以资本市场是完美的。4 种证券的特征如下。

证券	β_1	β_2	$E(R_i)(\%)$
1	1.0	1.50	20
2	0.5	2.00	20
3	1.0	0.50	10
4	1.5	0.75	10

a. 建立一个收益无论以任何方式都不取决于市场因素 F_{1t}、包括（持有量可为正也可为负）证券 1 和证券 2 的投资组合。（**提示**：这样的投资组合 $\beta_1=0$。）计算这个投资组合的预期收益和 β_2。

b. 按问题 a 的步骤，建立一个收益不取决于市场因素 F_{1t}、包括证券 3 和证券 4 的投资组合。计算这个投资组合的预期收益和 β_2。

c. 有一个无风险资产，预期收益等于 5%，$\beta_1=0$，$\beta_2=0$。仔细描述一种投资者可以实现的可能的套利机会。

d. 这些套利机会的存在对资本市场的这些证券从短期和长期来看有什么作用？用图展示你的分析。

参考答案

1. 系统风险就是不能通过投资组合的构建被消除的风险。总的来说，系统风险指的是影响到市场上大量公司的那些因素，不过这些因素对于所有公司的影响不一定是相同的。非系统风险是可以通过投资组合的构建被消除的那一类风险。非系统风险对于某个公司或行业来说是特有的。此类风险将影响你所关注的那个公司的收益率，但不会影响其他行业公司的收益率，也可能对于同一行业的其他公司影响甚小。

2. 对于任何一个收益率，我们都可以用足够多的系统风险因子对其解释。但是，为了具有一定的实用性，用来解释资产收益率的系统风险的个数只能限定在某个范围内。

3. 市场风险溢价和通货膨胀率可能作为风险因素。小麦的价格虽然对于 Ultra Bread 来说是一个重要的风险因素，但不是一个市场风险因素，因此对于其他股票来说不太可能作为一个风险因素。基于此，小麦价格就是一个公司特定风险因素，而不是市场风险因素。一个更好的模型中应该包括宏观风险因素，例如利率、GDP、能源价格以及工业产值等。

4. a. 实际 GNP 比预期的要高。由于收益率与 GNP 水平是正相关的，股票收益率也应该基于此而上涨。

   b. 通货膨胀率与预期的一致。由于此次宣告中不存在未预期消息，这将不会影响 Lewis-Striden 公司股票的收益率。

   c. 利率比预期的要低。由于收益率与利率是负相关的，较低的利率则是一个正面消息。由于利率的变化，收益率将会上升。

   d. 公司董事长去世是一个负面消息。虽然某一天董事长也会退休，但退休将在声明发表的 6 个月之后生效。在那个期间，他还是会继续为公司做贡献。他过早的去世意味着他不会再做出这些贡献。通常情况下，董事长被视为公司的资产，他的去世将使得收益率降低。不过，由于预期到董事长不久之后离开公司，这个下降的幅度不会太大。

   e. 研究未取得进展，也是一个负面消息。因为 Lewis-Striden 需要对药品继续测试，因此不能如之前预期的时间进入投产阶段。这个延迟会影响未来预期盈利，因此会对当前的收益率造成负面影响。

   f. 这个研究上的突破是 Lewis-Striden 公司的正面消息。由于这是未预期的消息，将使得收益率上升。

   g. 竞争对手的公告也是没有预期到的，但这不是一个正面的未预期消息。这个公告将降低 Lewis-Striden 公司股票的收益率。

在以上事件中，系统性风险因素包括实际 GNP、通货膨胀率和利率，非系统性风险因素包括公司董事长的身体状况、研究进展和竞争对手的行动。

5. 主要的区别是，市场模型假设只需要一个因素，通常是股票大盘收益率就足够可以解释股票的收益率，而 k 因素模型则使用 k 个因素来解释收益率。

6. 套利定价模型并没有指出影响股票收益的因素有哪些，这是它广受争议的一个原因。但是，在选择影响因素时，我们应该选择那些对股票收益有潜在影响的、具有一定经济意义的因素。例如，小公司的风险比大公司大。因此，企业规模将影响公司股票的收益率。

7. 假设市场投资组合的规模在适中的水平，可以证实单因素模型和资本资产定价模型是相同的。

8. 这是加权平均收益率加上每只证券的贝塔系数乘以风险因子 F，再加上单只证券的非系统风险的加权平均。

9. 数据挖掘指的是找出一些与收益率相关的变量。某些因素与收益率的关系可能是偶然性的。例如，晒伤症状的出现频率和冰激凌的消费额是相关的；但是，晒伤症状并不一定带来冰激凌的消费，反之亦然。当某个因素与收益率真正相关时，这个相关关系应该可以由一些较为合理的经济意义上的原因来解释，而不仅仅是统计上的相关性。

10. 以英国股票为基准衡量一个美国价值型股票管理者的业绩，是不对的，因为其中包含的股票与美国价值型股票的情况是不同的。

11. 由于我们知道股票的预期收益率，修正的股票预期收益率可以由风险因子中的更新因素或未预期因素来决定，因此修正的股票预期收益率为：

$$R = 11.5\% + 1.4 \times (3.2\% - 3.6\%) - 0.53 \times (3.4\% - 3.1\%) = 10.78\%$$

12. a. 如果 m 是收益率中的系统性风险部分，则：

$$m = \beta_{GNP} \Delta \text{GNP} + \beta_{通货膨胀} \Delta \text{ 通货膨胀} + \beta_r \Delta \text{ 利率}$$
$$= 0.000\,073\,4 \times (17\,863 - 17\,034) - 0.90 \times (2.60\% - 2.80\%) - 0.32 \times (3.50\% - 3.70\%)$$
$$= 6.33\%$$

b. 股票收益率中非系统性风险部分是由于公司特定因素（例如关于公司的坏消息）所造成的股价波动。因此，收益率中非系统性风险部分是 -1.1%。股票的总收益率是预期收益率加上两部分的未预期收益率，包括收益率中的系统性风险部分和非系统性风险部分。因此，股票的总收益率是：

$$R = \bar{R} + m + \varepsilon = 11.70\% + 6.33\% - 1.1\% = 11.79\%$$

13. a. 如果 m 是收益率中的系统性风险部分，则：

$$m = \beta_{GNP} \Delta \%\text{GNP} + \beta_r \Delta \text{ 利率}$$
$$= 1.67 \times (2.6\% - 2.1\%) - 1.09 \times (4.8\% - 4.3\%)$$
$$= 0.29\%$$

b. 股票收益率中非系统性风险部分是由于公司特定因素（例如公司产品的市场份额增加）所造成的股价波动。如果 ε 是收益率中的非系统性风险部分，则：

$$\varepsilon = 0.58 \times (15\% - 11\%) = 2.32\%$$

c. 股票的总收益率是预期收益率加上两部分的未预期收益率（包括收益率中的系统性风险部分和非系统性风险部分）。因此，股票的总收益率是：

$$R = \overline{R} + m + \varepsilon = 10.50\% + 0.29\% + 2.32\% = 13.11\%$$

14. 投资组合中衡量某种风险的贝塔系数可以表示为组合中所包含的资产的贝塔系数的加权平均值。无论贝塔系数来自单因素模型还是多因素模型，这么表示都是正确的。因此，投资组合的贝塔系数为：

$$F_1 = 0.20 \times 1.55 + 0.20 \times 0.81 + 0.60 \times 0.73 = 0.91$$
$$F_2 = 0.20 \times 0.80 + 0.20 \times 1.25 + 0.60 \times (-0.14) = 0.33$$
$$F_3 = 0.20 \times 0.05 + 0.20 \times (-0.20) + 0.60 \times 1.24 = 0.71$$

因此，投资组合的收益率可以由下式表达：

$$R_i = 3.2\% + 0.91F_1 + 0.33F_2 - 0.71F_3$$

这意味着投资组合的收益率为：

$$R_i = 3.2\% + 0.91 \times 4.90\% + 0.33 \times 3.80\% - 0.71 \times 5.30\% = 5.11\%$$

15. 我们可以将每个投资组合的多因素模型表示为：

$$E(R_P) = R_F + \beta_1 F_1 + \beta_2 F_2$$

其中 F_1 和 F_2 分别为与每个因素相对应的风险溢价。每个投资组合的收益率等式可以表示如下：

$$16\% = 4\% + 0.85F_1 + 1.15F_2$$
$$12\% = 4\% + 1.45F_1 - 0.25F_2$$

我们可以用两个等式求解出两个未知数。将每一个式子与另一个等式的 F_2 的系数相乘，我们得到：

$$4.00\% = 1.0\% + 0.212\ 5F_1 + 0.287\ 5F_2$$
$$13.8\% = 4.6\% + 1.667\ 5F_1 - 0.287\ 5F_2$$

将两个等式相加，求解 F_1，我们得出：

$$17.8\% = 5.6\% + 1.88F_1$$
$$F_1 = 6.49\%$$

现在，将投资组合 A 的数据代入等式，我们可以求出 F_2，如下：

$$16\% = 4\% + 0.85 \times 6.49\% + 1.15F_2$$
$$F_2 = 5.64\%$$

16. a. 市场模型的具体形式如下：

$$R = \overline{R} + \beta(R_M - \overline{R}_M) + \varepsilon$$

每一只股票的市场模型如下：

股票 A：

$$R_A = \overline{R}_A + \beta_A(R_M - \overline{R}_M) + \varepsilon_A = 10.5\% + 1.2 \times (R_M - 14.2\%) + \varepsilon_A$$

股票 B：

$$R_B = \overline{R}_B + \beta_B(R_M - \overline{R}_M) + \varepsilon_B = 13.0\% + 0.98 \times (R_M - 14.2\%) + \varepsilon_B$$

股票C：
$$R_C = \bar{R}_C + \beta_C(R_M - \bar{R}_M) + \varepsilon_C = 15.7\% + 1.37 \times (R_M - 14.2\%) + \varepsilon_C$$

b. 因为我们不知道实际的市场收益率或非系统性风险是多少，我们将构建一个表达式，其中包含这些未知数：

$R_P = 0.30R_A + 0.45R_B + 0.25R_C$

$R_P = 0.30 \times [10.5\% + 1.2 \times (R_M - 14.2\%) + \varepsilon_A] + 0.45 \times [13.0\% + 0.98 \times (R_M - 14.2\%) + \varepsilon_B] + 0.25 \times [15.7\% + 1.37 \times (R_M - 14.2\%) + \varepsilon_C]$

$= 0.30 \times 10.5\% + 0.45 \times 13\% + 0.25 \times 15.7\% + (0.30 \times 1.2 + 0.45 \times 0.98 + 0.25 \times 1.37)(R_M - 14.2\%) + 0.30\varepsilon_A + 0.45\varepsilon_B + 0.25\varepsilon_C$

$= 12.925\% + 1.1435 \times (R_M - 14.2\%) + 0.30\varepsilon_A + 0.45\varepsilon_B + 0.25\varepsilon_C$

c. 基于市场模型，如果市场收益率是15%，系统性风险为0，则每一只股票的收益率为：

$$R_A = 10.5\% + 1.20 \times (15\% - 14.2\%) = 11.46\%$$
$$R_B = 13\% + 0.98 \times (15\% - 14.2\%) = 13.78\%$$
$$R_C = 15.70\% + 1.37 \times (15\% - 14.2\%) = 16.80\%$$

为了计算投资组合的收益率，我们可以使用b问题中的等式：

$$R_P = 12.925\% + 1.1435 \times (15\% - 14.2\%) = 13.84\%$$

或者，为了求出投资组合的收益率，我们可以使用每一个资产的收益率以及其权重数据，求出：

$R_P = X_1R_1 + X_2R_2 + X_3R_3 = 0.30 \times 11.46\% + 0.45 \times 13.78\% + 0.25 \times 16.80\% = 13.84\%$

17. a. 因为这5只股票有着相同的预期收益率和贝塔系数，投资组合也有着相同的预期收益率和贝塔系数。但是，非系统性风险可能不同，因此投资组合的预期收益率为：

$$\bar{R}_P = 11\% + 0.84F_1 + 1.69F_2 + \left(\frac{1}{5}\right)(\varepsilon_1 + \varepsilon_2 + \varepsilon_3 + \varepsilon_4 + \varepsilon_5)$$

b. 考虑我们在a问题中计算的那个包含5个资产的投资组合的预期收益率。因为现在我们的投资组合中包含的股票数量非常大，所以：

$$N \to \infty, \frac{1}{N} \to 0$$

但是，$\varepsilon_j s$ 是无限的，因此：

$$\left(\frac{1}{N}\right)(\varepsilon_1 + \varepsilon_2 + \varepsilon_3 + \varepsilon_4 + \cdots + \varepsilon_N) \to 0$$

因此：

$$\bar{R}_P = 11\% + 0.84F_1 + 1.69F_2$$

18. 为了确定投资者会更喜欢哪一个市场的投资，你需要计算出由每一个市场的大量股票所组成的投资组合的方差。因为你知道这样可以进行充分的分散投资，因此能够合理地假设：当一个投资者选择了她希望投资的市场之后，她将会在那个市场买入大量的股票。

已知：

$$E_F = 0 \text{ 以及 } \sigma = 0.10$$

$E_\varepsilon = 0$ 以及 $S_{\varepsilon i} = 0.20$（对所有的股票 i 而言）

如果我们假设投资组合中的股票是等权重的，每一只股票的权重为 $\frac{1}{N}$，即：

$$X_i = \frac{1}{N} \text{（对于所有股票 } i \text{ 而言）}$$

如果投资组合中包含 N 只股票，每一只股票的权重为 $1/N$，则投资组合的收益率就是 $1/N$ 乘以 N 只股票的收益率之和。为求出两个市场中每一个投资组合的方差，我们需要使用统计学中关于方差的定义：

$$\text{Var}(x) = E[x - E(x)]^2$$

在我们的题目中：

$$\text{Var}(R_P) = E[R_P - E(R_P)]^2$$

注意，为了使用，首先我们需要求出 R_P 和 $E(R_P)$。因此，基于等权重假设，并将已知信息替换 R_i，代入下式中：

$$R_P = \frac{1}{N} \sum R_i = \frac{1}{N} \sum (0.10 + \beta F + \varepsilon_i) = 0.10 + \beta F + \frac{1}{N} \sum \varepsilon_i$$

并且，根据预期价值的统计属性，我们有：

若：$\tilde{Z} = a\tilde{X} + \tilde{Y}$

其中 a 为常数，$\tilde{Z}$、$\tilde{X}$ 和 $\tilde{Y}$ 为随机变量，则：

$$E(\tilde{Z}) = E(a)E(\tilde{X}) + E(\tilde{Y})$$

且

$$E(a) = a$$

并使用以上信息来求出投资组合的预期收益率 $E(R_P)$：

$$E(R_P) = E\left(0.10 + \beta F + \frac{1}{N} \sum \varepsilon_i\right) = 0.10 + \beta E(F) + \frac{1}{N} \sum E(\varepsilon_i)$$

$$= 0.10 + \beta(0) + \frac{1}{N} \sum 0 = 0.10$$

然后，将这两个结果都代入初始等式中，替换方差：

$$\text{Var}(R_P) = E\left[R_P - E(R_P)\right]^2$$

$$= E\left[0.10 + \beta F + \frac{1}{N} \sum \varepsilon_i - 0.10\right]^2$$

$$= E\left[\beta F + \frac{1}{N} \sum \varepsilon\right]^2$$

$$= E\left[\beta^2 F^2 + 2\beta F \frac{1}{N} \sum \varepsilon + \frac{1}{N^2} \left(\sum \varepsilon\right)^2\right]$$

$$= \left[\beta^2 \sigma^2 + \frac{1}{N} \sigma^2 \varepsilon + \left(1 - \frac{1}{N}\right) \text{Cov}(\varepsilon_i, \varepsilon_j)\right]^2$$

最后，因为我们在每一个市场中都拥有尽可能多的股票，在极限情况下，随着 $N \to \infty$，$\frac{1}{N} \to 0$，因此我们得到：

$$\text{Var}(R_P) = \beta^2\sigma^2 + \text{Cov}(\varepsilon_i, \varepsilon_j)$$

并且，由于：

$$\text{Cov}(\varepsilon_i, \varepsilon_j) = \sigma_i\sigma_j\rho(\varepsilon_i, \varepsilon_j)$$

并且题目告诉我们 $\sigma_1 = \sigma_2 = 0.10$，因此：

$$\text{Var}(R_P) = \beta^2\sigma^2 + \sigma_1\sigma_2\rho(\varepsilon_i, \varepsilon_j) = \beta^2 \times 0.01 + 0.04\rho(\varepsilon_i, \varepsilon_j)$$

现在，我们总结一下到目前为止所得到的：

$$R_{1i} = 0.10 + 1.5F + \varepsilon_{1i}$$
$$R_{2i} = 0.10 + 0.5F + \varepsilon_{2i}$$
$$E(R_{1P}) = E(R_{2P}) = 0.10$$
$$\text{Var}(R_{1P}) = 0.022\,5 + 0.04\rho(\varepsilon_{1i}, \varepsilon_{1j})$$
$$\text{Var}(R_{2P}) = 0.002\,5 + 0.04\rho(\varepsilon_{2i}, \varepsilon_{2j})$$

最后，我们可以开始解答 a，b 和 c 三个问题，基于不同情况下的相关性。

a. 将 $\rho(\varepsilon_{1i}, \varepsilon_{1j}) = \rho(\varepsilon_{2i}, \varepsilon_{2j}) = 0$ 代入对应的方差公式中：

$$\text{Var}(R_{1P}) = 0.022\,5$$
$$\text{Var}(R_{2P}) = 0.002\,5$$

由于 $\text{Var}(R_{1P}) > \text{Var}(R_{2P})$，并且预期收益率相等，则一个风险规避的投资者会选择在第 2 个市场上投资。

b. 如果我们假设 $\rho(\varepsilon_{1i}, \varepsilon_{1j}) = 0.9$，以及 $\rho(\varepsilon_{2i}, \varepsilon_{2j}) = 0$，每个投资组合的方差是：

$$\text{Var}(R_{1P}) = 0.022\,5 + 0.04\rho(\varepsilon_{1i}, \varepsilon_{1j}) = 0.022\,5 + 0.04 \times 0.9 = 0.058\,5$$
$$\text{Var}(R_{2P}) = 0.002\,5 + 0.04\rho(\varepsilon_{2i}, \varepsilon_{2j}) = 0.002\,5 + 0.04 \times 0 = 0.002\,5$$

由于 $\text{Var}(R_{1P}) > \text{Var}(R_{2P})$，并且预期收益率相等，则一个风险规避的投资者会选择在第 2 个市场上投资。

c. 如果我们假设 $\rho(\varepsilon_{1i}, \varepsilon_{1j}) = 0$ 以及 $\rho(\varepsilon_{2i}, \varepsilon_{2j}) = 0.5$，每个投资组合的方差是：

$$\text{Var}(R_{1P}) = 0.022\,5 + 0.04\rho(\varepsilon_{1i}, \varepsilon_{1j}) = 0.022\,5 + 0.04 \times 0 = 0.022\,5$$
$$\text{Var}(R_{2P}) = 0.002\,5 + 0.04\rho(\varepsilon_{2i}, \varepsilon_{2j}) = 0.002\,5 + 0.04 \times 0.5 = 0.022\,5$$

由于 $\text{Var}(R_{1P}) = \text{Var}(R_{2P})$，并且预期收益率相等，则一个风险规避的投资者对于两个市场的投资倾向性是一样的。

d. 由于预期收益率是相等的，无差异意味着两个市场中的投资组合的方差是相等的。因此，设定方差等式相等，求解将其中一个市场的相关系数表示成另外一个市场的相关系数的表达式：

$$\text{Var}(R_{1P}) = \text{Var}(R_{2P})$$
$$0.022\,5 + 0.04\rho(\varepsilon_{1i}, \varepsilon_{1j}) = 0.002\,5 + 0.04\rho(\varepsilon_{2i}, \varepsilon_{2j})$$
$$\rho(\varepsilon_{2i}, \varepsilon_{2j}) = \rho(\varepsilon_{1i}, \varepsilon_{1j}) + 0.5$$

因此，对于任何一组有着这种关系的相关系数（即在 c 问题求出的）来说，一个风险规避的投资者是同样愿意投资于两个市场中的任何一个的。

19. a. 为了求出标准差 σ，你需要求出方差，因为 $\sigma = \sqrt{\text{Var}}$。从方差的统计属性中我们知道：

若：$\tilde{Z} = a\tilde{X} + \tilde{Y}$

其中 a 为常数，$\tilde{Z}$、$\tilde{X}$ 和 $\tilde{Y}$ 为随机变量，则有：

$$\text{Var}(\tilde{Z}) = a^2 \text{Var}(\tilde{X}) + \text{Var}(\tilde{Y})$$

且：

$$\text{Var}(a) = 0$$

根据题目，收益率可以表示为：

$$R_{i,t} = \alpha_i + \beta_i(R_M) + \varepsilon_{i,t}$$

请注意 $R_{i,t}$、R_M 和 $\varepsilon_{i,t}$ 为随机变量，α_i 和 β_i 为常数。因此，将以上属性应用到模型中，我们得到：

$$\text{Var}(R_i) = \beta_i^2 \text{Var}(R_M) + \text{Var}(\varepsilon_i)$$

此时我们可求出每项资产的标准差：

$$\sigma_A^2 = 0.70^2 \times 0.012\ 1 + 0.01 = 0.015\ 929$$

$$\sigma_A = \sqrt{0.015\ 929} = 0.126\ 2，\text{或 } 12.62\%$$

$$\sigma_B^2 = 1.2^2 \times 0.012\ 1 + 0.014\ 4 = 0.031\ 824$$

$$\sigma_B = \sqrt{0.031\ 824} = 0.178\ 4，\text{或 } 17.84\%$$

$$\sigma_C^2 = 1.5^2 \times 0.012\ 1 + 0.022\ 5 = 0.049\ 725$$

$$\sigma_C = \sqrt{0.049\ 725} = 0.223\ 0，\text{或 } 22.30\%$$

b. 从以上的方差公式中，应注意，随着 $N \to \infty$，$\dfrac{\text{Var}(\varepsilon_i)}{N} \to 0$，因此你得到：

$$\text{Var}(R_i) = \beta_i^2 \text{Var}(R_M)$$

因此，资产的方差为：

$$\sigma_A^2 = 0.7^2 \times 0.012\ 1 = 0.005\ 929$$

$$\sigma_B^2 = 1.2^2 \times 0.012\ 1 = 0.017\ 424$$

$$\sigma_C^2 = 1.5^2 \times 0.012\ 1 = 0.027\ 225$$

c. 我们可以使用模型：

$$\overline{R}_i = R_F + \beta_i(\overline{R}_M - R_F)$$

这就是 CAPM 模型（或者说 APT 模型，当此时只有一个因子，且这个因子是市场时）。因此，每种资产的预期收益率为：

$$\overline{R}_A = 3.3\% + 0.70 \times (10.6\% - 3.3\%) = 8.41\%$$

$$\overline{R}_B = 3.3\% + 1.2 \times (10.6\% - 3.3\%) = 12.06\%$$

$$\overline{R}_C = 3.3\% + 1.5 \times (10.6\% - 3.3\%) = 14.25\%$$

我们可以将这些资产由 CAPM 模型或 APT 模型计算得出的预期收益率结果与表格中给出的预期收益率进行比较。可以发现，A 资产和 B 资产是合理定价的。但是 C 资产的价格被高估了（模型说明其收益率应该更高一些）。因此，理性的投资者不会持有 C 资产。

d. 如果允许卖空，理性的投资者将会卖空 C 资产，使得 C 资产的价格下跌到套利机会消失的水平。换言之，C 资产的价格应下降到当收益率等于 14.25% 为止。

20. a. 令：

$$X_1 = 证券 1 在投资组合中的比例$$
$$X_2 = 证券 2 在投资组合中的比例$$

并注意这两个比例之和应该等于 1：

$$X_1 = 1 - X_2$$

回顾教材第 11 章，投资组合的贝塔系数（在本题的情况下就是某个因素的贝塔系数）可以表述为证券的贝塔系数的加权平均，因此：

$$\beta_{P1} = X_1\beta_{11} + X_2\beta_{21} = X_1\beta_{11} + (1 - X_1)\beta_{21}$$

现在，我们使用提示里给出的条件，即投资组合的收益率不取决于 F_1。这意味着投资组合的贝塔系数应该为 0，因此：

$$\beta_{P1} = 0 = X_1\beta_{11} + (1 - X_1)\beta_{21} = X_1(1.0) + (1 - X_1) \times 0.5$$

求解 X_1 和 X_2：

$$X_1 = -1$$
$$X_2 = 2$$

因此，应卖空证券 1 并买入证券 2。

为求出这个投资组合的预期收益率，使用：

$$R_P = X_1R_1 + X_2R_2$$

因此，使用上式：

$$E(R_P) = -1 \times 20\% + 2 \times 20\% = 20\%$$
$$\beta_{P1} = -1 \times 1 + 2 \times 0.5 = 0$$

b. 基于与 a 问题相同的逻辑，我们有：

$$\beta_{P2} = 0 = X_3\beta_{31} + (1 - X_3)\beta_{41} = X_3 \times 1 + (1 - X_3) \times 1.5$$

以及

$$X_3 = 3$$
$$X_4 = -2$$

因此，卖空证券 4 并买入证券 3，则：

$$E(R_{P2}) = 3 \times 10\% + (-2) \times 10\% = 10\%$$
$$\beta_{P2} = 3 \times 0.5 - 2 \times 0.75 = 0$$

请注意，β_{P1} 和 β_{P2} 都为 0，这是一个无风险的投资组合！

c. b 问题的投资组合提供了一个 10% 的无风险的收益率，这比无风险证券提供的收益率高了 5%。为了从这个机会中获利，以 5% 的无风险收益率借入资金，然后将其投入到一个由卖空证券 4 并买入证券 3、卖空和买入的权重为（3，-2）的策略所构建的投资组合中，如 b 问题中所示。

d. 首先，假设无风险证券不会变化。证券 4 的价格（大家都会尝试卖空）将下降，证券 3 的价格（大家都会尝试买入）将上升。因此，证券 4 的收益率会增加，证券 3 的收益率会降低。

另一种情况是，证券 3 和证券 4 的价格会保持不变，无风险证券的价格下降到当其收益率等于 10% 的水平。

最后，所有证券的价格都变化的情况也是有可能发生的。证券 4 和无风险证券的价格下降，证券 3 的价格上升，一直到获利机会消失。

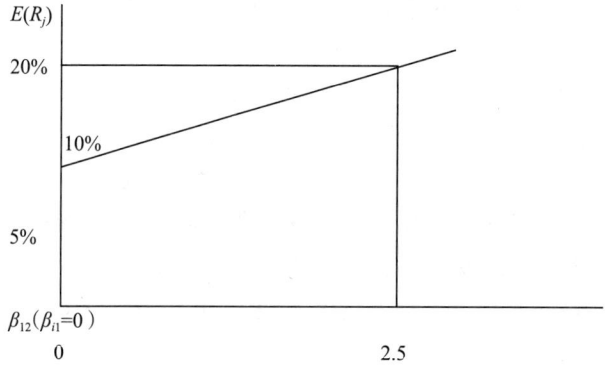

第13章

风险、资本成本和估值

本章概要

之前介绍资本预算时都假定项目所产生的是无风险的现金流量,在那种情况下宜采用无风险利率折现。但在现实中,项目的现金流量多数是有风险的,本章讨论有风险现金流量的折现问题。

1. 企业有了多余的现金可以发放股利或进行资本性支出。由于股东可以将分得的股利投资于有风险的金融资产,所以一个资本预算项目的预期收益率至少应与同等风险的金融资产的预期收益率相等。
2. 任何资产的预期收益率都取决于它的贝塔系数。因此,我们介绍了对股票的贝塔系数的估计有效的方法是对历史收益率做回归分析。
3. 贝塔和协方差都可用于衡量一只证券对于市场变动的反应程度。相关系数和贝塔的概念有所不同。贝塔是回归线的斜率,而相关系数是回归线拟合的紧密程度。
4. 如果项目的贝塔风险与企业的贝塔风险相等,对于无杠杆企业,项目的折现率等于:

$$R_F + \beta \times (R_M - R_F)$$

式中，R_M 是市场组合的预期收益率，R_F 是无风险利率。此式表明，项目的折现率等于证券预期收益率的 CAPM 估计值。

5. 公司的贝塔是一系列因素的函数，其中三个最重要的因素是：
   - 收入的周期性；
   - 经营杠杆；
   - 财务杠杆。

6. 如果一个项目的贝塔和所在公司的贝塔不同，折现率应该使用的是项目的贝塔。我们可以使用项目所在行业的贝塔平均值来估计项目的贝塔值。

7. 有时候不能用项目所在行业的平均贝塔作为项目贝塔的估计值。比如，一个新的项目可能不属于任何现有的行业。在这种情况下，我们可以通过了解项目收入的周期性和经营杠杆来估计贝塔。这是一种定性的方法。

8. 如果企业有负债，折现率应为 R_{WACC}。要计算 R_{WACC}，必须先估计权益资本成本和债务资本成本，如果项目与企业的业务类似，可用 SML 计算的企业权益资本成本作为项目权益资本成本的估计值。理论上，还可以用股利增长模型，但实践中这种方法不够准确。

9. 新的项目通常使用债务或者权益进行融资。发行的成本，通常称为融资成本，在任何净现值计算中都应该考虑进来。

思考与练习

1. **计算债务资本成本**　Advance 公司正在确定公司的债务资本成本。公司有在外发行的 13 年到期的长期债券，该债券发行时以 95% 的溢价发行。该债券每半年付息一次，其息票利率为每年 7%。Advance 公司的税前债务资本成本为多少？如果公司税率为 35%，则公司的税后债务资本成本为多少？

2. **计算税收和加权资本成本**　Miller 制造公司的目标负债–权益比为 0.55，其公司的权益资本成本为 12.5%，债务资本成本为 7%，公司税率为 35%。计算 Miller 公司的加权资本成本。

3. **计算加权资本成本**　Kose 公司的目标负债–权益比为 0.45，其公司的加权资本成本为 9.8%，公司税率为 35%。
   a. 如果公司的权益资本成本为 13%，则公司税前债务资本成本为多少？
   b. 如果你知道公司的税后债务资本成本为 5.9%，则公司的权益资本成本为多少？

4. **计算融资成本**　假设你的公司需要为新的装配线融资 3 500 万美元。公司的目标负债–权益比为 0.75。权益的发行成本为 6%，债务的发行成本则为 2%。你的老板决定使用债务融资，因为相对来说发行成本较低，所需要的融资额也就较小。
   a. 你认为选择全负债融资的原理是什么？
   b. 假设所有的权益都来自外部，请问公司的加权平均融资成本是多少？

c. 考虑融资成本，建设新的装配线的实际成本应该是多少？本例中选择的全负债融资是否对结果有影响？

5. **计算融资成本** Goodbye 公司最近为一个新的电视节目发行了新的证券进行融资。该项目成本为 1 900 万美元，公司为此次发行支付了 1 150 000 美元的融资成本。权益融资的成本为 7%，债务融资的成本为 3%。如果该公司的权益和债务的融资比例和其资本结构比例相同，那么该公司的目标负债 – 权益比是多少？

6. **计算融资成本和净现值** Photochronograph Corporation（PC）公司专门制造时间序列摄影器材。它目前的目标负债 – 权益比为 0.55。该公司正在考虑是否建设新的制造设备，其将花费 5 000 万美元。这个新的制造设备将永续产生每年 670 万美元的税后现金流。所有的权益融资都来自外部。这里有 3 个融资选择。

   （1）**发行普通股**：普通股的发行成本为 8%。公司新的权益要求回报率为 14%。

   （2）**发行 20 年期债券**：债券的发行成本为 4%。如果公司以 8% 的年息票率发行债券，则价格为面值。

   （3）**使用应付账款进行融资**：由于这种方法依赖于公司日常业务产生的资金，因此没有融资成本。我们可以认为其成本等同于公司的 WACC。经理认为应付账款和长期负债的目标比值应为 0.2（假设税前和税后应付账款成本没有区别）。

   设备的净现值为多少？假设税率为 35%。

参考答案

1. 税前债务资本成本为公司债券的到期收益率，因此：

$$P_0 = 950 = 35 \times PVIFA_{R\%,26} + 1\,000 \times PVIF_{R\%,26}$$

$$R = 3.806\%$$

$$R_B = 2 \times 3.806\% = 7.61\%$$

税后债务资本成本为：

$$\text{税后债务资本成本} = 7.61\% \times (1 - 0.35) = 4.95\%$$

2. 此处我们需要使用负债 – 权益比率来求 WACC。这样做我们就得到了：

$$R_{\text{WACC}} = 0.125 \times \left(\frac{1}{1.55}\right) + 0.07 \times \left(\frac{0.55}{1.55}\right) \times (1 - 0.35) = 0.096\,8，或 9.68\%$$

3. a. 使用计算 WACC 的等式，我们得到：

$$R_{\text{WACC}} = 0.098 = \left(\frac{1}{1.45}\right) \times 0.13 + \left(\frac{0.45}{1.45}\right) \times (1 - 0.35) R_B$$

$$R_B = 0.041\,4，或 4.14\%$$

b. 使用计算 WACC 的等式，我们得到：

$$R_{\text{WACC}} = 0.098 = \left(\frac{1}{1.45}\right) R_S + \left(\frac{0.45}{1.45}\right) \times 0.059$$

$$R_S = 0.115\,6，或 11.56\%$$

4. a. 他应该使用加权平均融资成本，而不是债务资本成本。

b. 加权平均融资成本就是债务和权益的加权平均融资成本，因此：

$$f_T = 0.02 \times \left(\frac{0.75}{1.75}\right) + 0.06 \times \left(\frac{1}{1.75}\right) = 0.042\,9，或\,4.29\%$$

c. 考虑融资成本，建设新的装配线总成本应该是：

$$筹集的资本 \times (1 - 0.042\,9) = 35\,000\,000$$

$$筹集的资本 = \frac{35\,000\,000}{1 - 0.0429} = 36\,567\,164（美元）$$

虽然资金是全部由债务融资筹集的，但是在计算融资成本，即真实投资成本时还是应该使用公司的目标资本结构。

5. 设备的总成本（包括融资成本）为：

$$总成本 = 19\,000\,000 + 1\,150\,000 = 20\,150\,000（美元）$$

使用计算总成本（包括融资成本）的等式，我们得到：

$$筹集到的资金 \times (1 - f_T) = 扣除融资成本之后需要的资金$$

$$20\,150\,000 \times (1 - f_T) = 19\,000\,000$$

$$f_T = 0.057\,1，或\,5.71\%$$

现在，我们知道加权平均融资成本。用来计算融资成本百分比的等式是：

$$f_T = 0.057\,1 = 0.07\left(\frac{S}{V}\right) + 0.03\left(\frac{B}{V}\right)$$

我们可以从上式中求出负债－权益比：

$$0.057\,1\left(\frac{V}{S}\right) = 0.07 + 0.03\left(\frac{B}{S}\right)$$

我们应该认识到，V/S 项就是权益乘数，即 $(1 + B/S)$，因此：

$$0.057\,1\left(\frac{B}{S} + 1\right) = 0.07 + 0.03\left(\frac{B}{S}\right)$$

$$\frac{B}{S} = 0.477\,5$$

6. 我们可以使用负债－权益比来计算权益和债务。在公司的债务中，长期负债和应付账款各占一定权重。我们可以使用应付账款的目标比例来计算应付账款的权重以及长期负债的权重。二者的权重将是：

$$应付账款权重 = \frac{0.20}{1.20} = 0.17$$

$$长期负债权重 = \frac{1}{1.20} = 0.83$$

由于应付账款的成本与加权平均成本相同，我们可以将加权平均成本表示为：

$$R_{WACC} = \left(\frac{1}{1.55}\right) \times 0.14 + \left(\frac{0.55}{1.55}\right)\left[\left(\frac{0.20}{1.2}\right)R_{WACC} + \left(\frac{1}{1.2}\right) \times 0.08 \times (1 - 0.35)\right]$$

求解加权平均成本，我们得到：

$$R_{WACC} = 0.090\,3 + 0.354\,8 \times \left[\left(\frac{0.20}{1.2}\right)R_{WACC} + 0.043\,3\right]$$

$$= 0.090\,3 + 0.059\,1 R_{WACC} + 0.015\,4$$

$$0.940\,9 R_{WACC} = 0.105\,7$$

$$R_{WACC} = 0.112\,3，或 11.23\%$$

我们将使用计算加权平均成本的等式，但每种融资方式的融资成本是不同的。由此，我们得到：

$$融资成本 = \left(\frac{1}{1.55}\right) \times 0.08 + \left(\frac{0.55}{1.55}\right) \times \left[\left(\frac{0.20}{1.2}\right) \times 0 + \left(\frac{1}{1.2}\right) \times 0.04\right]$$

$$= 0.063\,4，或 6.34\%$$

我们需要为新项目所筹集到的资金总额为：

$$筹集到的资金总额 = \frac{50\,000\,000}{(1 - 0.063\,4)} = 53\,386\,912（美元）$$

因为这是一个永续年金，我们可以使用计算永续年金现值的公式来计算其现值。NPV 为：

$$NPV = -53\,386\,912 + \frac{6\,700\,000}{0.112\,3} = 6\,251\,949（美元）$$

第14章

有效资本市场和行为挑战

本章概要

1. 一个有效的资本市场处理投资者可以得到的信息并把它反映到证券价格中。市场有效性有两个大致含义:第一,在任何时候,股票的超常收益取决于市场在当时所收到的信息或者新闻;第二,和市场使用相同信息的投资者不能预期获得超常收益。换句话说,投机倒把的方法注定是要失败的。

2. 市场使用什么信息来决定价格呢?
   a. 弱型有效市场假说认为市场使用了历史价格,因而关于这些过去价格是有效的。这意味着根据过去股票价格的变动规律来选择股票并不会比随机选择股票好。
   b. 半强型有效市场假说认为市场定价使用了所有公开可得到的信息。
   c. 强型有效市场假说认为市场使用了任何人知道的信息,甚至内幕信息。

3. 行为金融说市场不是有效的。支持者认为:

a. 投资者不是理性的；
   b. 不同投资者的理性偏差是类似的；
   c. 套利代价很高，将不会消除无效性。
4. 行为学家指出了许多证明他们想法的实证研究，包括小规模股票比大规模股票表现好，价值型股票比成长型股票表现好以及股票价格对盈利意外做出缓慢调节。
5. 市场有效性对公司理财有 4 个意义：
   a. 管理者不能通过创造性会计愚弄市场；
   b. 公司不能成功选择发行股票和债券的时机；
   c. 管理者不能对外币和其他工具进行投机并获利；
   d. 管理者通过关注市场价格可以获得很多好处。

思考与练习

1. **公司价值** 公司做财务决策时应该遵循什么原则？公司如何能创造有价值的财务机会？
2. **有效市场假说** 定义三种形式的市场有效性。
3. **有效市场假说** 下面哪些关于有效市场假说的说法是正确的？
   a. 它意味着完美的预测能力。
   b. 它意味着价格反映所有可得到的信息。
   c. 它意味着一个非理性的市场。
   d. 它意味着价格不会波动。
   e. 它导致投资者之间激烈竞争。
4. **市场有效性含义** 解释为什么有效市场的特点是投资于该市场的 NPV 为 0。
5. **有效市场假说** 一个股市分析家能够通过比较过去 10 天和过去 60 天的平均股价来发现被错误定价的股票。如果这是真的，你从这个市场中了解到什么？
6. **半强有效性** 如果一个市场是半强型有效的，它是否也是弱型有效的？请解释。
7. **有效市场假说** 对买卖股票试图"战胜市场"的投资者来说，有效市场假说的意义是什么？
8. **股票和赌博** 批判地评述下列观点：炒股票就像赌博。这种投机性投资除了使人们从这种形式的赌博中得到的快乐，并没有任何社会价值。
9. **有效市场假说** 我们经常会在金融新闻中看到，几个著名的投资人和选股专家在过去 20 年从他们的投资中获得了大量回报。这些特定投资者的成功违反了市场有效性吗？解释原因。
10. **有效市场假说** 对于下面每种情形，讨论在下面条件下交易公司股票的获利机会是否存在？①市场不是弱型有效的；②市场是弱型有效的，但不是半强型有效的；③市场是半强型有效，但不是强型有效的；④市场是强型有效的。
    a. 股价在过去 30 天的每一天稳步上升。

b. 你从公司 3 天前披露的财务报表中发现公司存货和成本技术控制披露技巧的异象，这些披露技巧导致对公司真实流动性的不完整描述。

c. 你观察到公司高层在过去一周中在市场上购买了大量该公司的股票。

使用下面的信息回答接下来的两个问题。

技术分析在投资实践中是有争议的。技术分析包括一系列的技术手段，所有都用来试图预测某一特定股票或者市场的走向。技术分析人员关注下面两个主要类别的信息：历史股价和投资者情绪。技术分析员认为这两个信息集提供了某一股票和市场总体的未来走向。

11. **技术分析**　技术分析师如何看待市场有效性？

12. **投资者情绪**　有时用来预测市场变动的技术分析工具是投资者情绪指数。美国个人投资者协会（American Association of Individual Investors，AAII）基于对其会员的问卷调查，发布了一个投资者情绪指数。你在下表中会找到投资在四周内上涨、下跌和不变的百分比。

（%）

周	上涨	下跌	不变
1	37	25	38
2	52	14	34
3	29	35	36
4	43	26	31

投资者情绪指数想要捕捉什么？它对技术分析可能起到什么样的作用？

13. **专业投资者的表现**　20 世纪 90 年代中期到末期，专业投资者的表现非常不好——90% 的股票型共同基金的表现都不如被动管理的指数基金。这如何与市场有效性问题相关联？

14. **有效市场**　大约 100 年前，公司不编制年报。即使你持有某一公司的股票，你也不可能看到公司的资产负债表和利润表。假定市场是半强型有效的，相比现在的情况，当时这对市场有效性意味着什么？

15. **有效市场假说**　航空技术研究公司 Aerotech 今天早上宣布它将聘用世界上最负盛名且成果丰硕的空间研究人员。今天之前 Aerotech 的股价一直是 100 美元。假定在未来一周内没有得到其他信息，同时股市总体也没有变化。

a. 你认为 Aerotech 的股票将会发生什么变化？

b. 考虑下面的情形：

i. 股价在公告日上涨至 118 美元。在接下来的几天，它涨至 123 美元，然后落回 116 美元；

ii. 股价上涨至 116 美元，并且保持在那个水平；

iii. 股票价格在未来一周渐渐攀升至 116 美元。哪些情形意味着市场有效性？哪些不是？为什么？

16. **有效市场假说**　当 56 岁的 Gulf & Western Inc. 创始人死于心脏病时，公司股价立即从

18 美元上涨至 20.25 美元，涨幅达 12.5%。这是市场无效的证据，因为有效市场会预计到他的死亡并提前调整价格。假如没有收到其他信息，并且股市整体没有变动，这一关于市场有效性的论断是否正确？请解释。

17. **有效市场假说**　今天，有如下公告发布："今天早些时候，司法部门就 Universal Product Care（UPC）的案件做出一项决定。UPC 被发现在其招聘过程中存在歧视。在未来 5 年，UPC 必须每年支付 200 万美元给一个代表 UPC 政策受害人的基金。"假定市场是有效的，投资者是否还应该在公告之后购买 UPC 的股票（因为这个诉讼将导致一个异常低的回报率）？请解释。

18. **有效市场假说**　Newtech Corp. 将采用一种能极大提高生产效率的新型芯片检测装置。你认为主工程师在该装置的信息发布之前购买公司股票是否能获利？读了《华尔街日报》上的这一公告，如果市场是有效的，你能从购买这只股票中获得超额回报吗？

19. **有效市场假说**　TransTrust Corp. 改变了它的存货记账方式。税收没有影响，但是本季度披露的利润比在旧的会计系统下增加了 20%。在这份盈利报告中没有其他意外，并且会计处理公开披露过。如果市场是有效的，当市场获悉报告利润变高时，股价是否将更高？

20. **有效市场假说**　Durkin Investing Agency 在过去两年之内是国内最好的选股专家。在 Durkin 成名之前，Durkin 的时事通信只有 200 个订阅者。那些人的表现一直优于市场，调整了风险和交易成本后获得了相当高的收益。现在 Durkin 的时事通信的订阅量已经暴涨至 10 000。现在当 Durkin Investment Agency 推荐一只股票时，股价就会立即上升好几个百分点。订阅者目前只能获得正常的收益，因为价格在人们依据信息做出决策之前就上涨了。简要解释这个现象。Durkin 选股的能力与市场有效性一致吗？

21. **有效市场假说**　你的经纪人说一个管理得好的公司比一个管理得差的公司更适合投资。作为佐证，你的经纪人引用了最近一个对 8 年前行业杂志罗列的国内最好的 100 家小规模制造商的研究。在后来的 8 年时间中，这 100 家公司并没有获得比正常市场更高的收益。你的经纪人接着说，如果这 100 家公司管理得好，它们应该获得高于平均的收益。如果市场是有效的话，你同意经纪人说的话吗？

22. **有效市场假说**　一位有名的经济学家刚刚在《华尔街日报》上宣布他的发现：衰退已经结束了，经济将重新进入扩张阶段。假定市场是有效的，在读到这条消息之后，你是否可以通过投资股市获利？

23. **有效市场假说**　假定市场是半强型有效的。如果你的交易基于以下考虑，你是否可以获得超额收益？
    a. 你的经纪人关于某只股票的盈利历史信息。
    b. 关于合并某一公司的谣言。
    c. 昨天关于新产品测试成功的公告。

24. **有效市场假说**　假设影响你公司净利润的某一特定宏观经济变量是序列正相关的，同时假定市场是有效的。你是否预期股票价格的变化也是序列相关的？说明原因。

25. **有效市场假说**　有效市场假说意味着所有的共同基金应该获得同样的风险调整收益。

因此我们可以随机挑选共同基金。这种说法对吗？请解释。

26. **有效市场假说** 假定市场是有效的。在某一个交易日，American Golf Inc. 宣布它损失了一份先前普遍认为已经确定的大额高尔夫项目的合同。如果市场是有效的，没有其他信息，股价应该对该信息做出什么反应？

27. **有效市场假说** Prospectors Inc. 是一个公开交易的阿拉斯加黄金勘探公司。尽管公司勘探黄金经常失败，但是 Prospectors 偶尔会发现储量丰富的矿石。如果市场是有效的，你将观察到 Prospectors 累积超常收益的什么规律？

28. **市场有效性的证据** 有些人认为有效市场假说不能解释 1987 年的股市崩盘或是 20 世纪 90 年代末网络股过高的市盈率。对这两个现象，目前正在使用的其他解释是什么？

29. **累积超常收益** 达美、联航和美航分别在 7 月 18 日、2 月 12 日和 10 月 7 日宣布购买飞机。已知以下信息，将这些股票当成一组计算累积超常收益，画出结果并解释。所有股票的 β 系数为 1，没有其他公告发布。

	达美			联航			美航	
日期	市场收益	公司收益	日期	市场收益	公司收益	日期	市场收益	公司收益
7/12	−0.3	−0.5	2/8	−0.9	−1.1	10/1	0.5	0.3
7/13	0.0	0.2	2/9	−1.0	−1.1	10/2	0.4	0.6
7/16	0.5	0.7	2/10	0.4	0.2	10/3	1.1	1.1
7/17	−0.5	−0.3	2/11	0.6	0.8	10/6	0.1	−0.3
7/18	−2.2	1.1	2/12	−0.3	−0.1	10/7	−2.2	−0.3
7/19	−0.9	−0.7	2/15	1.1	1.2	10/8	0.5	0.5
7/20	−1.0	−1.1	2/16	0.5	0.5	10/9	−0.3	−0.2
7/23	0.7	0.5	2/17	−0.3	−0.2	10/10	0.3	0.1
7/24	0.2	0.1	2/18	0.3	0.2	10/13	0.0	−0.1

30. **累积超常收益** 下图显示了在 1950～1980 年，386 个石油开采公司宣布发现石油的累积超常收益。第 0 个月是公告月份。假设没有收到其他信息，并且股市整体没有变动，这个图和市场有效性是一致的吗？解释你的回答。

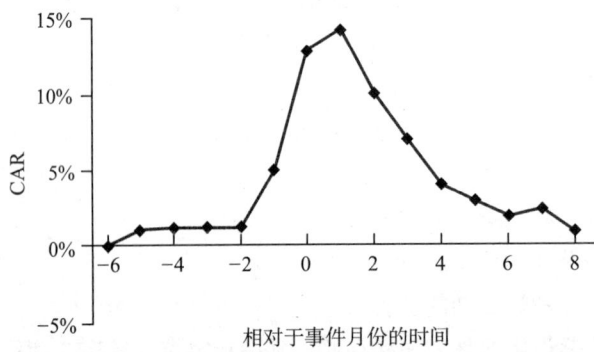

31. **累积超常收益** 下面几个图呈现了 4 种累积超常收益研究的结果，指出每个研究的结果支持、拒绝还是无法判断半强型有效市场假说。图中的时间 0 是事件日。

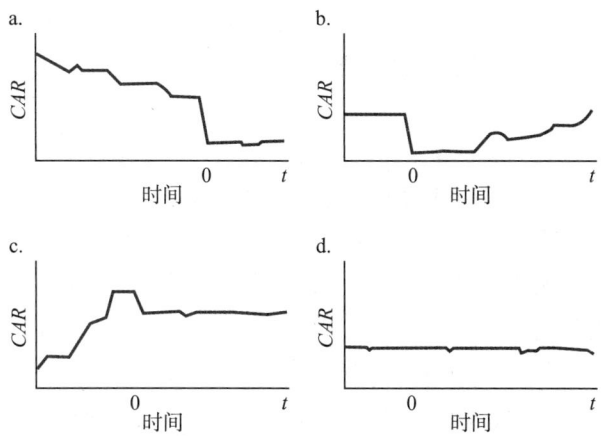

32. **累积超常收益** 某研究分析了在反垄断案件中败诉的公司的股价行为。所有初审败诉的公司都包括在图中,即便是那些后来上诉撤销原判的。事件在时间 0 是最初的上诉前的初审判决。假设除了在初审透露的信息外没有其他信息发布,股票价格的贝塔系数都是 1,这个图和市场有效性一致吗?解释你的回答。

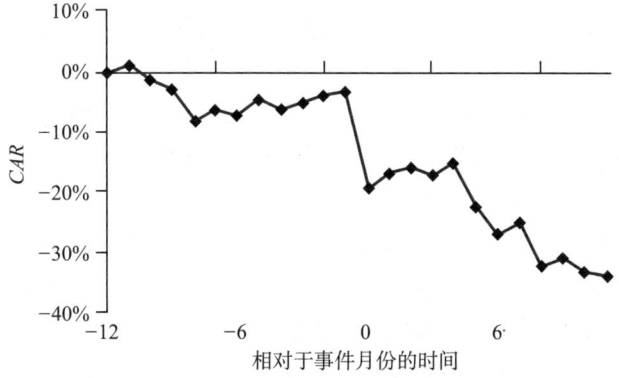

参考答案

1. 为了创造价值,公司应该接受的融资方案是那些净现值为正的方案。通过以下三种方式,公司可以创造有价值的财务机会。第一,欺骗投资者。公司可以发行复杂的证券,以获得最大的价值。第二,降低成本或获得补助。公司可以将证券打包发行以获得减税的好处。此类证券可以增加公司的价值。并且,融资过程中涉及许多成本,包括会计、律师以及投资银行等。将证券打包发行以降低成本,同样也能增加公司价值。第三,创造一种新的证券。之前不满意的投资者可能会为那些根据他的投资需求专门量身定做的证券而支付更多。此类证券可以以更高的价格发行,因此公司通过发行这些特定的证券可以获得价值。

2. 三种形式的市场有效性具体如下。第一,弱型有效市场。市场价格反映历史股价包含的信息。投资者不能通过利用历史股价来预测未来价格波动从而赚取超额收益率。第二,半强型有效市场。除了历史数据,市场价格还反映所有的公开可得信息。投资者可以基于内幕消息或私有消息来赚取超额收益率。第三，强型有效市场。市场价格反映所有信息，包括公开和私有信息。投资者不能通过利用内幕消息或公开可得信息来赚取超额收益率。

3. a. 错误。市场有效意味着价格反映所有可得信息，但并不意味着某些特定的知识将被价格反映出来。许多可以获得的并且被价格所反映的信息是很不确定的。市场的有效性并不能消除这些不确定性，因此并不意味着完美的预测能力。

   b. 正确。当价格反映所有可得信息时，市场是有效的。在弱型有效市场上，市场价格将包含所有的历史信息。在半强型有效市场上，市场价格将包含所有的公开可得信息。在强型有效市场上，市场价格将反映所有的公开可得信息和私有信息。

   c. 错误。市场的有效性意味着市场参与者是理性的。理性的投资者将立即根据新消息做出行动，因此将价格推高或拉低到可以反映出消息的水平。

   d. 错误。在有效市场上，价格反映所有可得信息。因此，当新消息到来时，价格将随之波动。

   e. 正确。投资者之间的竞争使得新的市场信息迅速传播。在有效市场上，当投资者将股票价格推高或拉低时，价格会立即反映出新消息。

4. 平均来说，赚取的收益率应该是必要收益率；若投资者买入资产所获得的收益率超过必要收益率（即 NPV 为正），则资产价格将会被推高，而收益率将下降到等于必要收益率（NPV 为 0）；若投资者卖出资产所获得的收益率小于必要收益率（即 NPV 为负），则资产价格将会被拉低，而收益率将上升到等于必要收益率（NPV 为 0）。

5. 这个市场不是弱型有效市场。

6. 是的，历史信息也是公开信息，因此弱型有效市场是半强型有效市场的一个子集。

7. 如果忽略交易成本，平均而言投资者仅能赚取到市场提供的回报。所有交易的 NPV 均为 0。如果考虑交易成本，那么投资者就会亏损掉交易成本。

8. 与赌博不同，股市是一个正和博弈，每个人都有可能盈利。并且，投机者可以向市场提供流动性，因此能促进市场效率的提高。

9. 有效市场假说仅仅认为，关于投资者信息可得性假设是逐渐加强的，且在假设条件下，资产是合理定价的。该假说的一个启示就是，平均来说，典型的市场参与者无法通过某种交易策略来赚取超额利润。但是，这并不意味着某些特定的投资者不能在某个投资期内赚取超过市场平均的收益率。在某些时期里赚取较高收益的投资者吸引了财经媒体的大量关注，而在同一时期里投资绩效不佳的投资者通常不会得到财经媒体的太多关注。

10. a. 如果不是弱型有效市场，则可以基于这则消息，跟随价格趋势进行投资并赚取利润。在（2）、（3）、（4）的情况下，这则消息已经被充分包含在当前股票价格中，因此不存在可以赚取超额收益率的机会。

    b. 在（2）的情况下，如果不是半强型有效市场，则可以基于这则消息，在市场发现公司财务报表异常之前以低价买入股票。由于（2）的有效性比（1）要强，则两种情况都意味着存在一个获利机会。在（3）和（4）的情况下，这则消息已经被充分包含在当前股票价格中，因此不存在可以赚取超额收益率的机会。

c. 在（3）的情况下，如果不是强型有效市场，则可以利用这则消息，通过观察内幕交易者的行为以发现被低估的股票或是即将到来的好消息，来赚取利润。由于（1）和（2）的有效性比（3）要弱，则三种情况都意味着存在一个获利机会。请注意，这是建立在投资者是唯一能够观察到内幕交易的个人投资者的假设之上的。如果公司管理层所做出的交易是公开信息，则将会被股票价格所包含，因此不存在获利机会。在（4）的情况下，任何管理者或内幕交易者掌握的相关消息已经被充分包含在当前股票价格中，因此不存在可以赚取超额收益率的机会。

11. 技术分析师会认为市场不是有效的。因为技术分析师考察历史股票价格，如果市场是弱型有效的，则技术分析是没有作用的。如果市场不是弱型有效的，那么在关于可得信息的其他强假设下，市场也不会是有效的。

12. 投资者情绪指数捕捉的是市场公众的投资情绪。如果投资者总体是低落的，则市场未来走势是向下的，因为投资者进行投资的可能性降低。如果投资者情绪是高涨的，则对于市场来说是一个正面信号。在技术分析中使用投资者情绪指数时，你可能会构建一个比率，如高涨/低落比（或牛/熊比）。在使用这个比率时，可以将其历史数值与当前市场进行比较，从而判断这个比率的某个数值意味着市场是向上还是向下走势的。当然，有一些所谓的反转投资者对于市场信号的解读是相反的。意思是，如果悲观投资者的数量达到某个水平，则他们认为市场会上扬。对于反转投资者而言，这些信号的含义是反转的。

13. 从表面上看，这个现象说明市场变得更有效了。从互联网获取信息的难度有所降低，这个情况使得我们得出这样的结论。从另一方面看，在这个特定的时期，大市值的成长股票是表现最好的。像标准普尔500这样的价值加权平均指数是基于此类股票而构建的，因此在这段时期里是很难获得一个高于市场指数的投资业绩的。因此，这段时期里专业投资者不佳的投资业绩只是由于不好的运气或者是不合适的比较基准造成的。

14. 假设市场是半强型有效的，市场对于股票价格可能做出了更好的估计。不过，半强型有效只能说明你不能基于公开可得信息而很容易地赚取利润。如果不能看到财务报表的信息，则市场还是可以基于公开可得信息来对股票定价，虽然这些信息是有限的。因此，对有限的公开信息进行分析并希望赚取额外的收益率还是会比较难。

15. a. Aerotech的股票价格将在正面消息宣告之后立即上涨。

    b. 只有第2种场景意味着市场是有效的。在那种情况下，股票价格立即上升到可以反映出新消息的水平，消除所有可以获得超常收益率的机会。在另外两个场景中，会存在一些投资者利用信息进行交易并获取超常收益率的时期。

16. 错误。只有当投资者拥有完美的预测能力时，股票价格才应该在创始人死亡之前就已经调整到位。创始人死亡后，12.5%的股票价格涨幅要么意味着市场未预期到他的死亡，要么意味着市场不具有完美的预测能力。但是，市场对于新消息的调整是即时的，这说明了市场的有效性。股票价格在公司宣告创始人死亡后上升，这个现象是值得关注的。这样的价格变化情况说明市场认为他对于公司来说是一个负担。

17. 这个公告不会阻止投资者购买 UPC 的股票。如果市场是半强型有效的，股票价格已经反映了 UPC 需要支付的款项的净现值。公告之后的预期收益率应该还是等于公告之前的预期收益率。公告当天股价下跌，UPC 当前的股东承担了损失。在公告之后，预期收益率回归到初始的水平。

18. 市场通常被认为是较为接近于半强型有效的。如果是这样，则不能通过在交易中使用公开可得信息而获得持续的利润。虽然是违法的，但主工程师在该装置的信息发布之前购买公司股票是能够获利的。股票价格应该会立即并充分地对日报上的这一则新消息做出调整。因此，在这则消息被公开之后购买股票，预期是不能赚取超额收益的。

19. 在半强型有效市场中，股票价格应该保持不变。会计系统的变更属于公开可得信息。投资者应该不会看到公司当前现金流量和未来现金流量的变化。因此，股票价格在利润增加的公告发布之后应该不会变化。

20. 因为订阅者数量大幅上升，因此时事通讯中的消息被股价反映所需要的时间大大缩短了。考虑到调整期的缩短，很难利用 Durkin 所提供的信息来赚取超额收益率。如果 Durkin 仅仅在其时事通讯中提供公开可得信息，则其选股能力与市场有效性是不一致的。在半强型有效市场中，所有的公开可得信息都应该在股价中被反映出来。而在交易中使用私有信息又是违法的。

21. 你不应该同意你的经纪人的观点。这个关于小型企业的业绩评级已经公布出去成为公开信息。价格应该迅速地对其调整，因此未来的超常收益率不会出现。

22. 股票价格应该立即上升到应有的水平以反映出这个消息。因此，在消息宣告后，没有人可以获得超额收益。

23. a. 不能。盈余信息已经公开，并在当前的股票价格中反映出来。
    b. 可能。如果传闻已经传播开来，股票价格就已经对于可能发生的并购做出了调整。如果这个传闻是你从某个内部人员那里获得的信息，则你可以获取超常收益率，虽然说这种交易是违法的。
    c. 不能。这个信息已经是公开的，因此已经反映在股票价格中。

24. 当某个变量的当前价值与未来价值相关时就产生了序列相关。如果市场是有效的，则宏观经济变量的序列相关性以及这些变量与净利润的相关性应该已经被股票价格所反映了。换言之，即使这些变量是序列正相关的，股票收益率却并不是序列正相关的。因此，了解宏观经济变量的序列正相性并不意味着投资者能赚取超额收益。

25. 这个说法是错的。因为每个投资者的风险偏好都不同。虽然经过风险调整之后，每一个充分分散的投资组合的预期收益率都是相同的，但投资者还是需要选择那些与他们的风险偏好一致的基金。

26. 股票价格会立即下跌以反映出新的信息。在宣告日当天，股票价格会立即下跌以反映出负面信息。

27. 在有效市场上，Prospectors 的累计超常收益率（CAR）将会在发现新矿藏的公告发布时显著上升。而如果公告未发现新矿藏，则 CAR 将稍稍下降。给定的某一天宣告发现新矿藏的概率是略大于零的。如果特定的某天宣告未发现新矿藏,则价格应该略微下降,因为没有好消息。在宣告发现矿藏的那些为数不多的日子里的价格的大幅上涨应该会与其他日子里的价格小幅下降持平,因此在一段时间里 CAR 应该是持平的。

28. 行为金融试图利用投资者情绪和心理对 1987 年的股市崩盘与 20 世纪 90 年代末的互联网泡沫进行解释。投资者情绪和心理可能造成非随机的价格波动。

29. 为求出累积超常收益率,我们将三个航空公司在宣告日之前和之后的超常收益率描绘在图中。超常收益率是用某只股票某一天的收益率减去当日的市场收益率,即 $R_i - R_M$。计算出每个航空公司在宣告日之前和之后每一天的超常收益率,然后通过将每一天的超常收益率加到前一天的超常收益率中,从而计算出累积超常收益率。

距离宣告日的天数	累积超额收益率($R_i - R_M$)				平均超常收益率	累积平均超常收益率
	达美	联航	美航	总和		
−4	−0.2	−0.2	−0.2	−0.6	−0.2	−0.2
−3	0.2	−0.1	0.2	0.3	0.1	−0.1
−2	0.2	−0.2	0	0	0	−0.1
−1	0.2	0.2	−0.4	0	0	−0.1
0	3.3	0.2	0.9	0.4	1.8	1.7
1	0.2	0.1	0	0.3	0.1	1.8
2	−0.1	0	0.1	0	0	1.8
3	−0.2	0.1	−0.2	−0.3	−0.1	1.7
4	−0.1	−0.1	−0.1	−0.3	−0.1	1.6

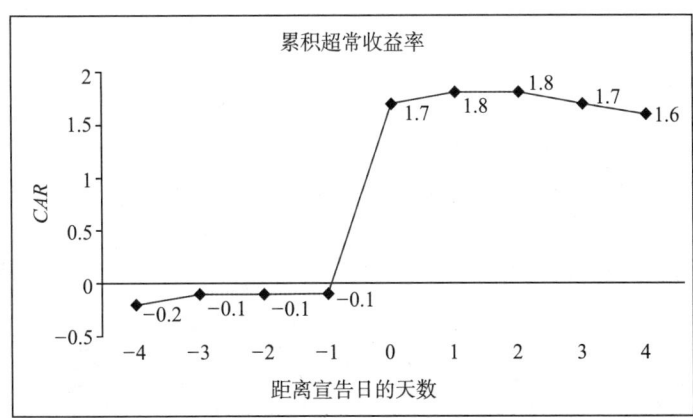

市场对于公告的反映是正面的。并且,市场仅仅在宣告当天做出反应。在事件日之前和之后,累积超常收益率较为平稳。这个情况与有效市场的状况是相符的。

30. 这幅图不支持有效市场假说。在宣告日之后,CAR 应该保持相对平稳。但在这幅图中,CAR 在第 1 个月中上升,在后续时间中才下降到相对较低的水平。这些波动与半强型有效市场是不相符的,因为当股价水平逐渐下降时,投资者可以赚取超常收益。

31. a. 支持。CAR 在事件日(T=0)保持不变。这个结果与有效市场是相符的,因为价格很快地对新信息做出了调整。在有效资本市场上,CAR 在事件日之前的下降是很有可能发生的。例如，考虑一个关于 CEO 被强行解雇的例子。当股票价格表现不好时，CEO 更有可能会被解雇，因此在解雇之前 CAR 更有可能为负。因为 CEO 的解雇是在 $T=0$ 之时宣告的，没有人可以在宣告日**之前**就使用这个信息来通过交易获利。因此，价格在事件日之前就开始下降，这与有效市场假说既不是一致的也不是不一致的。

b. 拒绝。因为 CAR 在事件日之后有所上升，因此在事件日之后买入是可以获利的。这个可能性与有效市场假说不相符。

c. 支持。CAR 在 $T=0$ 的事件日并未变化。CAR 在事件日之前上升，可能是有人利用了内幕消息在交易中获利。因此，此图与半强型有效市场假说相符。

d. 支持。图中显示，在 $T=0$ 时期宣告的信息是没有价值的。与 a 问题相似，这种情况与有效市场假说既不是一致的也不是不一致的。事件日的股价波动现象与有效市场假说既不是一致的也不是不一致的。

32. 在这个图上，CAR 在法院裁决之后还继续保持下降，使得投资者能够获得超额收益率。在平均情况下，CAR 应该保持不变，即使是在上诉程序中，因为并没有什么关于这个公司的新信息释放出来。因此这个图与有效市场假说是不一致的。

第15章

长期融资：简介

本章概要

　　长期融资的基本来源有长期负债、优先股和普通股。本章着重介绍各种融资方式的基本特征。
1. 普通股股东享有：
   - 公司的剩余风险和收益；
   - 投票表决权；
   - 股利支出不能体现为费用支出，而且公司并不会因为不支付股利而被强制破产。
2. 长期负债涉及债务契约中规定的法律义务。负债的种类很多，但是它们最基本的特征是，都涉及必须偿付固定金额。对债务的利息支付被视作一项经营费用，可以税前抵扣。
3. 优先股既具有负债的一些特征，也具有普通股的某些特点。与普通股持有人相比，优先股股东在公司破产清算以及股利支付方面具有优先权。

4. 公司需要融通资金以满足自身的资本支出、营运资本和其他长期资金的使用需求。融通的资金中大部分来自公司内部产生的现金流。

5. 在过去的很多年里，美国公司撤回大量的权益资本。这些权益资本的回购是通过举借新债融集资金来实现的。

思考与练习

1. **累积投票制** 你持股的一家上市公司正在举行董事会选举。该公司共有 17 400 股在外流通的股票。如果选举使用的是累积投票制，而你拥有 300 股股票，你还需要购买多少股股票才能确保拥有一个董事会席位？

2. **财务杠杆** Frusciante 公司拥有 290 000 份债券在流通。该债券面值为 1 000 美元，每半年支付利息，票面利率为 7%，到期期限为 8 年。该债券的当前到期收益率为 7.5%，同时这家公司还拥有在外流通的 1 000 万股股票，每股市场价格为 23 美元。请问该公司以市场价值计算的负债－权益比为多少？

3. **可赎回债券估值** New Business Ventures 公司拥有在外流通的可在一年内赎回的永久债券，票面利率为 10%。该债券按年支付利息。赎回溢价定为高于面值的 150 美元。未来一年内的利率有 60% 的可能性为 12%，40% 的可能性为 7%。如果当前的利率为 10%，请问该债券的当前市场价格为多少？

4. **可赎回债券估值** Williams 实业公司计划通过发行永久债券融资，该债券预计票面利率为 6.5%，按年支付。一年期利率为 6.5%。下一年该利率有 35% 的可能性增长到 8%，65% 的可能性下降到 5%。

   a. 如果这些债券是不可赎回的，市场价格应该为多少？

   b. 如果该公司决定将发行的债券定为一年内可赎回，债权人购买以票面价值出售的债券将要求多少的票面利率？假设当利率下降时债券将被赎回，而赎回溢价等于年票息额。

   c. 提前赎回条款对于该公司的价值是多少？

参考答案

1. 如果公司使用的是累积投票制，则将一次性选出全部董事。为了保证当选，你将需要的股票数为 $1/(N+1)$% 股份，其中 N 代表竞选的席位数。因此，你需要的股票份额百分比是：

$$\text{需要的股份百分比} = \frac{1}{(N+1)} = \frac{1}{(3+1)} = 0.25, \text{ 或 } 25\%$$

因此，你需要购买的股份是：

$$\text{需要购买的股份} = (17\ 400 \times 0.25) + 1 = 4\ 351$$

因此，你还需要额外购买的股份是：

$$\text{需要购买的新股份} = 4\ 351 - 300 = 4\ 051$$

2. 为求出公司债券的价格，我们需要求出债券现金流的现值。因此，债券的价格为：
$$P = 35 \times PVIFA_{3.75\%,16} + 1\ 000 \times PVIF_{3.75\%,16} = 970.32\ (美元)$$
因此，债务的市场价值是：
$$债务的市场价值 = 290\ 000 \times 970.32 = 281\ 394\ 130\ (美元)$$
权益的市场价值是：
$$权益的市场价值 = 23 \times 10\ 000\ 000 = 230\ 000\ 000\ (美元)$$
因此，负债 – 权益比为：
$$负债 - 权益比 = \frac{债务的市场价值}{权益的市场价值} = \frac{281\ 394\ 130}{230\ 000\ 000} = 1.22\ 倍$$

3. 今天的债券价格是一年之后预期价格的现值。当债券的价格高于赎回价格 1 150 美元时，债券将随时被赎回。首先，我们需要求出一年之后的预期价格。如果下一年的利率上升，债券的价格将是永续利息流量的现值，即
$$P_1 = \frac{100}{0.12} = 833.33\ (美元)$$

这比赎回价格低，因此债券不会被赎回。如果利率在下一年降低，则债券的价格为：
$$P_1 = \frac{100}{0.07} = 1\ 428.57\ (美元)$$

这比赎回价格高，因此债券会被赎回。一年之后债券的预期价格在今天的现值，加上一年之后票面利息的现值，为：
$$P_0 = \frac{(0.60 \times 833.33 + 0.40 \times 1\ 150)}{1.10} + \frac{100}{1.10} = 963.64\ (美元)$$

4. a. 今天的债券价格是一年之后预期价格的现值。因此，一年之后，如果利率上升，预期价格将会是：
$$P_1 = 65 + \frac{65}{0.08} = 877.50\ (美元)$$

如果利率下降，则一年之后债券的价格将是：
$$P_1 = 65 + \frac{65}{0.05} = 1\ 365.00\ (美元)$$

现在，我们可以求出债券今天的价格为：
$$P_0 = \frac{(0.35 \times 877.50 + 0.65 \times 1\ 365.00)}{1.065} = 1\ 121.48\ (美元)$$

b. 如果利率上升，债券的价格会下降。如果债券的价格比较低，公司不会对其赎回。因为如果公司支付赎回价格去买一个不值这个价格的东西，是不明智的。在这种情况下，债券持有者将会收到票面利息 C，加上剩余款项的现值。因此，如果利率上升，则一年后的债券价格将会是：

$$P_1 = C + \frac{C}{0.08}$$

如果利率下降,那么按照假设,债券将会被赎回。在这种情况下,债券持有者将会收到等于赎回价格的款项,外加票面利息。赎回溢价不是固定的,但赎回溢价等于票面利率。因此,如果利率下降,则一年后的债券价格将会是:

$$P_1 = (1\,000 + C) + C = 1\,000 + 2C$$

今天债券的价格就是债券持有者预期将获得的现金流的现值。为求出票面利率,我们可以令发行价格等于预期年末将获得的现金流的现值,并求解 C。由此,我们得到:

$$P_0 = 1\,000 = \frac{\left[0.35 \times \left(C + \frac{C}{0.08}\right) + 0.65 \times (1\,000 + 2C)\right]}{1.065}$$

$$C = 68.88 \text{(美元)}$$

因此使得债券的销售价格等于面值的票面利率为:

$$\text{票面利率} = \frac{68.88}{1\,000} = 0.068\,9,\text{ 或 } 6.89\%$$

c. 对公司而言,赎回条款的价值就是流通中的不可赎回的债券的价值与可赎回的债券的价值之差。由此,具有相同票面利率的不可赎回的债券的价值为:

$$\text{不可赎回的债券价值} = \frac{68.88}{0.05} = 1\,377.59 \text{(美元)}$$

因此赎回条款的价值为:

$$\text{价值} = 0.65 \times \frac{(1\,377.59 - 1\,068.88)}{1.065} = 188.42 \text{(美元)}$$

第 16 章

资本结构：基本概念

本章概要

1. 本章首先论证了使公司价值最大化的资本结构也同样会给股东提供最大利益。
2. 在不存在税收的世界中，著名的 MM 命题 I 证明了负债-权益比不影响公司的价值。换言之，在那样的世界中公司的资本结构无关紧要。作者通过证明自制财务杠杆能抵消高或低的负债-权益比来获得他们的结论。这个结论的关键之处在于，假设个人能以与公司相同的利率借债。我们认为这个假设相当合理。
3. 在没有税收的世界中，MM 命题 II 表述如下：

$$R_S = R_0 + \frac{B}{S}(R_0 - R_B)$$

该等式暗示了权益的预期收益率（也称权益成本或权益的预期报酬率）与公司的财务杠杆正相关。这在直觉上是合理的，因为权益的风险随财务杠杆而增大。

4. 虽然 MM 的上述研究成果相当雄辩有力，但它并未很好地解释在资本结构方面的实证研究结果。MM 暗示资本结构决策无关紧要，但在现实的世界中，该决策则显得重要。为获得其在现实世界的适用性，我们随后考虑公司税。

5. 在有公司税但无破产成本的世界中，公司价值是财务杠杆的增函数，公司价值的公式是：

$$V_L = V_U + t_C B$$

杠杆权益的预期收益率可表示为：

$$R_S = R_0 + (1 - t_C) \times (R_0 - R_B) \times \frac{B}{S}$$

在此处，价值与财务杠杆正相关。这个结论暗示了公司应采用几乎全部由债务构成的资本结构。

思考与练习

1. **EBIT、税和杠杆** Music City 股份有限公司是一家无负债的公司，其总市值为 295 000 美元。在经济环境正常的情况下，息税前利润（EBIT）预计为 23 000 美元。如果在经济扩张的情况下，EBIT 可增加 25%。如果经济衰退，EBIT 则会降低 40%。公司正考虑发行 88 500 美元、利率为 8% 的债务。这些钱将用于回购股票。目前发行在外的股份数为 5 000 股。公司税率为 35%。

   a. 计算发行债务前，公司在 3 种经济环境下的每股收益，并且计算当经济出现扩张或衰退时，公司每股收益的变动百分比。

   b. 在假设公司已经进行了资本重组的情况下（即已发行了债务进行股票的回购）重新考虑 a 问题，可以得到什么样的答案？

2. **盈亏平衡点 EBIT 与杠杆** Kolby 股份有限公司正在比较两种不同的资本结构。计划 I 是发行 1 300 股股票和负债 80 640 美元。计划 II 是发行 2 900 股股票和负债 19 200 美元。负债的利率为 10%。

   a. 公司在全权益的情况下，将在外发行 3 400 股股票。假设公司的 EBIT 将为 10 500 美元，在不考虑税收的情况下，比较在全权益、计划 I 和计划 II 这 3 种情况下，公司的每股收益情况。哪一种情况最高？哪一种情况最低？

   b. 按 a 问题的假设，与公司采用全权益的情况相比，这两种计划的盈亏平衡点 EBIT 分别是多少？是否其中一个大于另一个，为什么？

   c. 不考虑税收影响，在什么情况下，公司采用计划 I 的每股收益与采用计划 II 的每股收益一样？

   d. 在税率为 40% 的情况下，重新考虑问题 a、b、c。此时公司的盈亏平衡点 EBIT 是否与前面有所不同？为什么？

3. **MM** Scarlett 股份有限公司不使用债务，其加权平均资本成本为 8.4%。如果目前公司权益的市场价值为 4 300 万美元，在无税情况下，公司的 *EBIT* 应该是多少？
4. **MM 和税** Bruce 股份有限公司希望它的 *EBIT* 未来能够永远为每年 145 000 美元。该公司的贷款利率为 8%，并且当前该公司并无负债，权益成本为 14%。如果税率为 35%，该公司价值应为多少？如果该公司负债 135 000 美元，并且使用这笔资金回购股票，价值为多少？

参考答案

1. a. 下表列出了 3 种可能的经济状况下的利润情况。每股价格为 59 美元，有 5 000 股流通在外。最后一行报告的是衰退期或扩张期公司 *EPS* 的变化百分比。

	衰退期	正常期	扩张期
息税前利润（美元）	13 800	23 000	28 750
利息（美元）	0	0	0
税（美元）	4 830	8 050	10 063
净利润（美元）	8 970	14 950	18 688
EPS（美元）	1.79	2.99	3.74
%Δ*EPS*	−40	—	+25

b. 如果公司进行计划中的资本结构调整，则公司将会回购：

$$股票价格 = \frac{市场价值}{流通中的股票数} = \frac{295\,000}{5\,000} = 59（美元）$$

$$回购的股票数 = \frac{发行的债务}{股票价格} = \frac{88\,500}{59} = 1\,500$$

三种状况下的年度利息支出为：

$$利息支出 = 88\,500 \times 0.08 = 7\,080（美元）$$

最后一行报告了衰退期或扩张期公司在计划的资本调整下 *EPS* 的变化百分比。

	衰退期	正常期	扩张期
息税前利润（美元）	13 800	23 000	28 750
利息（美元）	7 080	7 080	7 080
税（美元）	2 352	5 572	7 585
净利润（美元）	4 368	10 348	14 086
EPS（美元）	1.25	2.96	4.02
%Δ*EPS*	−57.79	—	+36.12

2. a. 每种资本结构计划下的利润表如下所示：

（单位：美元）

	计划 I	计划 II	全权益
EBIT	10 500	10 500	10 500
利息	8 064	1 920	0
净利润	2 436	8 580	10 500
EPS	1.87	2.96	3.09

全权益的计划具有最高的 EPS，计划 I 具有最低的 EPS。

b. 盈亏平衡的 EBIT 就是使得不同的资本结构计划产生的 EPS 相同时的 EBIT。EPS 的计算如下：

$$EPS = \frac{(EBIT - R_B B)}{\text{流通中的股票数}}$$

这个等式算出利息支付额 $R_B B$，并从 EBIT 中减去 $R_B B$，然后得到了净利润。由净利润除以流通中的股票数，得到了 EPS。对于全权益公司的资本结构而言，支付的利息是 0。为求出两种不同资本结构下的盈亏平衡 EBIT，我们设定两个等式的结果相同，并求解 EBIT。全权益计划和计划 I 的盈亏平衡点是：

$$\frac{EBIT}{3\ 400} = \frac{(EBIT - 0.10 \times 80\ 640)}{1\ 300}$$

$$EBIT = 13\ 056\ （\text{美元}）$$

全权益资本结构计划和计划 II 的盈亏平衡点是：

$$\frac{EBIT}{3\ 400} = \frac{(EBIT - 0.10 \times 19\ 200)}{2\ 900}$$

$$EBIT = 13\ 056\ （\text{美元}）$$

基于 M&M 命题 I，盈亏平衡的 EBIT 是相同的。

c. 设定计划 I 和计划 II 的 EPS 等式相等，求解 EBIT，我们得到：

$$\frac{(EBIT - 0.10 \times 80\ 640)}{1\ 300} = \frac{(EBIT - 0.10 \times 19\ 200)}{2\ 900}$$

$$EBIT = 13\ 056\ （\text{美元}）$$

基于 M&M 命题 I，这个盈亏平衡的 EBIT 与 b 问题相同。

d. 存在公司所得税时，每一种资本结构计划下的利润表是：

（单位：美元）

	计划 I	计划 II	全权益
EBIT	10 500	10 500	10 500
利息	8 064	1 920	0
税	974	3 432	4 200
净利润	1 462	5 148	6 300
EPS	1.12	1.78	1.85

全权益计划的 EPS 是最高的，计划 I 的 EPS 是最低的。

我们可以计算 EPS 如下：

$$EPS = \frac{[(EBIT - R_B D)(1 - t_C)]}{\text{流通中的股票数}}$$

这与我们之前使用的等式相似，但此处我们还需要考虑税费。并且，全权益计划的资本结构中的利息项为 0。因此，全权益计划和计划 I 的盈亏平衡点 EBIT 是：

$$\frac{EBIT(1-0.40)}{3\,400} = \frac{(EBIT - 0.10 \times 80\,640) \times (1-0.40)}{1\,300}$$

$$EBIT = 13\,056\,(美元)$$

全权益计划和计划 II 的盈亏平衡点是：

$$\frac{EBIT(1-0.40)}{3\,400} = \frac{(EBIT - 0.10 \times 19\,200) \times (1-0.40)}{2\,900}$$

$$EBIT = 13\,056\,(美元)$$

计划 I 和计划 II 的盈亏平衡点是：

$$\frac{(EBIT - 0.10 \times 80\,640)(1-0.40)}{1\,300} = \frac{(EBIT - 0.10 \times 19\,200)(1-0.40)}{2\,900}$$

$$EBIT = 13\,056\,(美元)$$

盈亏平衡的 EBIT 没有变化，因为税费的产生使得三个计划的收益都下降同样的百分比，因此它们之间的相对状况没有发生变化。

3. 在无税的情况下，无杠杆公司的价值等于息税前利润除以无杠杆的权益资本成本，因此：

$$V = \frac{EBIT}{WACC}$$

$$43\,000\,000 = \frac{EBIT}{0.084}$$

$$EBIT = 0.084 \times 43\,000\,000 = 3\,612\,000\,(美元)$$

4. a. 无杠杆公司的价值是：

$$V = \frac{EBIT(1-t_C)}{R_0} = \frac{145\,000 \times (1-0.35)}{0.14} = 673\,214.29\,(美元)$$

b. 杠杆公司的价值是

$$V = V_U + t_C B = 673\,214.29 + 0.35 \times 135\,000 = 720\,464.29\,(美元)$$

第17章

资本结构：债务运用的限制

本章概要

1. 根据理论，公司需要缴纳公司所得税时，应该采用百分之百债务的资本结构。由于在现实世界中，公司一般适度负债经营，该理论必定遗漏了影响资本结构的某些重要方面。有时财务困境成本可能导致公司限制其债务的发行。这些成本有两种类型：直接的和间接的。破产过程中的律师和会计师费用是直接成本的例子，还有间接成本的4个例子。
   - 经营业务能力的受损；
   - 投资高风险项目的动机；
   - 投资不足的动机；
   - 在破产之前将资金分配给股东。

2. 由于财务困境成本确实存在，而且股东最终承担了该成本，因此公司有动机来降低这些成本。保护性条款和债务合并是两种普遍使用的减少财务困境成本的方法。

3. 由于财务困境成本可以被减少但不能被消除，公司不会全部用债务融资。教材中图17-1 阐明了公司价值和债务之间的关系。在图中，公司选择使其价值最大化的负债–权益比。

4. 信号理论认为盈利能力较强的公司似乎会增加它们的负债，这是因为支付额外的利息可以抵减其许多税前收益。理性的投资者会从一个较高的负债水平中推断该公司有较高的价值，即投资者把负债当成公司价值的一个信号。

5. 与拥有大部分权益的公司管理者相比，只拥有一小部分权益的管理者被认为会工作得较少，维持较多的无效支出与接受更多 NPV 为负的项目。由于发行新的权益会稀释管理者在公司中可分享的利润比例，当一家公司的成长是依靠发行新权益而不是新债务时，这种代理成本似乎会增加。

6. 优序融资理论暗示了管理者偏好内部融资胜于外部融资，如果需要外部融资，管理者倾向于选择最安全的证券，比如债务。公司可以积累闲置财务资源，以避免外部融资。

7. 如果股东分红的有效税率低于利息，那么公司层面负债所带来的有关税的优势就会被部分抵消掉。

8. 不同行业间的负债–权益比不同，我们列举了目标负债–权益比的 3 个决定因素。
   a. 税收。具有高应税收入的公司应比低应税收入的公司更依赖于债务融资。
   b. 资产的类型。拥有高比例无形资产（如研究和开发）的公司应该持有低负债；主要拥有有形资产的公司应该持有较高负债。
   c. 经营收入的不确定性。经营收入具有显著不确定性的公司应该主要依赖权益。

思考与练习

1. **非市场性索取权** Dream 公司在外发行面值为 500 万美元的债务。公司如果完全用权益进行融资的话，其市场价值为 1 865 万美元。公司目前发行在外的股票数共有 360 000 股，价格为每股 41 美元。公司所得税率为 35%。由于预期破产成本，导致公司价值下降多少？

2. **财务困境** Good Time 公司是一个地方性的百货连锁商店，其准备继续营业 1 年。明年经济繁荣的可能性为 60%，衰退的可能性为 40%。其估计，在经济繁荣时，其可获取 1.48 亿美元的现金流；在经济衰退时，其可获取 0.61 亿美元的现金流。年末，公司必须支付债务 0.88 亿美元。目前，公司发行在外的债券市值为 0.67 亿美元。公司不用支付税款。
   a. 债券持有人在经济衰退的情况下，预期可以得到多少支付？
   b. 公司债券的承诺收益是多少？
   c. 公司债券的预期收益是多少？

参考答案

1. 根据有税的 M&M 命题 I，有杠杆公司的价值是：

$$V_L = V_U + t_C B = 18\,650\,000 + 0.35 \times 5\,000\,000 = 20\,400\,000 \text{（美元）}$$

我们也可以通过将公司债务和权益的市场价值相加，来求出公司的市场价值。根据这个方法，公司的市场价值总额为：

$$V = B + S = 5\,000\,000 + 360\,000 \times 41 = 19\,760\,000 \text{（美元）}$$

当不存在非市场性索取权（例如破产成本）的时候，我们预期这两个价值是相同的。若有差额，则差额应该就是非市场性索取权的价值，为：

$$V_T = V_M + V_N$$
$$19\,760\,000 = 20\,400\,000 - V_N$$
$$V_N = 640\,000 \text{（美元）}$$

2. a. 债券持有人预期将得到的支付额就是债券的票面价值或者公司的价值这两者中较低的一个。衰退期公司的价值为 61 000 000 美元，而要求的债务支付额是 88 000 000 美元，因此债券持有人将收到这两个金额之中较低的那一个，即 61 000 000 美元。

   b. 债务的承诺收益率为：

   $$\text{承诺收益率} = \frac{\text{债务的票面价值}}{\text{债务的市场价值}} - 1 = \frac{88\,000\,000}{67\,000\,000} - 1 = 0.313\,4，\text{或 } 31.34\%$$

   c. 在 a 问题中，我们算出，债券持有者将在衰退期收到 61 000 000 美元。债券持有者将在繁荣期收到承诺的全部 88 000 000 美元，因为公司的市场价值大于付款额。因此债务的预期价值为：

   $$\text{债券持有者预期将收到的金额} = 0.60 \times 88\,000\,000 + 0.40 \times 61\,000\,000$$
   $$= 77\,200\,000 \text{（美元）}$$

   因此，债务的预期收益率为：

   $$\text{预期收益率} = \frac{\text{债务的预期价值}}{\text{债务的市场价值}} - 1 = \frac{77\,200\,000}{67\,000\,000} - 1 = 0.152\,2，\text{或 } 15.22\%$$

第 18 章 杠杆企业的估值与资本预算

本章概要

教材在前面章节里讨论了如何计算全权益企业的项目净现值，然后又说明了税收和破产成本会改变企业的融资决策，理性的公司应当善于运用债务。由于与负债有关的收益与成本的存在，有杠杆企业与无杠杆企业在资本预算决策上有所不同。本章讨论了有杠杆企业的三种资本预算方法：调整净现值（APV）法、权益现金流量（FTE）法和加权平均资本成本（WACC）法。

思考与练习

1. **APV** Gemini 公司是一个全权益公司，其正在考虑一个 140 万美元的投资，这个投资额将在 4 年内按直线折旧法进行折旧。该项目预期在这 4 年，每年可以产生税与折旧前收益 502 000 美元。该投资并不会增加公司的风险水平。公司可以从当地的银行获得一个 4 年期的、利率为 9.5% 的贷款来为该项目融资。所有的本金将在第 4 年年末一次性偿还。银行会索取债券发放成本 45 000 美元，这可以在 4 年内分期支付。如果公司全部依靠权益为该项目融资，那么该公司的资本成本将是 13%。公司税率为 30%。请使用调整净现值法来决定公司是否应该承担此项目。

2. **贷款的 NPV** Daniel Kaffe 是 Kendrick Enterprises 公司的 CFO，他正在评估一个 10 年期的、利率为 7.5% 的贷款，其总额为 4 450 000 美元。贷款的利息每年支付。发行费用为总贷款额的 2.5%，其将在贷款的 10 期内分期等额偿还。公司税率是 40%，该贷款不会增加公司的财务风险。
    a. 计算在扣除发行费用后贷款的净现值。
    b. 计算在包括发行费用的情况下贷款的净现值。

3. **APV** Triad 公司与 Tobacco Road Construction 公司成立了一家合资企业，在美国北卡罗来纳州建一条可对行人收取通行费的道路。铺路设备的初始投资是 9 300 万美元。该设备的全部支出可在其 5 年的生命周期内按直线折旧法进行折旧。从第 1 年年末起 20 年内，预计每年所收取的通行费可以带来息税和折旧前盈余 1 290 万美元。公司税率是 35%。在全权益的情况下，项目的必要报酬率是 13%。该企业债券的税前成本是 8.5%。为了鼓励对国家基础设施的建设，美国政府将为该项目提供补贴，其将为该项目提供 3 000 万美元的 15 年期、每年利率为 5% 的贷款。所有的本金将在第 15 年年末一次性支付。该项目的调整净现值是多少？

4. **WACC** Neon 公司的股票回报率和市场组合的回报率之间的协方差为 0.041 5。市场组合回报率的标准差为 20%，而风险溢价为 7.5%。该公司在外发行有价值 4 500 万美元的债券，到期收益率为 6.5%。同时该公司还有流通股 4 200 万股，每股价格为 30 美元。该公司的 CEO 认为公司当前的负债－权益比是最优的。公司税率为 35%，短期国库券收益率为 3.4%。公司正在考虑购入价值为 4 700 万美元的额外设备。无杠杆情况下在未来 5 年期间，这些额外设备能够带来的现金流为 1 350 万美元／年。购买该设备不会增加公司的财务风险。
    a. 请使用加权平均资本成本法决定 Neon 公司是否应该购买该设备。
    b. 假设该公司决定全部用债务来融资购买该设备，那么该计划的资本成本应该为多少？为什么？

参考答案

1. 一个项目的调整净现值等于项目的净现值（若完全通过权益融资）再加上可能存在的融资副效应的净现值。在这种情况下，NPV 等于公司债务产生的现金流量的税后现值。

$$APV = NPV(全权益) + NPV(融资副效应)$$

因此，APV 等式中每个部分的 NPV 是：

NPV（全权益）

$$NPV = -购买价格 + PV[(1 - t_C)(扣除折旧和税之前的利润)] + PV(折旧税盾)$$

因为初始投资 140 万美元将会在 4 年中基于直线折旧法被完全折旧，则每一年的折旧费用是：

$$折旧 = \frac{1\,400\,000}{4} = 350\,000（美元）$$

$$NPV = -1\,400\,000 + (1-0.30) \times 502\,000 \times PVIFA_{13\%,4} + 0.30 \times 350\,000 \times PVIFA_{9.5\%,4}$$

NPV（全权益）$= -18\,300.26$（美元）

NPV（融资副效应）

净现值等于公司债务产生的现金流量的税后现值。因此，融资副效应的 NPV 为：

$NPV = $ 筹集资金（扣除发行费用）$-$ 税后 PV(利息额) $-$ 税后 PV(本金额) $+ PV$(发行成本的税盾)

基于一个给定水平的债务，债务现金流量应该按照税前的债务资本成本 R_B 进行折现。由于发行成本将在贷款期内被摊销，则每一年被费用化的发行成本将为：

$$年度发行费用 = \frac{45\,000}{4} = 11\,250（美元）$$

$$NPV = (1\,400\,000 - 45\,000) - (1-0.30) \times 0.095 \times 1\,400\,000 \times PVIFA_{9.5\%,4}$$
$$- \frac{1\,400\,000}{1.095^4} + 0.30 \times 11\,250 \times PVIFA_{9.5\%,4}$$
$$= 93\,673.92（美元）$$

因此，项目的 APV 为：

$APV = NPV$（全权益）$+ NPV$（融资副效应）$= -18\,300.26 + 93\,673.92 = 75\,373.66$（美元）

2. a. 如果不考虑发行成本，则一项贷款的净现值为：

$NPV_{贷款} = $ 资金筹集总额 $-$ 利息和本金支付额的税后现值

$$= 4\,450\,000 - 0.075 \times 4\,450\,000 \times (1-0.40) PVIFA_{7.5\%,10} - \frac{4\,450\,000}{1.075^{10}}$$
$$= 916\,354.81（美元）$$

b. 贷款的发行成本为：

$$发行成本 = 4\,450\,000 \times 0.025 = 111\,250（美元）$$

因此，每年的发行费用为：

$$每年的发行费用 = \frac{111\,250}{10} = 11\,125（美元）$$

如果考虑发行成本，则一项贷款的净现值为：

$NPV_{贷款} = $ 扣除发行成本的资金筹集额 $-$ 利息和本金支付额的税后现值 $+$ 发行成本税盾的现值

$$= (4\,450\,000 - 111\,250) - 0.075 \times 4\,450\,000 \times (1-0.40) \times PVIFA_{7.5\%,10}$$
$$- \frac{4\,450\,000}{1.075^{10}} + 11\,125 \times 0.40 \times PVIFA_{7.5\%,10}$$
$$= 835\,649.97（美元）$$

3. 一个项目的调整净现值等于项目的净现值（全权益融资情况下）再加上可能存在的融资副效应的净现值。在合资企业的情况下，融资副效应的 NPV 等于公司债务产生的现金流量的税后现值。因此调整净现值为：

$$APV = NPV(\text{全权益}) + NPV(\text{融资副效应})$$

全权益公司的净现值是：

NPV（全权益）

$$NPV = -\text{初始投资} + PV[(1-t_C)(\text{扣除折旧、利息和税之前的利润})] + PV(\text{折旧利息税盾})$$

因为初始投资将会在 5 年内基于直线折旧法被完全折旧，则每一年的折旧费用是：

$$\text{年度折旧费用} = \frac{93\,000\,000}{5} = 18\,600\,000\,(\text{美元})$$

$$NPV = -93\,000\,000 + (1-0.35) \times 12\,900\,000 \times PVIFA_{13\%,20} + 0.35 \times 18\,600\,000 \times PVIFA_{8.5\%,5} = -8\,443\,878.08\,(\text{美元})$$

NPV（融资副效应）

融资副效应的净现值等于公司债务产生的现金流量的税后现值。债务的票面利率被用来确定利息支付额，但是产生的现金流量还是按照债务的税前资本成本进行折现。因此，融资副效应的 NPV 为：

$$NPV = \text{筹集资金} - \text{税后} PV(\text{利息}) - PV(\text{本金额})$$

$$= 30\,000\,000 - (1-0.35) \times 0.05 \times 30\,000\,000 \times PVIFA_{8.5\%,15} - \frac{30\,000\,000}{1.085^{15}}$$

$$= 13\,079\,172.61\,(\text{美元})$$

因此项目的 APV 为：

$$APV = NPV(\text{全权益}) + NPV(\text{融资副效应}) = -8\,443\,878.08 + 13\,079\,172.61$$
$$= 4\,635\,294.52\,(\text{美元})$$

4. a. 为计算项目的 NPV，我们需要求出公司的加权平均资本成本（$WACC$）。在有公司所得税的世界里，公司的加权平均资本成本为：

$$R_{WACC} = \left[\frac{B}{(B+S)}\right](1-t_C)R_B + \left[\frac{S}{(B+S)}\right]R_S$$

公司权益的账面价值为：

$$\text{权益的账面价值} = 4\,200\,000 \times 30 = 126\,000\,000\,(\text{美元})$$

因此，负债 – 价值比和权益 – 价值比分别为：

$$\frac{\text{负债}}{\text{价值}} = \frac{45\,000\,000}{(45\,000\,000 + 126\,000\,000)} = 0.263\,2$$

$$\frac{\text{权益}}{\text{价值}} = \frac{126\,000\,000}{(45\,000\,000 + 126\,000\,000)} = 0.736\,8$$

因为 CEO 认为目前的资本结构是最优的，在计算加权平均资本成本时，这些值可被用来作为目标权重。公司债务的到期收益率就是债务的税前资本成本。为求出公司的权益资本成本，我们需要算出股票的贝塔系数。股票的贝塔系数计算如下：

$$\beta = \frac{\sigma_{S,M}}{\sigma_M^2} = \frac{0.041\ 5}{0.20^2} = 1.04$$

现在我们可以使用资本资产定价模型来计算权益资本成本。资本资产定价模型为：

$$R_S = R_F + \beta(R_M - R_F) = 3.4\% + 1.04 \times 7.50\% = 11.18\%$$

现在，我们可以计算公司的加权平均资本，为：

$$R_{WACC} = \left[\frac{B}{(B+S)}\right](1-t_C)R_B + \left[\frac{S}{(B+S)}\right]R_S$$

$$= 0.263\ 2 \times (1-0.35) \times 0.065 + 0.736\ 8 \times 0.111\ 8$$

$$= 0.093\ 5, \text{ 或 } 9.35\%$$

最后，我们可以使用 WACC 来对无杠杆的现金流量进行折现，从而得到 NPV：

$$NPV = -47\ 000\ 000 + 13\ 500\ 000 \times PVIFA_{9.35\%,5} = 5\ 035\ 988.82\ (\text{美元})$$

b. 如果公司决定完全使用债务来为项目提供融资，那么 a 问题使用的加权平均资本成本不会改变。加权平均资本成本是基于最优资本结构计算的。由于当前的资本结构是最优的，目前完全使用债务来为项目提供融资，则意味着公司在未来可以使用更多的权益融资来将使其资本结构达到目标水平。

CHAPTER 19

第19章

股利政策和其他支付政策

本章概要

1. 因为股东可以有效地抵消公司的股利策略,因此在完美资本市场上,股利政策是无关的。如果股东收到的股利多于他所期望的,可以将这部分多余现金再投资;相反,如果股东收到的股利少于他所期望的,他又可卖出多余的股票。这就是MM理论,与之前介绍的自制杠杆的概念很相似。
2. 在完美资本市场上,股东对股利和股票回购无所谓偏好。
3. 在美国股利是要征税的,因此公司不应该通过发行股票来发放股利。
4. 同样因为税收,公司有动机削减股利。例如,它们可能增加资本支出,收购其他公司或购买金融资产。然而,出于财务方面的考虑和法律上的限制,持有大量现金的理性的公司会详细论证这些项目,将现金用于发放股利。
5. 在有个人所得税的世界里,用股票回购代替发放股利较好。
6. 不管怎样,即使存在个人所得税,以下关于股利的判断依然成立:

a. 持有无股利股票的股东卖出股票用于当期消费时会产生交易成本。
b. 行为金融认为缺乏自我控制的投资者可以通过购买高股利的股票，以便既遵守"不侵蚀本金"原则又满足当期消费需要。
c. 作为股东代表的管理层可以通过发放股利而不让现金留给债权人，作为股东代表的董事会，通过股利可以减少经营者挥霍的现金。
7. 股利增加（或首次发利），股票市场反应为股价上升；股利减少，股价下跌。这说明发放股利具有信息内涵。
8. 高（低）股利公司是为了满足偏爱股利（资本利得）的投资者的需求。由于客户效应的存在，很显然公司不能通过改变股利政策来创造价值。

思考与练习

1. **股利政策无关论** 股利是如此重要，但与此同时股利政策与公司价值或股票价格无关，这可能吗？
2. **股票回购** 股票回购对公司负债比率有何影响？它是剩余现金的另一个用途吗？
3. **股利政策** 有时，人们建议公司应该采取剩余股利政策。剩余股利政策要求公司首先重视满足投资需要和保持理想的资产负债比率，而后以其剩余盈余来发放股利。你认为剩余股利政策的主要缺点是什么？
4. **股利大事记** 12月8日（星期二），Hometown电力公司董事会宣布，将在1月17日（星期三）发放给在1月3日（星期三）登记在册的股东75美分/股的股利。请问：除息日是哪一天？如果股东在这一天之前购买股票，买方和卖方谁会得到这些股利？
5. **其他股利** 就像一家英国公司允许其大股东免费使用火葬场一样，有些公司会发放"慈善股利"（dividend in kind，即以低于市价的价格向股东提供服务）。请问：共同基金是否应该投资于这种发放类似股利的股票？（说明：基金持有人并不会得到这种服务。）
6. **股利与股票价格** 如果提高股利会引起股价的（立即）上涨，那怎么能认为股利政策无关呢？
7. **股利与股票价格** 上个月，Central Virginia电力公司一家正在兴建的核电厂面临成本超支困境，之后公司宣布："由于投资项目的现金流短缺，公司将暂时延缓股利支付。"当这项宣告公布时，公司的股票价格从28.50美元下跌到25美元。对股票价格的如此变动，你是如何解释的？（也就是，你认为是什么因素引起了股票价格的如此变动？）
8. **股利再投资计划** DRK公司最近提出了一项股利再投资计划（DRIP）。这项计划允许投资者自动地将现金股利再投资到DRK公司，以换取新的股份。DRK公司的投资者随时可以把股利再用于购买公司的额外股份。

   1 000多家公司提出了DRIP。大部分采取DRIP的公司都不需要支付经纪费或服务费。事实上，DRK公司股票通常以低于股票市价10%的折扣价格出售。

   DRK公司的一位顾问估计，大约75%的DRK公司股东将参与这项计划。这略高于平均水平。

   请评价DRK公司的股利再投资计划。它会增加股东的财富吗？讨论其优点和缺点。

9. **股利政策** 就首次公开发行（IPO）普通股的公司而言，2007 年是相对不景气的一年，该年 IPO 筹资金额大约只有 356 亿美元。在这 159 家公司当中，只有少数公司发放了现金股利。你认为为什么大部分公司选择不发放现金股利呢？

10. **投资与股利** Phew Charitable Trust 公司的资本利得、股利收入和利息收入都不需要纳税。如果它的投资组合里有低股利和高增长股票，合理吗？如果它的投资组合里有市政债券，合理吗？请解释。

请根据下面的信息回答接下来的两个问题。

　　历史上，美国税法规定，按普通收入税率对投资者的股利收入进行征税。这样，投资者的股利收入将以其边际税率进行纳税，使得 2002 年的股利税率竟高达 38.6%。资本利得按资本利得税率征税，这就使得对于大多数投资者来说，他们的资本利得税率是相同的，并且该税率常年波动。2002 年，资本利得税率达到了 20%。为了刺激经济，乔治·W. 布什总统主持召开了税法修正会，对税法进行了大修订，包括对股利和资本利得的税率的修订。新的税收计划在 2003 年实施，对高税收等级的投资者，其股利和资本利得的税率均为 15%；对低税收等级的投资者，其股利和资本利得的税率为 5%；该税率一直持续到 2007 年，到 2008 年则下降为 0。

11. **除息股票价格** 你认为税收政策变化是如何影响除息股票价格的？

12. **股票回购** 你认为税收政策变化是如何影响股票回购相对于股利支付的吸引力的？

13. **股利和股票价值** 永续增长模型表明每股股票的价值是其预期股利的现值。如果该模型是有效的，你如何得出股利政策无关的结论？

14. **在手之鸟论** 在手之鸟论认为，今天的股利要比明天不确定的资本利得预期更安全。该理论常被用于支持高股利政策。请解释在手之鸟论的内在谬误。

15. **股利与收入偏好** 因为投资者总能够通过销售其部分股票来创造自制股利，所以投资者喜好现期收入并不是其喜好现期高股利政策的有效解释。该说法对吗？为什么？

16. **股利与追随者** 在过去几年里，Neotech 公司的股票价格一直稳定上涨。哈德森持有该公司股票，并且预期该趋势会持续下去。哈德森正试图说服琼斯购买 Neotech 公司股票，但是她不愿意购买，原因是 Neotech 公司从来不支付股利。琼斯依靠稳定股利来维持其收入。

a. 这两个投资者的投资偏好是什么？

b. 哈德森该如何说服琼斯，使之相信购买 Neotech 公司股票符合其利益？

c. 为什么哈德森不能说服琼斯？

17. **股利和税收** 假设你的阿姨处于高税收等级，想最小化其投资组合税负。她想通过买卖股票来最大化税后收益，并因此向你征求建议。你该给她什么建议？

18. **股利与资本利得** 如果 1 美元股利和 1 美元资本利得具有相同的市场价值，那么不同股利支付率的公司将吸引不同的投资追随者。投资追随者都是相似的，因此公司不能通过改变股利政策来增加价值。然而，实证研究表明，股利支付率与公司其他特征之间具有强的相关性。例如，高速成长的小公司在其上市初期的股利支付率几乎总是为 0，所有盈利都再投资于经营业务。如果股利政策是无关的，请解释这一现象。

19. **股利无关** 尽管理论上认为股利政策是无关的,但实际上许多投资者偏好于高股利政策。因此,如果存在这种偏好,公司就可以通过提高股利支付率来提高股票价格。请解释该观点的谬误。

20. **股利和股票价格** 实证研究表明,公司首次股利发放(也就是,公司首次支付现金股利)宣告当天,股票价格将大幅上涨。据此,请问公司首次股利发放宣告具有什么信息内涵?

21. **股利和税** Lee Ann 公司宣告了 7.50 美元/股的股利。假设资本利得不纳税,但股利须纳 15% 的税。美国国税局新规定要求在发放股利时就要扣税。Lee Ann 的股票价格为 93 美元/股,而且即将除息。你认为除息日股票价格将是多少?

22. **股票股利** Hexagon 国际公司的股东权益项目如下所示。

(单位:美元)

普通股(面值为 1 美元)	40 000	留存收益	538 400
资本公积	155 000	所有者权益总和	733 400

  a. 如果 Hexagon 的股票价格为 39 美元/股,而且宣告了 10% 的股票股利,应该分配多少股新股?所有者权益项目将如何变化?
  b. 如果 Hexagon 宣告 25% 的股票股利,该权益项目将如何变化?

23. **股票拆细** 对于第 22 题中的公司而言,请说明在下列情况下所有者权益账户将如何变动:
  a. Hexagon 公司宣告进行 1-4 的股票拆细。请问公司目前发行在外的股份数为多少股?公司每股的新面值是多少?
  b. Hexagon 公司宣告进行 5-1 的反向股票拆细。请问公司目前发行在外的股份数是多少?公司每股的新面值是多少?

24. **股票拆细与股票股利** Roll 集团公司(RC)目前发行在外的股份数为 465 000 股,每股股价为 73 美元。假定不存在市场不完美因素或是税收,请问在下列情形下公司股价将变为多少?
  a. RC 进行 3-5 的股票拆细。
  b. RC 发放 15% 的股票股利。
  c. RC 发放 42.5% 的股票股利。
  d. RC 进行 7-4 的反向股票拆细。
  e. 计算 a~d 4 种情况下发行在外的股票数量。

25. **常规股利** Levy 公司以市场价值表示的资产负债表如下所示,其发行在外的股票为 14 000 股。

市场价值资产负债表 (单位:美元)

现金	62 000	权益	507 000
固定资产	445 000		
合计	507 000	合计	507 000

  公司已经宣告股利 1.6 美元/股。股票将在明天除息。不考虑任何税的影响,今

天的股票价格是多少？明天的价格将是多少？股利发放后，上面的资产负债表将如何变化？

26. **股票回购** 在第 25 题中，假设 Levy 公司已经宣布要回购价值 22 400 美元的股票。该交易将对公司权益有何影响？将有多少股票发行在外？股票回购后每股价格将是多少？请解释：如果不考虑税收的影响，股票回购与现金股利实质上是一样的。

27. **股票股利** Outbox 制造公司的市值资产负债表如下所示。Outbox 宣告发放 25% 的股票股利，股票除息日为明天（股票股利的日期名称与现金股利相似）。公司发行在外的股份数为 22 000 股。请问除息日的价格将是多少？

市场价值资产负债表			（单位：美元）
现金	295 000	负债	180 000
固定资产	540 000	权益	655 000
合计	835 000	合计	835 000

28. **股票股利** 如下所示的拥有普通股账户的公司宣告发放 15% 的股票股利，每股股票的价格为 57 美元。股票股利的发放会对公司的所有者权益账户产生何种影响？

			（单位：美元）
普通股（每股 1 美元）	435 000	留存收益	5 873 000
资本公积	2 150 000	所有者权益合计	8 458 000

29. **股票拆细** 在第 28 题中，假定公司决定改为进行 1-5 的股票拆细。公司股票拆细后的新股每股的现金股利为 45 美分，这意味着相比于去年对股票拆细前的股票发放的现金股利而言，公司每股现金股利上涨了 10%。这会对权益账户产生什么影响？去年的每股股利是多少？

30. **股利和股票价格** Mann 公司属于某一风险级别，其合适的折现率为 10%。公司当前有 240 000 股股票发行在外，每股价格 105 美元。公司正考虑在刚开始的财年年末宣告每股 4 美元股利。假设对股利不征税，请根据课本中所讨论的 MM 模型，回答下面的问题。

 a. 如果宣告股利了，除息日股票的价格将是多少？

 b. 如果年末没有宣告股利，年末股票的价格将是多少？

 c. 如果 Mann 公司在年初新增 430 万美元投资，获得 190 万美元净利润，并且在年末发放了股利，公司必须发行多少新股来满足筹资需要？

 d. 在现实生活中，能否运用 MM 模型对股票进行估价现实？请说明理由。

31. **自制股利** 假定你拥有 1 000 股 Avondale 公司的股票。一年后你将收到 2.6 美元/股的股利。两年后，Avondale 将发放 53 美元/股的清算股利。Avondale 股票的必要收益率是 14%。你的股票当前的价格是多少（不考虑税的影响）？如果你偏好接下来的两年里每年股利都相等，解释你将怎样通过自制股利来达到该目的（**提示**：股利将采取年金形式）。

32. **自制股利** 在第 31 题中，假定你第 1 年只希望获得 500 美元的股利。你在两年内的自制股利将会是多少？

33. **股票回购** Flychucker 公司正在评估一项额外股利和股票回购，每种情况都将花费 6 300 美元。目前盈余是每股 2.60 美元，每股价格 51 美元。公司有 1 500 股发行在外。在回答 a 和 b 时，不考虑税和其他市场不完美因素。

 a. 从对每股价格和股东财富的影响角度来评价这两个备选方案。

 b. 两个备选方案对 Flychucker 公司的每股收益（EPS）和市盈率（PE）分别有什么影响？

 c. 在现实生活中，你将建议采取哪个方案？为什么？

34. **股利和公司价值** Novis 公司的净利润为 85 000 美元，有 25 000 股股票发行在外，股利支付率为 100%，1 年后公司的预期价值为 1 725 000 美元，折现率为 12%，股利的税率为 0。

 a. 假设现期股利还没有支付，公司的现期价值是多少？

 b. 如果董事会遵循当前政策，公司股票除息日的价格是多少？

 c. 在股利政策讨论会上，几个董事认为公司股利过低，会引起股价下跌，因而建议发行新股筹集资金，以发放每股 4.60 美元的股利。

  i. 对低股利引起股价下跌的看法加以评论，并通过计算来支持你的观点。

  ii. 如果采纳了这一建议，则应以什么价格发行多少新股？

35. **股利政策** Gibson 公司的现期现金流为 130 万美元，没有分派股利。公司未来现金流的现值是 1 800 万美元。公司完全以权益融资，有 55 万股股票发行在外。假设股利的税率为 0。

 a. Gibson 公司的股票价格是多少？

 b. 假设 Gibson 公司董事会宣告，计划将 50% 的现期现金流以现金股利的形式发放给股东，Jeff Miller 持有该公司股票 1 000 股，他将如何使自己满足零支付政策？

36. **股利平滑化** Sharpe 公司刚对每股股票支付了 1.60 美元的股利，其目标支付率为 40%。公司预期一年后每股收益为 5.1 美元。

 a. 如果调整率为 Lintner 模型中定义的 0.3，一年后的股利是多少？

 b. 如果调整率为 Lintner 模型中定义的 0.6，一年后的股利是多少？

 c. 哪个调整方案更保守？请说明理由。

37. **预期收益率、股利和税** Gecko 公司和 Gordon 公司是两家经营风险相同的公司，但有着不同的股利政策。Gecko 公司不支付股利，而 Gordon 公司的预期股利收益率为 4.7%。假定资本利得税率为 0，而股利税率为 35%。Gecko 公司每年的期望盈利年增长率为 13%，而其股票价格预期也将以相同的增长率增长。如果两只股票税后预期收益率相同（由于所面对的风险相同），请问 Gordon 公司股票的税前必要收益率是多少？

38. **股利与税收** 如本书所述，在不存在市场不完美因素和税收影响的情况下，除息日股价预期下跌额应该为股利支付额。一旦考虑税收影响，这又不一定成立了。考虑税收影响时除息日股价模型为[⊖]：

⊖ Edwin Elton and Martin Gruber, "Marginal Stockholder Tax Rates and the Clientele Effect," *Review of Economics and Statistics* 52 (February 1970).

$$\frac{(P_0 - P_X)}{D} = \frac{(1-t_P)}{(1-t_G)}$$

式中，P_0 是股票除息前的价格；P_X 是除息日股价；D 是每股股利；t_P 是股利的边际个人所得税税率；t_G 是资本利得的实际边际税率。

a. 如果 $t_P=t_G=0$，请问股票除息后价格的下跌幅度是多少？

b. 如果 $t_P=15\%$，而 $t_G=0$，那么股价的下跌幅度是多少？

c. 如果 $t_P=15\%$，而 $t_G=20\%$，那么股价的下跌幅度是多少？

d. 假设集团公司是股票的唯一持有者。公司所获得的股利收入可以获得至少 70% 的税收免除，但它们获得的资本利得不能获得相应的免除。如果公司的所得税与资本利得税率均为 35%，请问这个模型预测的除息日股价将会是多少？

e. 本题说明现实世界中公司股利政策是如何考虑税收因素的？

39. **股利与再投资** National Business Machine（NBM）公司在交税后还有 450 万美元的剩余现金。NBM 公司运用这笔资金有两个途径。其中之一是将现金投资于金融资产，产生的投资收益将在第 3 年年末作为特别股利发放。公司可以投资收益率为 3% 的国库券，或是 5% 的优先股。IRS 法规规定，投资于另一家公司股票所获得的股利中 70% 可以免税。另一个途径是现在就将现金以股利的形式发放。这将使得股东可以自己投资于具有相同收益率的国库券或是优先股。公司税率为 35%。假设投资者的个人所得税税率为 31%，适用于利息或是优先股股利。个人所获得的普通股股利对应的税率为 15%。请问现金应该是在今天发放还是在 3 年后发放？请问哪种方案给股东带来了更高的税后收益？

40. **股利与再投资** Carlson 制造公司在完成了当年资本支出后，有 1 000 美元剩余现金。该公司管理者必须决定是将现金投资于收益率为 8% 的短期国库券，还是发放给股东由股东自己投资于短期国库券。

a. 如果公司所得税率为 35%，那么能使投资者同等接受两种方案的个人所得税率是多少？

b. a 问题的答案合理吗？请说明理由。

c. 假设唯一的投资选择是收益率为 12% 的优先股，70% 的优先股股利免纳税。那么使投资者不受 Carlson 公司股利政策影响的个人所得税率是多少？

d. 这是低股利支付政策的有力论据吗？请说明理由。

参考答案

1. 股利政策决定的是股利支付的时间，而不是最终支付的股利金额。当股利支付的时间不影响未来所有股利的现值时，股利政策是无关的。

2. 股票回购将减少公司的权益，同时债务金额保持不变。债务比率将上升。如果愿意的话，一家公司可以使用多余的现金来减少债务。这是一个资本结构决策问题。

3. 剩余股利政策的缺点是股利支付额的波动性，因为投资者倾向于得到可预测的现金流量。并且，如果关于股利的公司公告具有信息含量，则当公司削减股利时，可能会不经意地向市场传递出公司盈利前景不佳的信号，但实际上其发展前景可能是很好的。而对于折中的政策而言，公司将会维持一个较为稳定的股利水平。只有当公司预期未来的盈利将保持在一个能够支持较多股利支付额的足够高的水平时，才会增加股利，而当公司不得不削减股利时，才会去降低股利水平。

4. 12月29日（周五）是除息日。请记住，不要把1月1日算进来，因为这是节假日，交易所这天会关门。在12月29日之前购买股票的任何投资者都有权利收到股利，如果他们没有在12月29日又卖出的话。

5. 不应该。因为资金可以投资于其他那些支付现金股利的股票，而这样做可以直接给基金投资者带来收益。

6. 股票价格的上涨是因为股利的上涨，而不是因为股利**政策**的变化。股利政策还是无关的，这并不矛盾。

7. 由于预期未来股利将下降，股票价格也下降了。因为股票价格等于未来所有股利支付额的现值，则未来预期股利支付额减少的话，股票价格也会下降。

8. 这个股利再投资计划可能对于股东财富的影响较小。股东可以自己进行再投资，并且不管是哪种方式，股东都需要针对股利支付税费。但是，由于折扣的存在，接受这项计划的股东可能会获得一定的利益，而这是以不接受这项计划的股东的潜在成本作为代价的。并且，为了实施这项计划，公司需要支付10%的发行成本（折扣额）以筹集权益融资，这个折扣比例要比某些公司筹集新的权益融资所付出的市场发行成本要低一些。

9. 如果这些公司刚刚上市，则它们可能会这样做，因为这类公司正在高速增长，需要额外的资本。成长性公司如果支付股利的话，通常也只支付较少的现金股利。这是因为它们拥有很多的项目，因此会将盈余用于再投资，而不是用于发放现金股利。

10. 如果它的投资组合里有低股利和高增长股票，是可能合理的。由于信托公司在收到股利和资本利得时都不需要缴税（不考虑某些对于本金可能的限制），因此这两种投资方式对于信托公司来说应该是没有区别的。但是，如果它的投资组合里有市政债券，则是不合理的。因为信托公司收到利息收入时，是不需要支付税费的，因此市政债券的免税好处对它来说没有作用。因此，信托公司应该持有的是高收益、需缴税的债券。

11. 除息日的股票价格下降幅度应该会减少。在有税的情况下，股票价格下降的幅度应该等于股利金额减去投资者需要为股利支付的税款。一个更低的税率降低了投资者的税费负担。

12. 如果股利的税率更高而资本利得的税率更低，则投资者总的来说会倾向于资本利得。如果股利的税率下降，则股利的吸引力会上升。

13. 每股股票的价值是其预期股利的现值也并不意味着股利政策是无关的。在永续增长模型下，如果公司总体现金流量不变，则股利政策的变化只会改变股利的发放时间。这些股利的现值是相同的。这种观点是对的，因为在未来盈余不变的情况下，股利政策只是在当前股东和未来股东之间进行转移。

在一个更为现实的环境下，并假设持有期无限，则股票的价值应该是未来股票价格和股利的现值。任何未以股利形式支付的现金流量应该被反映在未来股票价格中。因此，这些现金流量的现值应该不会随着股利政策而转移；股利政策还是不相关的。

14. 在手之鸟理论基于一个错误的假设，即上涨的股利让公司风险变得更小。如果资本支出和投资支出不变，则公司的现金流量总额并不会被股利政策所影响。

15. 这个说法在理论上是正确的。现实世界存在证券交易成本，自制股利会比公司直接支付的股利的成本高一些。但是，金融中介机构如共同基金的存在将大大降低个人投资者的交易成本。因此，总的来说，喜好现期收入并不是其喜好现期高股利政策的有效解释。

16. a. 哈德森过去的行为说明其对于资本利得是有偏好的，而琼斯的过去行为则显示出其对于当前收入的偏好。

   b. 哈德森可以通过向琼斯展示如何卖出股票来构建一个自制股利，从而说服琼斯。当然，哈德森还需要使得琼斯相信，她生活在一个符合MM理论的世界。请记住，只有在MM理论的假设下，才能构建自制股利。

   c. 琼斯可能还是不会投资于Neotech的股票，因为构建自制股利将涉及交易成本。并且，如果存在较大不确定性，则琼斯可能会希望支付的股利更高一些。

17. 为了最小化其投资组合的税负，你的阿姨应该将她股利收益率较高的投资转投到股利收益率较低的股票中。或者，如果可能的话，她应该保留她股利收益率较高的投资，同时借入等量资金并投资到暂缓征税的账户中。

18. 对高速成长的小公司来说，资本投资需求是非常大的。因此，股利支付可能会削减这类公司的资本投资机会。它们的另一个选择是通过发行股票来支付股利，从而产生发行成本。在两种情况下，零股利政策对于高速成长阶段的公司以及其投资者都是更好的。因此，此类公司对于偏好低股利政策的投资者是更有吸引力的。

    这个例子说明，当存在发行成本时，股利政策是相关的。确实，当MM模型的假设无法达到时，股利政策是相关的。

19. 除非当偏好高股利政策的投资者群体无法获得其想要的股票时，公司才能通过改变股利政策来提高股票价格。当市场处于均衡状态时，偏好高股利政策的投资者人数应该恰好等于市场上采取此类政策的股票数量。此类股利政策的供给和需求应在市场上达到均衡。如果市场不处于均衡状态，则高股利政策的股票数量可能会比需求小。只有在这种情况下，公司才能通过改变股利政策而提高股票价格。

20. 这个现象意味着公司利用首次股利发放来向股票市场传递出关于它们的潜在增长力和NPV为正的前景信息。公司开始发放有规律的现金股利，也有助于向市场证实，公司目前的高盈利是可以持续的。

21. 税后股利就是税前股利乘以1减去税率，因此：

$$\text{税后股利} = 7.50 \times (1-0.15) = 6.38 \text{（美元）}$$

股票价格下降的幅度应该等于税后股利，因此：

$$\text{除息价格} = 93 - 6.38 = 86.63 \text{（美元）}$$

22. a. 流通中的股票数将增加10%，因此：

$$新的流通股票数 = 40\,000 \times 1.10 = 44\,000$$

$$新发行的股票数 = 4\,000$$

由于新股票的面值为1美元，资本公积每股则为38美元，则总的资本公积为：

$$新股票的资本公积 = 4\,000 \times 38 = 152\,000（美元）$$

（单位：美元）

普通股（面值为1美元）	44 000	留存收益	382 400
资本公积	307 000		733 400

b. 流通中的股票数将增加25%，因此：

$$新的流通股票数 = 40\,000 \times 1.25 = 50\,000$$

$$新发行的股票数 = 10\,000$$

由于新股票的面值为1美元，资本公积每股则为38美元，则总的资本公积为：

$$新股票的资本公积 = 10\,000 \times 38 = 380\,000（美元）$$

（单位：美元）

普通股（面值为1美元）	50 000	留存收益	148 400
资本公积	535 000		733 400

23. a. 为求出新的流通股票数，我们将当前的流通中股票数乘以新股数量与现有在外股票数量的比例：

$$新的流通股票数 = 40\,000 \times \frac{4}{1} = 160\,000$$

权益账户不变，只有股票的面值随着新股数量与现有在外股票数量的比例发生了变化，因此新的股票面值为：

$$新的股票面值 = 1 \times \frac{1}{4} = 0.25（美元/股）$$

b. 为求出新的流通股票数，我们将当前的流通中股票数乘以新股数量与现有在外股票数量的比例：

$$新的流通股票数 = 40\,000 \times \frac{1}{5} = 8\,000$$

权益账户不变，只有股票的面值随着新股数量与现有在外股票数量的比例发生了变化，因此新的股票面值为：

$$新的股票面值 = 1 \times \frac{5}{1} = 5.00（美元/股）$$

24. 为求出新的股票价格，我们将当前的股票价格乘以新股数量与现有在外股票数量的比例：

a. $73 \times \left(\frac{3}{5}\right) = 43.80$（美元）

b. $73 \times \left(\frac{1}{1.15}\right) = 63.48$（美元）

c. $73 \times \left(\dfrac{1}{1.425}\right) = 51.23$（美元）

d. $73 \times \left(\dfrac{7}{4}\right) = 127.75$（美元）

为求出新的流通股票数，我们将当前的流通中股票数乘以新股数量与现有在外股票数量的比例：

a. $465\,000 \times \left(\dfrac{5}{3}\right) = 775\,000$

b. $465\,000 \times (1.15) = 534\,750$

c. $465\,000 \times (1.425) = 662\,625$

d. $465\,000 \times \left(\dfrac{4}{7}\right) = 265\,714$

25. 股票价格等于权益的总市值除以流通中的股票数量，因此：

$$P_0 = \dfrac{507\,000\,\text{美元的权益}}{14\,000\,\text{股}} = 36.21\,(\text{美元}/\text{股})$$

不考虑税费，股票价格下降的幅度等于股利的金额，因此：

$$P_X = 36.21 - 1.60 = 34.61\,(\text{美元})$$

支付的股利总额为：

$$1.60\,\text{美元}/\text{股} \times 14\,000\,\text{股} = 22\,400\,\text{美元}$$

权益和现金账户都会减少 22 400 美元。

26. 股份回购会使得股东权益减少 22 400 美元。回购的股份数量等于回购的总金额除以股票价格：

$$\text{回购的股份数量} = \dfrac{22\,400}{36.21} = 619$$

新的流通股票数为：

$$\text{新的流通股票数} = 14\,000 - 619 = 13\,381$$

回购之后，新的股票价格为：

$$\text{新的股票价格} = \dfrac{484\,600}{13\,381} = 36.21\,(\text{美元})$$

回购实际上和现金股利是一样的，因为你要么持有一股价值为 36.21 美元的股票，要么持有一股价值为 34.61 美元的股票和 1.60 美元的现金。因此，你参与到股票回购的程度实际上和股利支付百分比是一样的。

27. 股票价格等于权益的总市场价值除以流通中的股票数，因此：

$$P_0 = \dfrac{655\,000\,\text{美元权益}}{22\,000\,\text{股}} = 29.77\,\text{美元}/\text{股}$$

流通中的股票数将增加 25%，因此：

$$新的流通中股票数 = 22\,000 \times 1.25 = 27\,500$$

新的股票价格等于权益的总市场价值除以新的流通中股票数,因此:

$$P_X = \frac{655\,000}{27\,500} = 23.82\,(美元)$$

28. 在分配股票股利的情况下,流通中的股票数将会增加,且增加的比率为1加上股票股利百分比,即

$$新的流通股票数 = 435\,000 \times 1.15 = 500\,250$$

资本公积就是超过面值的资本,而每股面值为1美元,因此:

$$新股票的资本公积 = 65\,250 \times 56 = 3\,654\,000\,(美元)$$

新的资本公积就是现有股票的资本公积加上新股票的资本公积,即

$$资本公积 = 2\,150\,000 + 3\,654\,000 = 5\,804\,000\,(美元)$$

股票股利分配后,资产负债表的权益部分将会是:

(单位:美元)

普通股(面值1美元)	500 250	留存收益	2 153 750
资本公积	5 804 000		8 458 000

29. 唯一一个会受到影响的权益账户就是股票的面值。面值变化的比率将是现有股票数量与新股数量之比,因此:

$$新的面值 = 1 \times \frac{1}{5} = 0.20\,(美元/股)$$

今年支付的股利总额就是每股股利乘以流通中的股票数。拆细之前,公司有435 000股在外流通。我们需要记住,拆细之后,应对流通中的股票数量进行调整。

$$今年支付的股利总额 = 0.45 \times 435\,000 \times \left(\frac{5}{1}\right) = 978\,750\,(美元)$$

股利增长了10%,因此上年支付的股利总额为:

$$上一年的股利 = \frac{978\,750}{1.10} = 889\,772.73\,(美元)$$

为求出上年支付的每股股利,需要将股利总金额除以上一年的流通股票数,由此我们得到:

$$上年支付的每股股利 = \frac{889\,772.73}{435\,000} = 2.05\,(美元)$$

30. a. 如果宣告了股利,则股票的价格在除息日当天会下降,下降的幅度等于股利的金额,4美元。因此除息价格为101美元。

   b. 如果不宣告股利,则价格将保持105美元。

   c. 公司投资的现金流出为4 300 000美元。这些现金流出是立即发生的。一年之后,公司将得到1 900 000美元的净利润,并支付960 000美元的股利,但融资是当前立即需要的。公司需要以105美元/股的价格卖出股票,以获得融资4 300 000美

元。因此，需要卖出 4 300 000/105=40 952 股。

d. MM 模型是不现实的，因为它未考虑税费、佣金、未来现金流的不确定性、投资者的偏好、信号效应以及代理成本。

31. 股票今天的价格就是股利的现值，因此：

$$P_0 = \frac{2.60}{1.14} + \frac{53}{1.14^2} = 43.06（美元）$$

为使得两年中每年股利的金额相等且股票价格等于今天的价格，我们构建等式并求解股利（请注意，股利现金流量是一个两年期的年金，因此我们需要用年金因子求解）：

$$43.06 = \frac{D}{1.14} + \frac{D}{1.14^2}$$

$$D = 26.15（美元）$$

我们知道在接下来的两年中我们需要的每股现金流量是多少。我们可以求出一年之后的股票价格，将是：

$$P_1 = \frac{53}{1.14} = 46.49（美元）$$

因为你持有 1 000 股，一年之后你将要得到：

第 1 年的现金流量 = 1 000 × 26.15 = 26 151.40（美元）

但你将仅仅得到：

第 1 年收到的股利 = 1 000 × 2.60 = 2 600（美元）

因此，一年之后你将需要发售更多的股票来增加你的现金流量。第 1 年卖出的股份数量为：

$$第 1 年卖出的股份数量 = \frac{(26\,151.40 - 2\,600)}{46.49} = 506.58（股）$$

第 2 年，你的现金流量就是股利金额乘以你持有的股份数量，因此第 2 年的现金流量为：

第 2 年的现金流量 = 53 × (1 000 − 506.58) = 26 151.40（美元）

32. 如果你希望在第 1 年获得 500 美元，你将会买入：

$$第 1 年买入的股份数量 = \frac{(2\,600 - 500)}{46.49} = 45.17（股）$$

你在第 2 年收到的股利为：

第 2 年收到的股利 = (1 000 + 45.17) × 53 = 55 394（美元）

请注意，每一系列现金流的现值是相等的。下面我们将通过求解现值来说明这一点：

$$PV = \frac{500}{1.14} + \frac{55\,394}{1.14^2} = 43\,062.48（美元）$$

$$PV = 1\,000 \times \frac{2.60}{1.14} + 1\,000 \times \frac{53}{1.14^2} = 43\,062.48（美元）$$

33. a. 如果公司支付股利，我们可以计算出股东的财富为：

$$\text{每股股利} = \frac{6\,300}{1\,500} = 4.20\,(\text{美元})$$

支付股利之后，股票价格为：

$$P_X = 51 - 4.20 = 46.80\,(\text{美元/股})$$

股东将拥有价值 46.80 美元的股票以及 4.20 美元的股利，总财富为 51 美元。如果公司进行回购，则将回购：

$$\text{回购数量} = \frac{6\,300}{51} = 123.53\,(\text{股})$$

如果股东同意公司进行回购，则他们将持有 51 美元现金。如果股东继续持有股份，则股份的价值仍为 51 美元。

b. 如果公司支付股利，当前的 *EPS* 为 2.60 美元，则市盈率（*PE*）为：

$$PE = \frac{46.80}{2.60} = 18.00$$

如果公司回购股份，则股票数会减少。净利润总额等于 *EPS* 乘以当前流通中的股票数量。将净利润除以新的流通中股票数，我们求出回购之后的 *EPS* 为：

$$EPS = \frac{2.60 \times 1\,500}{(1\,500 - 123.53)} = 2.83\,(\text{美元})$$

股票价格还是保持 51 美元，则 *PE* 为：

$$PE = \frac{51}{2.83} = 18.00$$

c. 股票回购看起来是一个更好的方案。那些愿意卖出股份的股东会接受这个方案，由此得到一个关于交税时间的选择，而这是股利的方案所不能给予的。

34. a. 因为公司的股利政策是基于 100% 的股利支付率的，那么所有的净利润，即 85 000 美元都将作为股利被支付出去。公司当前的价值就是一年之后的价值折现到今天的价值，再加上当前的收益，即

$$\text{价值} = 85\,000 + \frac{1\,725\,000}{1.12} = 1\,625\,178.57\,(\text{美元})$$

b. 当前的股票价格就是公司的价值除以流通中的股票数量，即

$$\text{股票价格} = \frac{1\,625\,178.57}{25\,000} = 65.01\,(\text{美元})$$

因为公司的股利政策是基于 100% 的股利支付率的，那么当前的每股股利就是公司的净利润除以流通中的股票数量，即

$$\text{当前的股利} = \frac{85\,000}{25\,000} = 3.40\,(\text{美元})$$

股票价格下降的幅度等于股利的金额，因此：

除息价格 = 65.01−3.40 = 61.61（美元）

c. i. 根据 MM 理论，较低的股利压低股票价格的说法是不对的。由于股利政策无关，则股利的水平应该不会有影响。没有作为股利分发出去的资金将使得公司的价值增加，由此也会提高股票价格。这些董事只是想改变股利的分发时间（当前分发更多股利，未来分发少一些股利）。以下的计算将说明，公司的价值不会受到他们的方案的影响。因此，股票价格不会变化。

为了说明这一点，考虑一下，当股利上升到 4.60 美元时，会发生什么。只有当前的股东才能收到股利，他们需要支付的股利总金额为：

股利总额 = 4.60×25 000 = 115 000（美元）

为了支持股利支付额，公司需要筹集到资金：

筹集到的资金 = 需要的资金 − 净利润 = 115 000−85 000 = 30 000（美元）

作为一个全权益公司，公司只能通过发售新的权益来筹集资金。因为新的股东也需要赚取 12% 的收益率，他们的股份在一年之后的价值为：

新股东在一年之后的价值 = 30 000×1.12 = 33 600（美元）

这意味着现有股东在一年之后的价值减少到：

现有股东在一年之后的价值 = 1 725 000−33 600 = 1 691 400（美元）

在这种情况下，公司当前的价值为：

$$价值 = 115\,000 + \frac{1\,691\,400}{1.12} = 1\,625\,178.57（美元）$$

由于公司的价值与 a 问题相同，则股利政策的变化没有影响。

ii. 新的股东没有权利收到当前的股利。他们将收到的是一年之后的权益的价值。这些现金流的现值为：

$$现值 = \frac{1\,691\,400}{1.12} = 1\,510\,178.57（美元）$$

当前的股票价格为：

$$当前的股票价格 = \frac{1\,510\,178.57}{25\,000} = 60.41（美元）$$

因此，公司需要卖出的新股数量为：

$$卖出的新股数量 = \frac{30\,000}{60.41} = 496.63（股）$$

35. a. 当前的股票价格就是公司当前的现金流加上未来预期现金流的现值，再除以流通中的股票数量。因此，当前的股票价格为：

$$股票价格 = \frac{(1\,300\,000+18\,000\,000)}{550\,000} = 35.09（美元）$$

b. 为了实现一个零支付的股利政策，他可以将股利再投资到公司的股票中。每股股利将为：

$$每股股利 = \frac{(1\,300\,000 \times 0.50)}{550\,000} = 1.18\,(美元)$$

题目中的股东将收到:
$$支付给股东的股利 = 1.18 \times 1\,000 = 1\,181.82\,(美元)$$

支付股利之后的新的股票价格为:
$$除息股票价格 = 35.09 - 1.18 = 33.91\,(美元)$$

因此,投资者应买入的股票数量为:
$$应买入的股票数量 = \frac{1\,181.82}{33.91} = 34.85$$

36. a. 基于教材中的 Lintner 公式,我们有:
$$Div_1 = Div_0 + s(t\,EPS_1 - Div_0) = 1.60 + 0.3 \times (0.4 \times 5.10 - 1.60) = 1.73\,(美元)$$

b. 现在我们使用 0.60 的调整率,则下一年的股利为:
$$Div_1 = Div_0 + s(t\,EPS_1 - Div_0) = 1.60 + 0.6 \times (0.4 \times 5.10 - 1.60) = 1.86\,(美元)$$

c. a 问题中更少的调整额是更为保守的。更低的调整率将会带来一个更低的未来股利。

37. 假设不存在资本利得税,Gordon 公司的税后收益率就是资本利得增长率,再加上股利收益率乘以 1 减去税率。基于股利稳定增长模型,我们得到:
$$税后收益率 = g + D(1 - t_C) = 0.13$$

求解 g,我们得到:
$$0.13 = g + 0.047 \times (1 - 0.35)$$
$$g = 0.099\,5$$

Gordon 公司相对应的税前收益率为:
$$税前收益率 = g + D = 0.099\,5 + 0.047 = 0.146\,5,\text{或}\,14.65\%$$

38. 考虑几种税率情况下,股票价格在除息之后的下降,我们得到:
$$\frac{(P_0 - P_X)}{D} = \frac{(1 - t_P)}{(1 - t_G)}$$

a. $P_0 - P_X = D\dfrac{(1-0)}{(1-0)} = D$

b. $P_0 - P_X = D\dfrac{(1-0.15)}{(1-0)} = 0.85D$

c. $P_0 - P_X = D\dfrac{(1-0.15)}{(1-0.20)} = 1.062\,5D$

d. 基于这个税收政策,我们需要将个人所得税率乘以 1 减去股利免征百分比,因此:
$$P_0 - P_X = D\frac{1 - 0.35 \times 0.30}{1 - 0.35} = 1.376\,9D$$

e. 由于不同的投资者在日常收入和资本利得方面面临很不相同的税率,股利支付对于不同的投资者有着不同的影响。不同的投资者面临的税率不同，这也是我们所说的群落效应的其中一个方面。

39. 由于 4 500 000 美元是扣除公司所得税之后的，则这个全额都可以用于投资。因此，每个方案的价值是：

方案 1：

公司投资于国库券或者投资于优先股并于 3 年后发放特殊股利。

如果公司投资于国库券：

公司投资于国库券，则国库券的税后收益率为：

$$国库券的税后收益 = 0.03 \times (1-0.35) = 0.019\ 5，或\ 1.95\%$$

因此，国库券投资的终值为：

$$国库券投资的终值 = 4\ 500\ 000 \times (1+0.019\ 5)^3 = 4\ 768\ 416.74（美元）$$

由于终值将会以股利的形式发放给股东，则税后现金流量为：

$$支付给股东的税后现金流量 = 4\ 768\ 416.74 \times (1-0.15) = 4\ 053\ 154.23（美元）$$

如果公司投资于优先股：

如果公司投资于优先股，则我们假设收到的股利可以被再投资于相同的优先股。

优先股将支付股利：

$$优先股股利 = 0.05 \times 4\ 500\ 000 = 225\ 000（美元）$$

由于 70% 的股利是免税的：

$$应税优先股股利 = (1-0.70) \times 225\ 000 = 67\ 500（美元）$$

公司需要对优先股股利支付的税为：

$$对优先股股利支付的税 = 0.35 \times 67\ 500 = 23\ 625（美元）$$

因此，税后的公司股利为：

$$税后的公司股利 = 225\ 000 - 23\ 625 = 201\ 375（美元）$$

这意味着税后的公司股利收益率为：

$$税后的公司股利收益率 = \frac{201\ 375}{4\ 500\ 000} = 0.044\ 8，或\ 4.48\%$$

公司进行优先股投资的终值为：

$$优先股投资的终值 = 4\ 500\ 000 \times (1+0.044\ 8)^3 = 5\ 131\ 562.86（美元）$$

由于终值将会以股利的形式被支付给股东，则股东的税后现金流为：

$$股东的税后现金流 = 5\ 131\ 562.86 \times (1-0.15) = 4\ 361\ 828.43（美元）$$

方案 2：

公司当前支付股利，个人投资者自己进行投资。股东在今天收到的税后现金流将为：

$$今天收到的税后现金流 = 4\ 500\ 000 \times (1-0.15) = 3\ 825\ 000（美元）$$

个人投资于国库券：

如果股东将当前的税后股利投资于国库券，则个人的税后收益率为：

$$个人投资于国库券的税后收益率 = 0.03 \times (1-0.31) = 0.020\ 7，或\ 2.07\%$$

因此，个人投资于国库券的终值为：

国库券投资的终值 = 3 825 000 × (1+0.020 7)³ = 4 067 483.35（美元）

个人投资于优先股：

如果个人投资于优先股，则假设收到的股利将被再投资于相同的优先股。优先股股利支付为：

优先股股利 = 0.05 × 3 825 000 = 191 250（美元）

需对优先股股利支付的税为：

需对优先股股利支付的税 = 0.31 × 191 250 = 59 287.50（美元）

因此，税后的优先股股利为：

税后的优先股股利 = 191 250 − 59 287.50 = 131 962.50（美元）

这意味着税后的个人股利收益率：

$$税后的个人股利收益率 = \frac{131\ 962.50}{3\ 825\ 000} = 0.034\ 5，或 3.45\%$$

个人投资于优先股的终值将为：

优先股投资的终值 = 3 825 000 × (1+0.034 5)³ = 4 234 702.69（美元）

当公司将现金投资于优先股并于后期发放特殊股利时，投资者的税后现金流能被最大化。

40. a. 令 x 为普通的所得税率，则个人投资者将收到的税后股利为：

税后股利 = 1 000 × (1−x)

她将这个资金投资于国库券，然后将收到国库券投资带来的税后现金流为：

国库券投资的税后现金流 = 1 000 × (1−x) × [1 +0.08 × (1−x)]

如果公司将这个资金进行投资，其收益为：

公司的收益 = 1 000 × [1+0.08 × (1−0.35)]

当公司支付股利时，投资者的收益为：

若公司先进行投资则投资者获得的收益 = (1−x){1 000 × [1+0.08 × (1−0.35)]}

为了使得投资者同等接受，则投资者将税后股利投资进行投资所获得的收益必须与投资者从公司的投资中获得收益并缴纳税款之后所得的税后收益是相同的。为求出使得投资者同等接受的税率，我们设定两个等式相等，求解 x。由此，我们得到：

1 000 × (1−x) × [1+0.08 × (1−x)] = (1−x){1 000 × [1+0.08 × (1−0.35)]}

1+0.08 × (1−x) = 1+0.08 × (1−0.35)

x = 0.35，或 35%

请注意，这个观点并不取决于持有投资的时间。

b. 是的，这是一个合理的答案。只有当 1 000 美元投资于另一个类似证券所带来的税后收益相同的时候，她才会同等接受。只有当税率是相同的时候，才会发生这种情况。

c. 由于两个投资者都会收到相同的税前收益率,你应该预期本问题的答案与 a 问题相同。然而,因为公司投资股票享受到一定的税收优惠(来自股票投资的收益的 70% 免于征收公司所得税),则普通收入的税率将会更低。再一次,我们令两式相等,并求解 x:

$$1\,000 \times (1-x) \times [1+0.12 \times (1-x)]$$
$$= (1-x)(1\,000 \times \{1+0.12 \times [0.70 + (1-0.70) \times (1-0.35)]\})$$
$$1+0.12 \times (1-x) = 1+0.12 \times [0.70 + (1-0.70) \times (1-0.35)]$$
$$x = 0.105\,0,\text{ 或 } 10.50\%$$

d. 这是一个很有力的论据,但由于法律的限制,公司不能够大量投资于别的公司的股票。

第20章

资本筹集

本章概要

1. 风险资本是初创的私人企业普遍采用的融资渠道,它对高科技企业融资特别重要。世纪之交的互联网泡沫期间,风险资本融资达到了顶峰。
2. 一家企业的首次公开股权融资称为IPO,也就是首次公开发行。IPO经常是折价的,也就是说股票上市后的价格通常会高于发行价。
3. 增发(SEO)指的是已上市公司的新股发行。总体上看,一家公司发布SEO信息当日,股价会下跌。
4. 在包销方式下,承销商将承担风险,因为它将买下整个发行。反过来,在代销方式下,承销商就避开了这一风险,因为它不必买下股票。在大规模发行当中,包销方式要比代销方式普遍得多。
5. 配股发行的成本要比一般现金发行的成本低,也可以消除折价问题。但在美国,多数股票发行都采用普通现金承销发行方式。
6. 股价的稀释会对股东带来伤害,但是所有权比例、账面价值、每股收益的稀释就其本身来看不会对股东利益产生影响。

7. 暂搁注册允许公司一次性登记注册其将在未来两年内发行的证券。

思考与练习

1. **负债与权益发行规模** 总的来说，债务发行比权益发行更为普遍，而且发行规模也大得多。为什么？
2. **负债与权益发行成本** 为什么销售权益的成本要比销售负债的成本大得多？
3. **债券评级与发行成本** 为什么非投资级债券的发行成本要比投资级债券高那么多？
4. **债券的折价发行** 为什么在债券发行中折价问题不重要？

   利用以下信息回答接下来的 3 个问题。拼车公司 Zipcar 在 2011 年 4 月上市了。在投资银行高盛的帮助下，Zipcar 按每股 18 美元的价格卖出了 968 万股股份，筹资额达到 1.742 4 亿美元。上市第 1 天，股价从最高的 31.50 美元回调到每股 28 美元收盘。以收盘价看，Zipcar 每股明显折价了 10 美元左右，这意味着公司本可以多筹得 9 680 万美元。

5. **IPO 定价** IPO 折价率接近 56%，Zipcar 公司该对高盛公司制定的明显偏低的价格感到失望吗？
6. **IPO 定价** 在上一问题中，如果你知道公司成立不过 10 年，2010 年公司的营业收入不过 1.86 亿美元且尚未实现盈利，这会不会影响你的态度？此外，该公司的商业模式也尚未被证实是有效的。
7. **IPO 定价** 在上两个问题当中，如果你知道在新发行的 968 万股新股之外，公司还另有 3 000 万股股票发行在外。这 3 000 万股股票当中，4 家风险投资拥有 1 410 万股，12 名董事和高管持有 1 550 万股。这会不会进一步影响你的判断？
8. **现金发行与配股** Ren-Stimpy 国际公司计划通过发行大量的普通股筹集新的股权资金。Ren-Stimpy 公司是一家已上市公司，它计划在现金发行和向现有股东配股发行（非承销）这两种方案之间进行选择。Ren-Stimpy 公司的管理层希望实现销售成本最低，他们向你咨询。你将如何建议？为什么？
9. **IPO 折价** 1980 年，一个财务学的助理教授买入了 12 只 IPO 股票。他持有每一只股票大致 1 个月后卖出。他遵循的交易原则是申购每一只以包销方式发行的石油和天然气勘探公司的股票。此期间一共有 22 次这样的发行，他每次的申购金额都在 1 000 美元左右。有 10 次，这位助理教授没能配售到股票。另外 12 次中有 5 次未能足额申购到。

   1980 年对石油与天然气勘探公司的股东来说是个很好的年份：上市的 22 家公司在上市后 1 个月股价平均高过初始发行日 80%。这位助理教授检查了他的交易记录，发现他投入的 8 400 美元资金已经上涨到 10 000 美元，只有大约 20% 的回报（忽略了交易手续费）。他的运气很差吗，或者他本就该比 IPO 市场上的一般投资做得差？请你对此做出解释。
10. **竞价发行与议价发行** 竞价发行与议价发行的比较优势各是什么？
11. **增发** 股价在增发公告宣告当日下跌的可能原因是什么？

12. **筹资** Megabucks Industries 公司计划通过大规模发行新股筹集新的股权资金。Megabucks 是一家上市的贸易公司，它希望在承销式现金发行和向现有股东配股发行（非承销）之间进行选择。Megabucks 公司的管理层希望实现现有股东的财富最大化，并就发行方式向你咨询。你的建议是什么？为什么？

13. **暂搁注册** 请你解释为什么暂搁注册被许多公司，而不是辛迪加所采用。

14. **IPO** 每一次的 IPO 都是特别的，但就经验来看，IPO 有什么基本规律？

15. **配股发行** Clifford 公司公告了总额为 2 600 万美元的配股方案，所募集的资金将用于创办一份新的杂志 *Journal of Financial Excess*。该杂志将在作者缴交每页 5 000 美元的不可退回的审稿费后对稿件进行审稿。公司现行股价是每股 28 美元，外发股份总数为 290 万股。

    a. 配股价最高会是多少？最低呢？

    b. 如果认购价格定在每股 25 美元，公司需要发行多少股份？为了购买一股股票，需要多少份认股权？

    c. 除权前价格是多少？每一份认股权值多少钱？

    d. 说明一个没有认购意愿（或资金）、在发行前持有 1 000 股的股东该怎么做才不会在这一过程中蒙受损失。

16. **计算发行费用** St.Anger 公司需要筹集 5 500 万美元的资金以满足新市场的需要。公司将通过一般现金发行筹集所需资金。如果发行价格定在每股 32 美元，承销商将收取 7% 的价差。公司需要发行多少股新股？

17. **稀释** Metallica Heavy Metal Mining（MHMM）公司，计划实现多元化经营。有关的一些财务信息列示如下：

股价（美元）	75
股数	65 000
总资产（美元）	9 400 000
总负债（美元）	4 100 000
净收益（美元）	980 000

    MHMM 公司在考虑与该公司有着相同的市盈率（*PE*）的投资。项目投资成本是 150 万美元，公司将通过发行新股筹资。该项目的 *ROE* 与公司当前的 *ROE* 相同。该项目的每股账面价值、每股市值与 *EPS* 是多少？该项目的 NPV 是多少？这个过程会发生怎么样的稀释效应？

18. **配股** Hoobastink Mfg. 公司在考虑一项配股计划。公司确定的除权前的股价是每股 61 美元。而目前公司的股价是每股 68 美元，在外流通股数是 1 000 万股。配股将筹集 6 700 万美元的资金。计划中的发行价格是多少呢？

参考答案

1. 一家公司内部产生的现金流量提供了权益融资的一种来源。盈利的公司是不需要外部权益融资的。负债发行的规模较大，是因为大型公司很容易就可以在公开债券市场融资（小型公司获得的私募贷款则更多一些）。发行权益的公司通常是准备上市的小型公司，这些发行的规模通常是很小的。并且，为了维持负债-权益比率，当现有债券到期时，公司必须发行新的债券。

2. 根据上一个问题的答案，规模经济可能是影响因素之一。除此之外，从投资银行的角度来看，债务发行较为容易，销售中遇到的风险也比较少。这两个原因解释了为何大规模的债务证券可以被销售给一小拨买家，特别是大型的机构买家如养老基金和保险公司，并且债券的定价较为容易。

3. 从投资银行的角度来看，非投资级债券的风险更高，且很难出售。

4. 条件相当的其他债券的收益率通常很容易就可以被观察到，因此对于债券发行进行正确的定价通常不是很难。

5. 很明显，股票的价格过于低了，因此 Zipcar 公司有理由不高兴。

6. 不会。不过公平来说，在这种情况下对股票进行定价是非常难的。

7. 这是一个重要的因素。只有 968 万股股票是定价偏低的，另外的 3 000 万股股票实际上是正确定价的。

8. 根据经验证据，非承销的配股发行通常比现金发行的成本要低一些。然而，此类发行较为少见，并且也可能存在一些隐含的成本或者是研究者没有完全了解或明确的其他因素。

9. 他可能会做得更差，因为他可以买到的超额认购股票以及折价发行的股票额度（有可能）是有限的，而他大部分的资金被分配到了认购不足的股票以及溢价发行的股票上（很有可能）。

10. 竞价发行和议价发行是选择提供承销服务的投资银行的两种方式。在竞价发行的情况下，发行公司可以向报出最优价格（即最低的成本）的承销商提供一些证券。而在议价发行的情况下，通过与发行公司协商，承销商可以获取大量关于发行公司的信息，这将提高成功发行的可能性。

11. 股价在增发公告宣告当日下跌，可能有两个原因。第一，当股票价格被高估时，即当股票的内在价值低于市场价格时，管理层可能会试图增发股票。股票价格的下降就是高估部分的向下调整。第二，当财务困境的可能性上升时，公司更有可能采取权益融资，而不是债务融资。股票市场价格下降，因为市场将权益融资公告解读为坏消息。

12. 如果公司的管理层希望实现现有股东的财富最大化，则配股发行会更好一些，因为在配股发行的情况下，以筹集资本的某个百分比收取的发行成本要更低一些。管理层不需要担心抑价的问题，因为股东会得到认股权，而这些是有价值的。并且，在配股发行的情况下，股东的所有权份额不会被稀释。最后，无论股东是选择执行还是卖出认股权，他们都是唯一的获益者。

13. 进行暂搁注册的理由包括：①在需要的时候可以灵活地筹集资金，且不需要额外的发行成本；②证券发行程序简单得多。

14. IPO 基本的规律包括：第一，发行抑价；第二，在小型 IPO 中通常采取代销的形式发行，在大型 IPO 中通常采取包销的形式发行；第三，承销商会在发行之后稳定价格；

第四，议价发行的发行成本通常高于竞价发行。

15. a. 最高的认购价格是当前的股票价格，即 28 美元。最低的认购价格是任何一个大于 0 美元的数字。

    b. 新发行的股票数就是筹集的资金总额除以认购价格，即

    $$新发行的股票数 = \frac{26\,000\,000}{25} = 1\,040\,000（股）$$

    购买 1 股所需的认股权份数就是当前流通中的股票数除以新发行的股票数，即

    $$需要的认股权份数 = \frac{流通中的\,2\,900\,000}{新发行的股票数\,1\,040\,000} = 2.79$$

    c. 一个股东将花费以下金额来购买带有 2.79 份认股权的股份：

    $$2.79 \times 28 = 78.08（美元）$$

    股东可以选择以每股 25 美元的价格执行认股权，花费的总成本是：

    $$78.08 + 25 = 103.08（美元）$$

    投资者将拥有：

    $$除权股数 = 1 + 2.79 = 3.79$$

    每股除权价格为：

    $$P_X = \frac{(2.79 \times 28 + 25)}{3.79} = 27.21（美元）$$

    因此，一份认股权的价值为：

    $$认股权的价值 = 28 - 27.21 = 0.79（美元）$$

    d. 在发行之前，股东可以以当前的市场价格持有股票：

    $$投资组合价值 = 1\,000 \times 28 = 28\,000（美元）$$

    在配股发行之后，股票价格会下降，但股东将会持有认股权，因此：

    $$投资组合价值 = 1\,000 \times 27.21 + 1\,000 \times 0.79 = 28\,000（美元）$$

16. 以 X 来代表需要通过发售股票筹集到的总金额，构建起下式来计算筹集的总金额（包含发行费用）：

    $$X(1-0.07) = 55\,000\,000$$

    需要通过发售股票筹集到的资金总额 $X = 59\,139\,785$ 美元。

    因此，发行的股票数就是筹集的资金总额除以发行价格，即

    $$发行的股票数 = \frac{59\,139\,785}{32} = 1\,848\,118$$

    我们需要将 1 900 000 美元的费用包含在公司需要的融资额里，因此：

    $$X(1-0.07) = 56\,900\,000（美元）$$

    $X = 61\,182\,796$ 美元，这是需要从权益发售中获得的总金额

    $$需发行的股票数 = \frac{61\,182\,796}{32} = 1\,911\,962$$

17. 公司当前的 ROE 为：

$$ROE_0 = \frac{\text{净利润}_0}{\text{所有者权益总额}_0} = \frac{980\,000}{(9\,400\,000 - 4\,100\,000)} = 0.184\,9，\text{或} 18.49\%$$

新的净利润将为 ROE 乘以新的所有者权益总额，即

$$\text{净利润}_1 = (ROE_0)(\text{所有者权益总额}_1) = 0.184\,9 \times (5\,300\,000 + 1\,500\,000)$$
$$= 1\,257\,358（美元）$$

公司当前的每股收益 EPS 为：

$$EPS_0 = \frac{\text{净利润}_0}{\text{流通中的股票数}_0} = \frac{980\,000}{65\,000} = 15.08（美元）$$

公司需要发行的股票数为投资的成本除以当前的股票价格，即

$$\text{新的股票数} = \frac{1\,500\,000}{75} = 20\,000$$

股票发行之后的每股收益 EPS 为：

$$EPS_1 = \frac{1\,257\,358}{(65\,000 + 20\,000)} = 14.79（美元）$$

当前的市盈率（PE）为：

$$PE_0 = \frac{75}{15.08} = 4.974$$

假设市盈率保持不变，新的股票价格为：

$$P_1 = 4.974 \times 14.79 = 73.58（美元）$$

当前的每股账面价值（$BVPS_0$）和新的每股账面价值（$BVPS_1$）为：

$$BVPS_0 = \frac{TE_0}{\text{股票数}_0} = \frac{5\,300\,000}{65\,000} = 81.54（美元/股）$$

$$BVPS_1 = \frac{TE_1}{\text{股票数}_1} = \frac{(5\,300\,000 + 1\,500\,000)}{85\,000} = 80.00（美元/股）$$

因此，当前的市场价值与账面价值之比（$Market\text{-}to\text{-}book_0$）以及新的市场价值与账面价值之比（$Market\text{-}to\text{-}book_1$）为：

$$Market\text{-}to\text{-}book_0 = \frac{75}{81.54} = 0.919\,8$$

$$Market\text{-}to\text{-}book_1 = \frac{73.58}{80.00} = 0.919\,8$$

项目的 NPV 就是公司的新的市场价值减去当期的市场价值，即

$$NPV = -1\,500\,000 + (73.58 \times 85\,000 - 75 \times 65\,000) = -120\,283（美元）$$

此处出现了会计稀释，因为市场价值与账面价值之比小于1。公司投资于一个 NPV 为负的项目，因此稀释了市场价值。

使用 PE 比率来求出股票发行之后的 EPS，我们得到：

$$P_1=75=4.974\times EPS_1$$

$$EPS_1=15.08（美元）$$

增加的净利润金额应等于 EPS 乘以流通中的新股票数：

$$NI=15.08\times 20\,000=301\,538（美元）$$

且新的 ROE 为：

$$ROE_1=\frac{301\,538}{1\,500\,000}=0.201\,0，或\ 20.10\%$$

接下来，我们需求出项目的 NPV。项目的 NPV 就是公司的新的市场价值减去公司当前的市场价值：

$$NPV=-1\,500\,000+(75\times 85\,000-75\times 65\,000)=0$$

这样做仍然产生了会计稀释，因为每股账面价值 BVPS 还是从 81.54 美元降到了 80.00 美元，但是没有产生市场稀释，因为公司是投资于 NPV 为 0 的项目的。

18. 新发行的股票数就是由筹集到的资金除以认购价格，即

$$新发行的股票数=\frac{67\,000\,000}{P_S}$$

除权股票数 N 等于：

$$N=\frac{现有发行在外的股票数}{新发行的股票数}=\frac{10\,000\,000}{\left(\dfrac{67\,000\,000}{P_S}\right)}=0.149\,3P_S$$

我们知道除权股票价格等式为：

$$P_X=\frac{[NP_{RO}+P_S]}{(N+1)}$$

我们可以将我们已知的数据代入，并将上两步的结果代入，求解认购价格，得到：

$$P_X=61=\frac{[N(68)+P_S]}{(N+1)}$$

$$61=\frac{[68\times 0.149\,3P_S+P_S]}{(0.149\,3P_S+1)}=\frac{(10.149P_S+P_S)}{(1+0.149\,3P_S)}$$

$$P_S=29.83（美元）$$

第 21 章

租 赁

本章概要

在美国，很大部分的设备是通过租赁方式使用的，而非通过购买方式。本章描述了关于租赁的制度安排，也介绍了如何在财务上评价租赁。

1. 租赁可以分成两大主类。经营性租赁允许承租人使用设备，但其所有权仍在出租人手中。在融资租赁中，出租人在法律上拥有设备，但承租人拥有设备的实际所有权，因为融资租赁的资产成本可以得到完全补偿。

2. 如果一家公司通过举债来购买资产，那么在资产负债表上会分别披露资产和负债的增加。如果一项租赁能满足财务会计准则委员会（FASB）所颁发的一系列标准的任一条，那么该项租赁必须要资本化。这就意味着租赁的现值会被同时列示为一项资产和一项负债。如果一项租赁不能满足这一系列标准，那么该项租赁不能视作资本租赁。尽管会计上的定义与实务中的定义略有不同，但人们仍将不能满足资本租赁标准的租赁业务统称为经营性租赁。经营性租赁可不必在资产负债表中反映。出于粉饰财务报表以及其他有趣的原因，许多公司更愿意将其公司的租赁称为经营性租赁。
3. 公司经常出于税收目的而采用租赁方式。为了保护自身利益，美国国税局规定，只有满足其制定的一系列标准的财务安排，才可视作资本租赁。
4. 无风险现金流量应该按税后无风险利率来折现。因为租赁付款额和折旧税收效应几乎是无风险的，所以在"租赁—购买"决策中的所有相关现金流量都应按近似税后利率的折现率进行折现。我们按照实务中的惯例，采用承租人有担保债务的税后利率作为折现率。
5. 尽管这个方法很简单，但它缺少直观性。为了使读者能一目了然，教材中也介绍了另一种替代的方法。相对于租赁来说，购买可以提高企业的负债能力。债务能力的增加额可以按照如下计算：对购买的现金流量与租赁的现金流量之差额部分按税后利率进行折现。在购买方案下，负债能力的增加额可以与租赁方案在第0年的现金流出相比较。
6. 如果出租人与承租人处于同一税率级别，那么出租人的现金流量正好与承租人的现金流量相反。所以，出租人的租赁价值总和加上承租人的租赁价值总和，正好为0。尽管这意味着租赁不会发生，然而实际生活中至少有以下3种好的理由支持租赁：

    a. 出租人与承租人之间不同的税率级别。

    b. 风险向出租人转移。

    c. 降低交易成本。

    教材中还列示了一些不支持租赁的理由。

思考与练习

1. **租赁与借贷购买** 租赁与借贷购买的重点区别在哪里？它们可以完全互相替代吗？
2. **租赁和税收** 税收是决定是否租赁时的一个重要的考虑因素。哪种情形下更有可能选择租赁：一家高税率但盈利颇丰的公司，还是一家低税率但利润较低的公司？为什么？
3. **租赁与内部收益率（IRR）** 当我们观察 IRR 来衡量一个租赁决定的时候，会存在哪些潜在的问题呢？
4. **租赁** 请评价以下观点：

    a. 租赁降低了风险，并可以减少企业的资金成本。

    b. 租赁提供了百分之百的融资。

    c. 如果取消了租赁的税收优惠，租赁也将不复存在。
5. **租赁会计** 讨论租赁物是否记入资产负债表的会计标准。在每种情况下，给予会计标准如此处置的理由。
6. **IRS 准则** 讨论租赁是否可以减免缴纳所得税的 IRS 准则。针对每一种情况，给予设定准则的理由。
7. **表外融资** 什么是表外融资？什么情况下可以通过租赁提供表外融资？如此操作会带来什么样的会计和经济后果？
8. **售后租回** 为什么一家公司会选择售后回租交易？举出两个理由。

9. **租赁费用** 请解释在做租赁评估时，用税后借款利率作为折现率是比较适当的。

   根据以下例子回答第 10 题。2014 年 4 月，ILFC 公司宣布，该公司将购买 8 架空客公司 A330-200 和 A350-900 飞机。然后 ILFC 将与天界航空签订一份长期租赁合同，将 8 架飞机租给天界航空用于飞巴西至美国的航线。

10. **租赁与购买** 为什么天界航空没有去购买这些飞机，虽然其公司业务迫切需要这些飞机？

    运用下列信息回答问题 11。你工作的核研究实验室正准备租赁一台诊断扫描仪（租赁昂贵的高科技设备是一种普遍的做法）。该扫描仪的成本为 5 800 000 美元，而且以直线折旧法计算，4 年后其价值为 0。而且实际上由于辐射污染，这台机器 4 年后也将毫无价值。你以每年 1 690 000 美元的租金将其租赁 4 年。

11. **MACRS 法折旧及租赁** 假设所得税税率为 35%，贷款利率是 8%，该扫描仪将作为 3 年期的财产以 MACRS 法贬值，你应该租赁还是购买该设备？（见第 6 章折旧免税额。）

    根据下列信息回答问题 12。Wildcat 石油公司正考虑以租赁或购买的方式获得一台新的电脑辅助钻井系统以进行其石油勘探业务。管理层决定必须使用该系统以保持竞争力；它会从每年税前成本节约中拨出 2 900 000 美元。该系统的总价为 9 700 000 美元，以 5 年期直线法折旧。Wildcat 石油公司的税率是 34%，该公司可以以年息 9% 融资。Lambert 金融租赁公司已表示愿意以每年 2 150 000 美元的租金向 Wildcat 石油公司出租该钻井设备。Lambert 的政策需要其承租人每年年初支付租金。

12. **租赁和残值** 假设租赁期末该设备的税后残值约为 700 000 美元，Wildcat 公司能接受的最高租金是多少？

13. **租赁或购买** Wolfson 公司决定以 2 800 000 美元购买一台新设备。该设备以直线法折旧，4 年后残值为零。该公司的税率为 35%。Sur 银行向 Wolfson 公司提供了 4 年期 2 800 000 美元的贷款。偿还计划如下：4 年每年支付本金 700 000 美元以及年初贷款余额 9% 的利息。本金和利息均在年末支付。Cal 租赁公司向 Wolfson 公司提供同样设备的租赁。租金在 4 年租赁期的每年年初支付 830 000 美元。

    a. Wolfson 公司应该租赁该设备还是以银行贷款购买该设备？

    b. 租金支付设置在什么水平可以使 Wolfson 公司对租赁或购买该设备感到没有差异？

参考答案

1. 一些关键的不同在于：第一，租赁支付额是税前全额扣除的，而贷款的话只有利息的部分是税前扣除的；第二，承租人不拥有资产，因此也不会对其进行折旧以获取折旧税盾的好处；第三，如果违约的话，出租人无法迫使承租人进入破产程序；第四，承租人在租赁结束的时候不会获得资产的所有权（如果不存在其他条款的话）。

2. 答案是利润较低的公司。因为租赁提供了一个转移机制，可以将节税作用从一个把税收优惠看得不那么重要的公司转移到一个把税收优惠看得较为重要的公司。

3. 潜在的问题包括：①在对 IRR 数据进行解读时需要比较谨慎（需要根据具体的情况来分析更高还是更低的 IRR 是比较好的）；②需要考虑到我们所说的 IRR 不是仅仅基于

租赁付款额来决定的内含利率。
4. a. 租赁就是某种形式的担保借款。只有当它的成本低于其他形式的担保借款时，才会降低公司的资本成本。不确定性的减少不是特别重要，重要的是 NAL。
   b. 这种说法并不总是正确的。例如，租赁总是要求提前支付租金或是担保金，并且还可能由公司的其他资产提供隐形的担保。
   c. 租赁并不一定会不复存在，因为它将降低关于残值的不确定性以及所有权转移的交易成本。但是，租赁的使用程度会大幅度地降低。
5. 如果满足以下条件之一，则租赁将需要在资产负债表上被报告出来。
   （1）租赁交易将在期末转移资产的所有权。在这种情况下，公司实际上是拥有这个资产的，也可以得到其剩余价值。
   （2）承租人可以在租赁期末以低于市场公允价值的价格买入资产（低价购买选择权）。在这种情况下，公司实际上是拥有这个资产的，也可以得到其剩余价值。
   （3）租赁期是资产的估计经济寿命的 75% 或更长。这样的话，则公司基本上可以得到资产使用价值的大部分，而对于资产的处置后果不需要承担任何责任。
   （4）租赁付款额是资产在租赁期初的市场公允价值的 90%。公司实际上是采取分期付款的方式购买资产的。
6. 为使得租赁付款额能够被税前扣除，租赁需要满足以下 IRS 标准。
   （1）租赁期需要小于资产使用年限的 80%。如果租赁期长于这个的话，则租赁会被视为一个有条件的出售。
   （2）租赁合约中不能够包含低价购买选择权，IRS 将这种低价购买选择权视为对资产的权益。
   （3）租赁付款方案不能包含租赁期内早期的大额付款和后期的小额付款。如果是这样的话，将意味着租赁是用来避税的。
   （4）更新的选择权应该是合理的，并且是基于更新资产的公允市场价值的。这意味着租赁是出于合理经营目的，而不是为了避税。
7. 如这个术语所隐含的，表外融资涉及的融资项目是不要求被报告在公司资产负债表上的。此类业务，如果要报告的话，也只是会在财务报表的附注部分被报告。经营租赁（即不满足第 6 题要求的那些）就是表外融资的一种。在会计方面分析，资产总额将更低，而某些财务比率将会被人为地提高。财务分析师通常不会被这些做法误导。这样做不会有经济上的效果，因为公司的现金流量不会受到租赁业务的不同会计处理方法的影响。
8. 承租公司可能没有办法获得折旧税盾带来的好处，也没有办法因为"放弃"了折旧税盾的节税作用而能够在租赁交易中达成更有利的协议条款。承租公司还有可能需要从售后回租交易中获得现金流以满足当即的现金需求，而在未来它们还是有能力偿还现金的。
9. 因为相关现金流量都是税后的，因此使用税后借款利率作为折现率是比较适当的。
10. 考虑到天界航空公司的财务状况，租赁并买入的方案可能会使得公司的税后成本是最低的。尤其是天界航空公司目前的状况可能没有办法使其利用所有的税费抵免；并且，天界航空公司没有足够的信用额度来借入购买飞机所需的资金，除非是在信用等级降级和/或利率上升的情况下。

11. 可以在第 6 章中找到 3 年期固定资产的 MACRS 年折旧百分比信息。MACRS 年折旧百分比为 0.333 3、0.444 5、0.148 1 以及 0.074 1。来自租赁的现金流量为：

第 1 年：5 800 000 × 0.333 3 × 0.35 + 1 098 500 = 1 775 099（美元）

第 2 年：5 800 000 × 0.444 5 × 0.35 + 1 098 500 = 2 000 835（美元）

第 3 年：5 800 000 × 0.148 1 × 0.35 + 1 098 500 = 1 399 143（美元）

第 4 年：5 800 000 × 0.074 1 × 0.35 + 1 098 500 = 1 248 923（美元）

$$\text{租赁现金流}(NAL) = 5\,800\,000 - \frac{1\,775\,099}{1.052} - \frac{2\,000\,835}{1.052^2} - \frac{1\,399\,143}{1.052^3} - \frac{1\,248\,923}{1.052^4}$$

$$= 83\,268.34\,（美元）$$

这台机器还是应该被出租。但是，请注意租赁现金流会更低一些。这是因为加速折旧对于税盾的节税作用产生了影响，由此使得租赁的成本高于购买的成本。

12. 项目结束时（第 5 年），资产的税后残值对于租赁决策来说是一个机会成本。并且，残值并不是一个与债务现金流类似的现金流量，因为在第 0 年时，残值还存在着不确定性。然而，虽然更高的折现率可能更为合适，我们还是使用债务的税后资本成本来对残值进行折现，因为这是实践中更为普遍的做法。令租赁现金流（NAL）等于 0：

$$\text{租赁现金流} = 0 = 9\,700\,000 - X \times 1.059\,4 \times PVIFA_{5.94\%,5}$$

$$- 659\,600 \times PVIFA_{5.94\%,5} - \frac{700\,000}{1.059\,4^5}$$

$$X = 1\,430\,112.69\,（美元）$$

因此，最大的税前租赁付款额为：

$$\text{税前租赁付款额} = \frac{1\,430\,112.69}{(1-0.34)} = 2\,166\,837.40\,（美元）$$

13. 租赁或购买的决策取决于增量现金流量。银行提供的贷款信息只是帮助你确定合适的折现率是多少。由于银行提供的贷款利率与市场利率相等，你可以忽略这个贷款信息，使用 9% 作为税前的折现率。在资本预算项目中，你一般不需要考虑这个特定项目的融资来源是什么。唯一的一个例外是，当特定的资金来源是与某个具体项目所挂钩时（例如，当你购买某种型号的车时，你可以得到一个低于市场水平的利率）。

a. 租赁设备的增量现金流量包括租金支付额、租赁的税费节省额、利息税盾减少额以及节省的设备购买成本。租金是每年年初支付的，因此租赁设备的增量现金流量为：

（单位：美元）

	第 0 年	第 1 年	第 2 年	第 3 年	第 4 年
租赁：					
租金支付额	−830 000	−830 000	−830 000	−830 000	
租赁的税费节省额	290 500	290 500	290 500	290 500	

(续)

	第 0 年	第 1 年	第 2 年	第 3 年	第 4 年
利息税值减少额		−245 000	−245 000	−245 000	−245 000
节省的设备购买成本	2 800 000				
	2 260 500	−784 500	−784 500	−784 500	−245 000

税后的折现率为：

$$\text{税后的折现率} = 0.09 \times (1-0.35) = 0.058\,5，或 5.85\%$$

因此，租赁现金流量为：

$$NAL = 2\,260\,500 - 784\,500 \times PVIFA_{5.85\%,3} - \frac{245\,000}{1.058\,5^4} = -37\,476.44（美元）$$

由于租赁现金流量为负，则公司应该选择购买设备。

b. 当租金支付额的现金流量为 0 时，公司对于租赁设备或购买设备的选择感到没有差异。此时，这个租赁交易的租赁现金流量等式为：

$$0 = 2\,800\,000 - PMT(1-0.35) - PMT(1-0.35)(PVIFA_{5.85\%,3})$$
$$\quad - 245\,000(PVIFA_{5.85\%,4})$$
$$PMT = 814\,334.50（美元）$$

第22章 期权与公司理财

本章概要

1. 最为人熟知的期权是看跌期权和看涨期权。这些期权赋予持有人以给定的执行价格出售或购买普通股股票的权利。美式期权可以在到期日之前的任何时间或在到期日执行。欧式期权只能在到期日执行。

2. 我们证明购买股票和购买看跌期权的策略等价于购买看涨期权和购买零息债券的策略。据此,我们可以得到买卖期权平价关系式:

    股票价值 + 看跌期权价值 = 看涨期权价值 + 执行价格的现值

3. 期权的价值取决于5个因素。
    - 标的资产的价格。
    - 执行价格。
    - 到期日。
    - 标的资产的波动性。
    - 无风险债券的利率。

    布莱克 – 斯科尔斯模型可以由这5个因素确定期权的内在价格。

4. 公司理财理论的许多内容可以由期权来体现。在本章中，我们指出：
   a. 普通股股票可以表述成对公司的看涨期权；
   b. 持股人可以通过增大其公司的风险来增加他们持有的看涨期权的价值；
   c. 实际项目隐含增加其价值的期权。

思考与练习

1. **期权** 什么是看涨期权、看跌期权？在什么情况下，你可能想买其中的一种？哪一种有更大的潜在利润？为什么？
2. **期权** 分别为这些投资者完成下列句子：
   a. 买入看涨期权的投资者。
   b. 买入看跌期权的投资者。
   c. 卖出看涨期权的投资者。
   d. 卖出看跌期权的投资者。
   "看（涨/跌）期权的（买方/卖方）（支付/收取）现金作为以固定价格在固定期限内（购买/出售）特定资产的（权利/义务）。"
3. **美式期权和欧式期权** 美式期权和欧式期权的区别是什么？
4. **内在价值** 看涨期权的内在价值是什么？看跌期权呢？我们如何解释这一价值？
5. **期权定价** 你注意到Patel公司的股票为50美元/股。行权价为35美元的期权售价为10美元。有什么不对吗？请描述如果期权的行权到期日为今天，你将如何利用这个错误定价来套利。
6. **期权和股票风险** 如果股票的风险增加，该股票看涨期权的价格会发生怎样的变动？看跌期权的价格呢？为什么？
7. **期权风险** 对或错：股票的非系统性风险与股票的市值之所以无关，是因为它可以通过分散化投资而被消除，因此它与股票的看涨期权也无关。请解释。
8. **期权定价** 假设某股票目前的售价为每股30美元。如果看跌期权和看涨期权的行权价均为30美元，你认为哪一种期权卖得更贵，看涨期权还是看跌期权？请解释。
9. **期权价格和利率** 假设国债利率突然出人意料地上升，其他条件都不变，对看涨期权的价值有什么影响？对看跌期权的价值呢？
10. **或有负债** 当你进行学生贷款时，在通常情况下人们认为该笔贷款是由美国政府做担保的，这意味着政府将在你违约时履行还款责任。这只是许多美国政府担保贷款中的一例。这种担保并不体现在政府支出计算或官方赤字中。为什么？它们应该被体现出来吗？
11. **期权和到期日** 延长期权到期时间对期权的价值有什么影响？请解释。
12. **期权和股票价格波动** 股票收益波动性的增大对期权价值有什么影响？请解释。
13. **保险作为一种期权** 保单被认为类似于一种期权。从投保人的角度来看，保单是什么样的期权？为什么？
14. **股票作为一种看涨期权** 有人说一个有负债公司的股东可以被看作持有对公司资产的

看涨期权。请解释这是什么意思。

15. **期权估值及净现值** 你是 Titan 工业公司的 CEO，并且刚刚被授予了大量的员工股票期权。该公司有两个相互独立的项目。第 1 个项目有很大的净现值，并且会减少公司的总体风险。第 2 个项目有很小的净现值，并且会增加公司的总体风险。你已经决定采纳第 1 个项目。你想起了你的员工股票期权，这将怎样影响你的决定？

16. **买卖期权平价** 你发现看涨期权和看跌期权具有相同的行权价和期限。你认为这两种期权的价格孰高孰低？证明你的答案，并提供直观的解释。

17. **买卖期权平价** 看涨期权和看跌期权具有相同的行权价和期限。如果其价格相同，哪一个在价内？证明你的答案，并提供直观的解释。

18. **买卖期权平价** 买卖期权平价告诉我们，股票、看涨期权、看跌期权、国债四者中任何三者组合在一起可以等同于剩下的第四者。例如，我们如何用看涨期权、看跌期权和国债合成股票？

19. **二叉树期权定价模型** 国债收益率目前为 3.9%。Nina 制造公司的股票售价为 63 美元/股，且一年后股票价值没有可能低于 61 美元/股。

    a. 行权价为 60 美元时，看涨期权价值多少？其内在价值是多少？
    b. 行权价为 50 美元时，看涨期权价值多少？其内在价值是多少？
    c. 行权价为 60 美元时，看跌期权价值多少？其内在价值是多少？

20. **了解期权报价** 用下述期权报价信息回答问题。该股目前的售价为 83 美元。

期权与 NY 收盘价	到期时间	行权价格	看涨期权		看跌期权	
			交易量	收盘价	交易量	收盘价
RWJ						
	3 月	80	230	2.80	160	0.80
	4 月	80	170	6	127	1.40
	7 月	80	139	8.05	43	3.90
	10 月	80	60	10.20	11	3.65

    a. 看涨期权在价内吗？一份 RWJ 公司看涨期权的内在价值是多少？
    b. 看跌期权在价内吗？一份 RWJ 公司看跌期权的内在价值是多少？
    c. 哪两种期权明显被错误定价了？错误定价的期权价格最低应该设为多少？请解释在每一种情况下你将如何套利。

21. **计算损益** 用下述期权报价信息回答问题。该股目前的售价为 114 美元。

期权与 NY 收盘价	到期时间	行权价格	看涨期权		看跌期权	
			交易量	收盘价	交易量	收盘价
Macrosoft						
	2 月	110	85	7.60	40	0.60
	3 月	110	61	8.80	22	1.55
	5 月	110	22	10.25	11	2.85
	8 月	110	3	13.05	3	4.70

    a. 假设你购买了 10 份 2 月到期、执行价为 110 的看涨期权合同。佣金忽略不计，你

愿意出多少钱?

b. 在 a 问题中,假设 Macrosoft 股票在到期当日的售价为 140 美元。你投资的期权价值多少?如果期末股票价格为 125 美元呢?请加以解释。

c. 假设你购买了 10 份 8 月到期、执行价为 110 的看跌期权合同。你的最大收益是多少?在到期日 Macrosoft 股票的售价是每股 104 美元。你投资的期权的价值是多少?你的净收益是多少?

d. 在 c 问题中,假设你卖出 10 份 8 月到期、行权价为 110 的看跌期权合同。如果到期日 Macrosoft 股票的售价为 103 美元,你的净收益或净损失为多少?若售价为 132 美元呢?盈亏平衡的价格,即盈利为零时,股票的价格是多少?

22. **二叉树期权定价模型** Ervin 公司股价到年底将会是 53 美元或 67 美元。看涨期权 1 年后到期。国债利率为 5%。

a. 假设目前 Ervin 公司的股价是 58 美元。如果行权价为每股 50 美元,看涨期权的价值为多少?

b. 假设 a 问题中的行权价是 60 美元,看涨期权的价值为多少?

23. **二叉树期权定价模型** Tara 公司股价到年底将会是 50 美元或 70 美元。看涨期权 1 年后到期。国债利率为 5%。

a. 假设目前 Tara 公司的股价是 62 美元。如果行权价为每股 35 美元,看涨期权的价值为多少?

b. 假设 a 问题中的行权价是 60 美元,看涨期权的价值为多少?

24. **买卖期权平价** 某股目前的价格为每股 47 美元。3 个月后到期,行权价为 50 美元的看涨期权售价为 3.80 美元。如果无风险利率是年息 2.6%,连续复利计算,具有相同行权价的看跌期权是什么价格?

25. **买卖期权平价** 看跌期权在 6 个月内到期,行权价为 75 美元,售价为 4.89 美元。该股目前的售价为 72 美元,无风险利率为每年 3.6%,连续复利计算。具有相同行权价的看涨期权是什么价格?

26. **买卖期权平价** 看跌期权和看涨期权的行权价为 85 美元且 3 个月到期,售价分别为 6.18 美元和 5.09 美元。如果无风险利率是 4.8%,连续复利计算,当前的股票价格是多少?

27. **买卖期权平价** 看跌期权和看涨期权的行权价为 55 美元且 2 个月到期,售价分别为 2.65 美元和 5.32 美元。如果该股目前的售价为 57.30 美元,连续复利计算条件下的年利率是多少?

28. **布莱克 – 斯科尔斯** 具有以下特征的看涨期权和看跌期权是什么价格?

$$股票价格 = 57\ 美元$$
$$行权价 = 60\ 美元$$
$$无风险利率 = 6\%\ 年利率,连续复利计算$$
$$期限 = 4\ 个月$$
$$标准差 = 54\%/年$$

29. **布莱克－斯科尔斯** 具有以下特征的看涨期权和看跌期权是什么价格？

$$股票价格 = 93 \text{ 美元}$$
$$行权价 = 90 \text{ 美元}$$
$$无风险利率 = 4\% \text{ 年利率，连续复利计算}$$
$$期限 = 5 \text{ 个月}$$
$$标准差 = 53\%/\text{年}$$

30. **Delta** 具有以下特征的看涨期权和看跌期权 Delta 是多少？

$$股票价格 = 76 \text{ 美元}$$
$$行权价 = 70 \text{ 美元}$$
$$无风险利率 = 5\% \text{ 年利率，连续复利计算}$$
$$期限 = 9 \text{ 个月}$$
$$标准差 = 49\%/\text{年}$$

31. **布莱克－斯科尔斯和资产价值** 你在佛罗里达州的 Key West 拥有一块地，目前闲置。相似的地段最近卖了 130 万美元。在过去的 5 年中，该地区土地价格的增长率达到了平均每年 12%，每年的标准差为 30%。最近有买家和你接洽，想要一个在未来 12 个月内以 145 万美元购买此地的期权。连续复利计算的无风险利率为 5%。你愿意以何种价钱卖给他这个期权？

32. **布莱克－斯科尔斯和资产价值** 在先前的问题中，假设你想将出售土地给对方的看跌期权期限设置为 1 年。假定所有条件不变，描述今天的交易状况。今天的交易价格为多少？

33. **期权的时间价值** 特定股票期权的信息如下：

$$股票价格 = 83 \text{ 美元}$$
$$行权价 = 80 \text{ 美元}$$
$$无风险利率 = 6\% \text{ 年利率，连续复利计算}$$
$$期限 = 6 \text{ 个月}$$
$$标准差 = 47\%/\text{年}$$

a. 看涨期权的内在价值是多少？看跌期权呢？
b. 看涨期权的时间价值是多少？看跌期权呢？
c. 看涨期权和看跌期权中哪一个有较高的时间价值？在一般条件下，该结论均成立吗？

34. **风险中性定价** 某股目前的售价为 84 美元。1 年后该股的价格至少增加或减少 17%。该股的看涨期权行权价为 80 美元且 1 年后到期。如果无风险利率是 8%，连续复利计算，风险中性的看涨期权价值为多少？

35. **风险中性定价** 在先前的问题中，假设无风险利率只有 5%，风险中性的看涨期权价值又为多少？在风险中性的条件下，股票价格上升和股票价格下跌的概率会发生什么变化？

36. **布莱克－斯科尔斯** 看涨期权 6 个月后到期。标的股票的价格是每股 75 美元，股票的回报标准差为 30%。无风险利率为 4%，连续复利计算。如果行权价为 0，看涨期权的价格为多少？

37. **布莱克－斯科尔斯** 看涨期权的行权价为 80 美元，6 个月内到期。目前的股票价格是 84 美元，无风险利率为每年 5%，连续复利计算。如果股票的标准差为 0，看涨期权的价格为多少？

38. **布莱克－斯科尔斯** 某股目前的售价为 35 美元。1 年后到期的看涨期权行权价为 50 美元。无风险利率为 7%，连续复利计算，股票回报的标准差无限大。看涨期权的价格是多少？

39. **股票作为一种期权** Sunburn Sunscreen 公司发行了一期 1 年后到期、面值为 2 万美元的零息债券。目前该公司资产的市值为 21 700 美元。该公司的资产回报标准差为 38%，年无风险利率为 5%，连续复利计算。基于布莱克－斯科尔斯模型，公司权益及负债的市值为多少？

40. **股票作为一种期权和净现值** 假设上一个问题中的那家公司正在考虑两种独立的投资。项目 A 的净现值为 1 200 美元，项目 B 的净现值为 1 600 美元。若采用项目 A，该公司的年资产回报标准差将增加至 55%。如果采用项目 B，该标准差将下降到每年 34%。
    a. 如果采用项目 A，该公司的股票及债券价值分别为多少？如果采用项目 B 呢？
    b. 股东偏好哪一个项目？用净现值法的话，你会改变答案吗？
    c. 假设股东与债券持有人实际上是同一批投资者，这会影响你对 b 问题的答案吗？
    d. 这个问题说明了股东具有怎样的偏好？

41. **股票作为一种期权** Frostbite Thermalwear 公司发行了一期 1 年后到期、面值为 25 000 美元的零息债券。公司资产的市值为 27 200 美元。该公司的年资产回报标准差为 53%，年无风险利率为 5%，连续复利计算。基于布莱克－斯科尔斯模型，公司权益及负债的市值为多少？在连续复利计算条件下，公司的债务成本为多少？

42. **兼并和股票作为一种期权** 假设先前问题中的 Sunburn Sunscreen 和 Frostbite Thermalwear 公司已决定合并。因为这两家公司的销售存在季节性，合并后公司的总资产收益率将有一个 29% 左右的标准差。
    a. 两家公司的股票价值加总是多少？债券呢？
    b. 新公司的股票价值为多少？债券呢？
    c. 股东损益是多少？债券持有人呢？
    d. 股东价值发生了什么变化？

43. **股票作为一种期权和净现值** 一家公司发行了一期 10 年后到期、面值为 1 000 万美元的零息债券。目前该公司资产的市值为 905 万美元。该公司的年资产回报标准差为 39%，年无风险利率为 6%，连续复利计算。
    a. 当前公司股票的市值为多少？
    b. 当前公司债券的市值为多少？
    c. 在连续复利计算条件下，公司的债务成本为多少？
    d. 该公司有一个新项目。该项目的净现值为 120 万美元。如果该公司采纳项目，会对股票市值产生什么影响？假设波动率不变。

e. 假设该公司承接新项目,并且不借用任何额外资金,在连续复利计算条件下,新的债务成本是多少?这里发生了什么状况?

44. **二叉树期权定价模型** 肯有意购买东南航空公司不分红的普通股欧式看涨期权,行权价为 65 美元,期限为 1 年。目前,东南航空的股票售价为每股 62 美元。肯知道 1 年后东南航空的股票交易价格将为 76 美元/股或 54 美元/股。肯能以无风险有效利率 2.5% 借入或贷出资金。

   a. 看涨期权今日的价格是多少?

   b. 如果目前没有根据该股票创设的期权,有没有办法创设一种和刚才描述的看涨期权具有相同收益条件的合成看涨期权?如果有的话,你会如何操作?

   c. 合成看涨期权的费用是多少?它大于、小于还是等于购买实际看涨期权的费用?结论说得通吗?

45. **二叉树期权定价模型** Rob 希望买 BioLabs 公司的欧洲看跌期权。该公司的股票为不分红的普通股,执行价为 50 美元,期限为 6 个月。BioLabs 公司的普通股股票目前价格为 45 美元,Rob 预期股票价格将在 6 个月内上升到 68 美元或下跌至 37 美元。Rob 可以以无风险利率 5% 借入或贷出资金。

   a. 今日看跌期权的售价为多少?

   b. 如果没有该期权在市场上交易,有没有办法创设一种和刚才描述的看跌期权具有相同的收益条件的合成看跌期权?如果有的话,你会如何操作?

   c. 合成看跌期权的费用是多少?它大于、小于还是等于购买实际看涨期权的费用?结论说得通吗?

46. **二叉树期权定价模型** Maverisk 制造公司必须在 3 个月后购买黄金用于生产。其管理层估计,如果黄金价格超过 1 380 美元/盎司,公司将倒闭。目前黄金的价格是 1 270 美元/盎司。该公司的首席财政官认为黄金的价格将在未来 3 个月内上升到 1 465 美元/盎司或下降至 1 120 美元/盎司。管理层希望能消除公司破产的风险。Maverisk 制造公司可以以无风险利率 6.5% 进行借贷。

   a. 该公司应该购买黄金看涨期权还是看跌期权?为避免破产,公司希望该期权有什么样的行权价和期限呢?

   b. 这样的期权在公开市场的售价为多少?

   c. 如果没有黄金期权在市场上交易,有没有办法合成一种和刚才描述的期权具有相同的损益情况的期权?如果有的话,你会如何操作?

   d. 合成期权的费用是多少?它大于、小于还是等于购买实际期权的费用?结论说得通吗?

47. **布莱克-斯科尔斯和领子期权成本** 一个投资者持有领子期权,是指他买入资产、买入价外看跌期权,同时卖出价外看涨期权。两个期权的到期日相同。假设 Marie 欲购买 Hollywood 公司不分红的普通股的领子期权,期限为 6 个月。她希望看跌期权的行权价为 45 美元,看涨期权的行权价为 75 美元。当前 Hollywood 公司的股票价格为 60 美元/股。Marie 能够以连续复利计算条件下的无风险利率 7% 借贷,每年的股票回报标准差是 50%。利用布莱克－斯科尔斯模型计算 Marie 想购买的领子期权的成本。领子期权起了什么作用？

48. **债务估值和到期期限** McLemore 公司发行了一个两年期面值为 75 000 美元的零息债券。目前该公司的总资产为 46 000 美元，资产回报标准差是 60%。

    a. 假设无风险利率为 5%，连续复利计算，具有相同面值和期限的无风险债券价值多少？
    b. 债券持有人愿意支付什么价钱购买行权价等于债券面值的公司资产看跌期权？
    c. 利用 a 问题和 b 问题中得到的答案计算该公司债券的价值。在连续复利计算条件下，公司的债券收益率为多少？
    d. 从 McLemore 公司资产价值的角度以及债务必须两年内还清的事实来看，这家公司将无力偿还其债务。管理层已和债券持有人接触，并提出一项计划，即该公司将偿还相同面值的债务，但还款将在 5 年后完成。根据拟议的计划，该公司的债务价值多少？在连续复利计算条件下的债券收益为多少？解释为什么会出现这种情况。

49. **债务估值和资产方差** Brozik 公司发行了 5 年期面值为 4 万美元的零息债券。目前公司的资产价值为 38 000 美元，年资产回报标准差是 50%。无风险利率为 6%，连续复利计算。

    a. 与当前债券具有相同面值和期限的无风险债券的价值为多少？
    b. 行权价等于债券面值的公司资产看跌期权的价值为多少？
    c. 利用 a 问题和 b 问题中得到的答案计算该公司债券的价值。在连续复利计算条件下，公司的债券收益率为多少？
    d. 假设该公司能够进行重组，使其资产回报标准差上升至 60%。公司的债券价值会发生什么变化？在连续复利计算条件下，新的债券收益率是多少？解释 c 问题和 d 问题中的答案。
    e. 如果该公司进行资产重组会对债券持有人产生什么影响？对股东呢？这其中的代理人问题是如何产生的？

50. **二叉树期权定价和公司价值评估** Strudler 房地产公司是一家同时用股权和债权融资的建筑公司，正开发一个新项目。如果这一项目成功，公司市值将在 1 年内达到 2.13 亿美元。但是，如果该项目失败，该公司将只值 1.56 亿美元。目前 Strudler 的市值是 1.85 亿美元，这个数字包含了对新项目前景的预计。Strudler 发行的零息债券还有 1 年到期，面值为 1.75 亿美元。1 年期的国债收益率为 7%。 Strudler 不分红。

    a. 使用二叉树期权定价模型来计算目前 Strudler 的债务和股权价值。
    b. 假设 Strudler 有 50 万股普通股在流通。每股价格为多少？
    c. 比较 Strudler 债券的市场价值以及相同数额一年后到期的无风险债券的现值。该公司的债券价值大于、小于还是等于无风险债券？这个结论说得通吗？哪些因素可能导致两者价值不同？
    d. 假设 Strudler 的管理层决定以一个风险更大的项目取代前述项目。到年底，该公司的资产市值将增加至 2.45 亿美元或减少至 1.35 亿美元。令人惊讶的是，管理层得出结论认为，如果用这个风险项目取代先前风险较低的项目，目前公司的市值仍将维持在 1.85 亿美元。使用二叉树期权定价模型计算采取新项目后该公司的债券和股权价值。债券持有人更喜欢哪一个项目？

51. **布莱克–斯科尔斯和股利** 除了本章中介绍的 5 个因素，股利也影响着期权的价格。带股利分配的布莱克–斯科尔斯期权定价模型如下：

$$C = S \times e^{-dt} \times N(d_1) - E \times e^{-Rt} \times N(d_2)$$

$$d_1 = \frac{\ln\left(\frac{S}{E}\right) + \left(R - d + \frac{\sigma^2}{2}\right) \times t}{\sigma \times \sqrt{t}}$$

$$d_2 = d_1 - \sigma \times \sqrt{t}$$

所有的变量都和不带股利的布莱克–斯科尔斯模型一样，除了变量 d 是连续复利计算条件下股票的股利收益率。

a. 你认为股利将会对看涨期权的价格产生什么影响？请解释。

b. 某股目前的售价为每股 113 美元，即每股收益的年标准差为 50%，无风险利率为 5%，连续复利计算。执行价为 110 美元，年派息率为 2% 的 6 月期看涨期权价格是什么？

52. **买卖平价和股利** 当公司支付股票股利时，买卖期权平价发生了变化。股利的存在使买卖期权平价计算公式调整为：

$$S \times e^{-dt} - P = E \times e^{-Rt} + C$$

其中 d 是连续复利计算条件下股票的股利收益率。

a. 你认为股利将会对看跌期权的价格产生什么影响？请解释。

b. 根据上题，与其中看涨期权具有相同行权价和期限的看跌期权是什么价格？

53. **看跌期权的 Delta** 在本章中，我们注意到看跌期权的 Delta 是 $N(d_1) - 1$。这与 $-N(-d_1)$ 相同吗？（提示：相同，但为什么？）

54. **布莱克–斯科尔斯看跌期权定价模型** 利用布莱克–斯科尔斯看涨期权定价模型、买卖期权平价以及上题，证明布莱克–斯科尔斯看跌期权定价模型可以写作：

$$P = E \times e^{-Rt} \times N(-d_2) - S \times N(-d_1)$$

55. **布莱克–斯科尔斯** 某股目前的售价为 50 美元。该股不支付股利。年无风险利率为 12%，连续复利计算，股票回报标准差为 60%。该股票的欧式看涨期权行权价为 100 美元，无到期日，即它是永久性的。基于布莱克–斯科尔斯，看涨期权的价值为多少？你意识到这里存在一个悖论吗？如何解决这个悖论？

56. **Delta** 你购买一个看涨期权同时以相同的行权价和期限卖出一个看跌期权。该投资组合的 Delta 是什么？为什么？

参考答案

1. 看涨期权给予持有者一种在某一个特定的日期当天或之前以某个特定的价格买入资产的权利，同时并不附有相应的义务。看跌期权给予持有者一种在某一个特定的日期当天或之前以某个特定的价格卖出资产的权利，同时并不附有相应的义务。如果你预期资产价格上升，你可以买入看涨期权。如果你预期资产价格下跌，你可以买入看跌期权。看涨期权的潜在利润是无限的，而看跌期权的潜在利润是有限的；标的资产的价格不能低于 0。

2. a. 买入看涨期权的投资者付钱以获得买入某资产的权利。
   b. 买入看跌期权的投资者付钱以获得卖出某资产的权利。
   c. 卖出看涨期权的投资者收到钱，同时有义务卖出某资产。
   d. 卖出看跌期权的投资者收到钱，同时有义务买入某资产。

3. 美式期权可以在到期日当天或之前的任何一天被执行。欧式期权只能在到期日当天被执行。由于美式期权给予其持有者在到期日当天或之前的任何一天执行期权的权利，则美式期权的价值如果不大于欧式期权的话，也至少应该等于欧式期权。

4. 看涨期权的内在价值是 $Max[S - E, 0]$。看跌期权的内在价值是 $Max[E - S, 0]$。期权的内在价值就是其到期时的价值。

5. 这个看涨期权的售价低于其内在价值，因此存在套利机会。以 10 美元买入这个看涨期权，支付 35 美元获得 1 股股票，然后将股票以 50 美元卖出。你可以赚取 5 美元的无风险利润。

6. 看涨期权的价格和看跌期权的价格都应该上涨。更高的负面风险使得期权价格可能为 0，但价值上涨的潜在空间更大一些，因为资产最终在到期时获取收益的可能性更高一些。

7. 错误。看涨期权的价值取决于标的资产的总方差，而不仅仅是系统性方差。

8. 看涨期权卖得更贵些，因为它提供了一个可以获得无限利润的机会，而看跌期权所能获得的潜在利润是有限的（股票价格不能跌到 0 以下）。

9. 看涨期权的价值将上升，看跌期权的价值将下跌。

10. 这种担保并不体现在计算政府支出或官方赤字中，原因是美国政府使用现金收付制，即只有实际的现金流入和现金流出才被记录，而不是或有的现金流量。从政治的角度来看，这将使得赤字变得更大，因此这也是不记录它们的另一个原因！是否应该记录它们，取决于我们是否觉得现金收付制是合适的，但这些或有负债还是需要被计量和报告的。目前并没有这么做，至少没有正式地被报告出来。

11. 延长期权到期时间将使得期权的价值上升。原因是期权给予持有者买入或卖出的权利。持有者拥有这种权利的时间更长，则期权价值上涨（如果是看跌期权，则是下跌）的时间可能更长。例如，考虑一个即将到期的价外期权。因为这个期权实际上已经没有什么价值了，延长到期时间很明显会增加它的价值。

12. 股票收益波动性的增大将使得看涨期权价值和看跌期权价值都上升，因为更大的波动性将使得价内期权的收益更有可能会出现。

13. 一项看跌期权就是一份保险单，因为它保证了持有人以某个价格卖出资产的权利。思考一下你的房屋保险。如果你的房子起火了，房子就不值钱了。实际上，你是在将你着火之后的房子卖给保险公司，且卖的价格就是你得到的保费（执行价格）。

14. 一个有负债公司的股东可以被看作持有对公司资产的看涨期权，且行权价格等于债务的面值、到期时间等于债务的到期时间。如果在债务到期时，公司价值超过了债务的面值，公司将全额偿还债务，股东将得到公司的剩余资产。但是，如果到期时公司价值小于公司债务的面值，则公司需要清算其所有的资产以偿还其债权人，则股东将得不到任何资产。考虑以下情况：

令 V_L = 当公司同时以债务和权益融资时的价值

FV（债务）= 公司未偿还债务到期时的价值

	如果 $V_L < FV$（债务）	如果 $V_L > FV$（债务）
债务持有者的所得	V_L	FV（债务）
权益持有者的所得	0	$V_L - FV$（债务）
	V_L	V_L

请注意，权益持有者的所得与看涨期权的收益公式 $\text{Max}(0, S_T - K)$ 是完全一致的，其中到期时的股票价格（S_T）等于公司在债务到期时的价值，而行权价格（K）等于未偿还债务的面值。

15. 由于你持有大量的员工股票期权，你有动机去接受第 2 个项目，而这将增加公司的总体风险并降低公司债务的价值。但是，接受有风险的项目将会增加你的财富，因为当公司的风险上升时，你的期权价值会提高。

16. 对买卖期权平价公式进行变形，我们得到 $S - PV(E) = C - P$。由于我们知道股票价格和执行价格是相等的，假设利率为正，则等式的左边必须大于 0。在这种情况下，意味着看涨期权的价格需要超过看跌期权的价格。

17. 将买卖期权平价公式变形，我们得到 $S - PV(E) = C - P$。如果看跌期权和看涨期权的价格相同，则 $C - P = 0$。这意味着股票价格等于执行价格的现值，因此看跌期权是价内的。

18. 我们可以将买入看涨期权（用于捕获价格上升时的利润），卖出看跌期权（用来反映价格下跌时的亏损）以及国库券（用来反映时间因素，即等待的效果）组合在一起来达到股票投资的效果。

19. a. 看涨期权的价值就是股票价格减去执行价格的现值，即

$$C_0 = 63 - \frac{60}{1.039} = 5.25（美元）$$

其内在价值就是股票价格与看涨期权执行价格的差额，因此内在价值为 3 美元。

b. 看涨期权的价值就是股票价格减去执行价格的现值，即

$$C_0 = 63 - \frac{50}{1.039} = 14.88（美元）$$

其内在价值就是股票价格与看涨期权执行价格的差额，因此内在价值为 13 美元。

c. 看跌期权的价值为 0，因为一直到到期，这个期权都不可能是价内期权。其内在价值为 0 美元。

20. a. 看涨期权在价内。看涨期权的内在价值是 3 美元。

b. 看跌期权不在价内。看跌期权的内在价值是 0 美元。

c. 3 月的看涨期权和 10 月的看跌期权是定价错误的。看涨期权定价错误，原因是其出售价格低于其内在价值。如果这个看涨期权在今天到期，则存在套利机会，可以以 2.80 美元买入看涨期权，执行这个期权，以 80 美元买入股票，然后再以 83 美元卖出股票，由此可以获得无风险利润 0.20 美元。看跌期权定价错误，原因是其出售价格低于 7 月的看跌期权。为了从中获利，可以以 3.90 美元卖出 7 月的看跌期权，以 3.65 美元买入 10 月的看跌期权，从而获得现金流入 0.20 美元。空头头寸面临的风险将在 10 月的看跌期权的多头头寸中被全面覆盖，因为今天会有一个现金流入。

21. a. 每份合约针对 100 股，所以总成本为：
$$成本 = 10 \times 100 \times 7.60 = 7\ 600\ (美元)$$

b. 如果到期时的股票价格为 140 美元，则收益为：
$$收益 = 10 \times 100 \times (140 - 110) = 30\ 000\ (美元)$$
如果到期时的股票价格为 125 美元，则收益为：
$$收益 = 10 \times 100 \times (125 - 110) = 15\ 000\ (美元)$$

c. 请记住，每份合约针对 100 股，所以总成本为：
$$成本 = 10 \times 100 \times 4.70 = 4\ 700\ (美元)$$

当股价下跌到 0 美元时，看跌期权可以获得最大利得。我们还需要从中减去初始成本，因此：
$$最大利得 = 10 \times 100 \times 110 - 4\ 700 = 105\ 300\ (美元)$$
如果到期时的股票价格为 104 美元，则可以获得利润：
$$利润 = 10 \times 100 \times (110 - 104) - 4\ 700 = 1\ 300\ (美元)$$

d. 当股票价格为 103 美元时，看跌期权是在价内的。作为出售者，你将获得：
$$净损失 = 4\ 700 - 10 \times 100 \times (110 - 103) = -2\ 300\ (美元)$$
当股票价格为 132 美元时，看跌期权是在价外的。作为出售者，此时初始成本为：
$$净利润 = 4\ 700\ (美元)$$
在盈亏平衡点时，你可以弥补掉初始成本，因此：
$$4\ 700 = 10 \times 100 \times (110 - S_T) = 105.30\ (美元)$$
当最终的股票价格超过 105.30 美元时，看跌期权出售者将获得净利润（忽略交易成本和资金的时间价值）。

22. a. 看涨期权的价值就是股票价格减去执行价格的现值，因此：
$$C_0 = 58 - \frac{50}{1.05} = 10.38\ (美元)$$

b. 基于教材中消除套利机会的等式，我们求出看涨期权的价值为：
$$58 = \left[\frac{(67-53)}{(67-60)}\right]C_0 + \frac{53}{1.05}$$
$$C_0 = 3.76\ (美元)$$

23. a. 看涨期权的价值就是股票价格减去执行价格的现值，因此：

$$C_0 = 62 - \frac{35}{1.05} = 28.67（美元）$$

b. 基于教材中消除套利机会的等式，我们求出看涨期权的价值为：

$$62 = \left[\frac{(70-50)}{(70-60)}\right]C_0 + \frac{50}{1.05}$$

$$C_0 = 7.19（美元）$$

24. 基于买卖期权平价定理，求解看跌期权价格，我们得到：

$$47 + P = 50e^{-0.026 \times \frac{3}{12}} + 3.80$$

$$P = 6.48（美元）$$

25. 基于买卖期权平价定理，求解看涨期权价格，我们得到：

$$72 + 4.89 = 75e^{-0.036 \times \frac{6}{12}} + C$$

$$C = 3.23（美元）$$

26. 基于买卖期权平价定理，求解股票价格，我们得到：

$$S + 6.18 = 85e^{-0.048 \times \frac{3}{12}} + 5.09$$

$$S = 82.909（美元）$$

27. 基于买卖期权平价定理，求解无风险利率，我们得到：

$$57.30 + 2.65 = 55e^{-R\left(\frac{2}{12}\right)} + 5.32$$

$$54.63 = 55e^{-R\left(\frac{2}{12}\right)}$$

$$0.9933 = e^{-R\left(\frac{2}{12}\right)}$$

$$\ln(0.9933) = \ln\left[e^{-R\left(\frac{2}{12}\right)}\right]$$

$$-0.0068 = -R\left(\frac{2}{12}\right)$$

$$R_f = 4.05\%$$

28. 基于布莱克-斯科尔斯期权模型，我们求解看涨期权的价格，得到：

$$d_1 = \frac{\left[\ln\left(\frac{57}{60}\right) + \left(0.06 + \frac{0.54^2}{2}\right) \times \left(\frac{4}{12}\right)\right]}{\left(0.54 \times \sqrt{\frac{4}{12}}\right)} = 0.0555$$

$$d_2 = 0.0555 - (0.54 \times \sqrt{\frac{4}{12}}) = -0.2563$$

$$N(d_1) = 0.5221$$

$$N(d_2) = 0.3989$$

将这些数据代入布莱克-斯科尔斯期权模型，我们得到看涨期权的价格为：

$$C = 57 \times 0.522\,1 - 60e^{-0.06 \times \frac{4}{12}} \times 0.398\,9 = 6.30 \text{（美元）}$$

基于买卖期权平价定理，求解看跌期权价格，我们得到：

$$P = 60e^{-0.06 \times 0.25} + 6.30 - 57 = 8.11 \text{（美元）}$$

29. 基于布莱克-斯科尔斯期权模型，我们求解看涨期权的价格，得到：

$$d_1 = \frac{\left[\ln\left(\frac{93}{90}\right) + \left(0.04 + \frac{0.53^2}{2}\right) \times \left(\frac{5}{12}\right)\right]}{\left(0.53 \times \sqrt{\frac{5}{12}}\right)} = 0.315\,6$$

$$d_2 = 0.315\,6 - \left(0.53 \times \sqrt{\frac{5}{12}}\right) = -0.026\,5$$

$$N(d_1) = 0.623\,9$$
$$N(d_2) = 0.489\,4$$

将这些数据代入布莱克-斯科尔斯期权模型，我们得到看涨期权的价格为：

$$C = 93 \times 0.623\,9 - 90e^{-0.04 \times \frac{5}{12}} \times 0.489\,4 = 14.70 \text{（美元）}$$

基于买卖期权平价定理，求解看跌期权价格，我们得到：

$$P = 90e - 0.04 \times \left(\frac{5}{12}\right) + 14.70 - 93 = 10.21 \text{（美元）}$$

30. 看涨期权的 Delta 为 $N(d_1)$，因此：

$$d_1 = \frac{\left[\ln\left(\frac{76}{70}\right) + \left(0.05 + \frac{0.49^2}{2}\right) \times 0.75\right]}{\left(0.49 \times \sqrt{0.75}\right)} = 0.494\,3$$

$$N(d_1) = 0.689\,5$$

看涨期权的 Delta 为 0.689 5。对于看跌期权而言，Delta 为：

$$\text{看跌期权的 Delta} = 0.689\,5 - 1 = -0.310\,5$$

Delta 告诉我们，当标的资产的价格变化 1 美元时，期权价格的变化是多少。

31. 基于布莱克-斯科尔斯期权模型，"股票"价格 130 万美元，执行价格 145 万美元，则你应该卖出的价格为：

$$d_1 = \frac{\left[\ln\left(\frac{1\,300\,000}{1\,450\,000}\right) + \left(0.05 + \frac{0.30^2}{2}\right) \times \left(\frac{12}{12}\right)\right]}{\left(0.30 \times \sqrt{\frac{12}{12}}\right)} = -0.047\,3$$

$$d_2 = -0.047\,3 - \left(0.30 \times \sqrt{\frac{12}{12}}\right) = -0.347\,3$$

$$N(d_1) = 0.481\,1$$
$$N(d_2) = 0.364\,2$$

将这些数据代入布莱克 – 斯科尔斯期权模型，我们得到看涨期权的价格为：
$$C = 1\,300\,000 \times 0.481\,1 - 1\,450\,000 e^{-0.05 \times 1} \times 0.364\,2 = 123\,166.92\,(美元)$$

32. 根据我们在上一题中求出的看涨期权价格以及买卖期权平价理论，你需要支付：
$$P = 1\,450\,000 e^{-0.05 \times 1} + 123\,166.92 - 1\,300\,000 = 202\,499.58\,(美元)$$

33. 基于布莱克 – 斯科尔斯期权定价模型，我们求解看涨期权的价格，得到：

$$d_1 = \frac{\left[\ln\left(\frac{83}{80}\right) + \left(0.06 + \frac{0.47^2}{2}\right) \times \left(\frac{6}{12}\right)\right]}{\left(0.47 \times \sqrt{\frac{6}{12}}\right)} = 0.367\,2$$

$$d_2 = 0.367\,2 - \left(0.47 \times \sqrt{\frac{6}{12}}\right) = 0.034\,9$$

$$N(d_1) = 0.643\,3$$

$$N(d_2) = 0.513\,9$$

将这些数据代入布莱克 – 斯科尔斯模型，我们求出看涨期权的价格为：
$$C = 83 \times 0.643\,3 - 80 e^{-0.06 \times 0.50} \times 0.513\,9 = 13.49\,(美元)$$

基于买卖期权平价理论，我们求出看跌期权的价格为：
$$P = 80 e^{-0.06 \times 0.50} + 13.49 - 83 = 8.13\,(美元)$$

a. 每个期权的内在价值为：

看涨期权的内在价值 = Max[$S - E$, 0] = 3（美元）

看跌期权的内在价值 = Max[$E - S$, 0] = 0（美元）

b. 期权价值包含内在价值和时间价值，因此：

看涨期权的价值 = 内在价值 + 时间价值

$13.49 = 3 + TV$

$TV = 10.49$（美元）

看跌期权的价值 = 内在价值 + 时间价值

$8.13 = 0 + TV$

$TV = 8.13$（美元）

c. 相较于看跌期权而言，时间溢价对于看涨期权更为重要，因此通常来说，看涨期权的时间溢价大于看跌期权的时间溢价。

34. 股票价格既有可能上涨 17%，也有可能下降 17%。到期时的股票价格可能会是：

上升时的股票价格 = $84 \times (1 + 0.17) = 98.28$（美元）

下降时的股票价格 = $84 \times (1 - 0.17) = 69.72$（美元）

两种情况下的期权价值将是最大的股票价格减去执行价格，或者为 0，即

股价上升时的期权价值 = Max[98.28 − 80, 0] = 18.28（美元）

股价下跌时的期权价值 = Max[69.72 − 80, 0] = 0（美元）

为了获得 17% 的收益率，我们可以使用以下式子来确定股票价格上升的风险中性概率：

$$\text{无风险利率} = (\text{概率}_{\text{上升}})(\text{收益率}_{\text{上升}}) + (\text{概率}_{\text{下降}})(\text{收益率}_{\text{下降}})$$
$$0.08 = (\text{概率}_{\text{上升}}) \times 0.17 + (1 - \text{概率}_{\text{上升}}) \times (-0.17)$$
$$\text{概率}_{\text{上升}} = 0.7353$$

股票价格下降的概率为:
$$\text{概率}_{\text{下降}} = 1 - 0.7353 = 0.2647$$

因此,看涨期权的风险中性价值为:
$$C = \frac{0.7353 \times 18.28 + 0.2647 \times 0}{1 + 0.08} = 12.45 \text{(美元)}$$

35. 股票价格上涨、下降,看涨期权的价值将不会变化,因为股票价格的变化额是一样的。股票价格上涨的新的风险中性概率为:
$$\text{无风险利率} = (\text{概率}_{\text{上升}})(\text{收益率}_{\text{上升}}) + (\text{概率}_{\text{下降}})(\text{收益率}_{\text{下降}})$$
$$0.05 = (\text{概率}_{\text{上升}}) \times 0.17 + (1 - \text{概率}_{\text{上升}}) \times (-0.17)$$
$$\text{概率}_{\text{上升}} = 0.6471$$

股票价格下降的概率为:
$$\text{概率}_{\text{下降}} = 1 - 0.6471 = 0.3529$$

因此,看涨期权的风险中性价值为:
$$C = \frac{0.6471 \times 18.28 + 0.3529 \times 0}{1 + 0.05} = 11.26 \text{(美元)}$$

36. 如果执行价格等于 0,则看涨期权价格等于股票价格,即 75 美元。

37. 如果标准差为 0,d_1 和 d_2 将趋向于 $+\infty$,则 $N(d_1)$ 和 $N(d_2)$ 将趋向于 1。因此:
$$C = SN(d_1) - EN(d_2)e^{-rt} = 84 \times 1 - 80 \times 1 e^{-0.05 \times \frac{6}{12}} = 5.98 \text{(美元)}$$

38. 如果标准差是无限大的,d_1 将趋向于正无穷大,则 $N(d_1)$ 将趋向于 1;d_2 将趋向于负无穷大,则 $N(d_2)$ 将趋向于 0。在这种情况下,看涨期权价格等于股票价格,即 35 美元。

39. 我们可以使用布莱克-斯科尔斯模型来求出公司权益的价值。以资产价值 21 700 美元作为股票价格,并以债券的面值 2 万美元作为执行价格,公司权益的价值为:

$$d_1 = \frac{\left[\ln\left(\frac{21\,700}{20\,000}\right) + \left(0.05 + \frac{0.38^2}{2}\right) \times 1\right]}{(0.38 \times \sqrt{1})} = 0.5363$$

$$d_2 = 0.5363 - (0.38 \times \sqrt{1}) = 0.1563$$
$$N(d_1) = 0.7041$$
$$N(d_2) = 0.5621$$

将这些数据代入布莱克-斯科尔斯模型,我们求出公司权益的价值为:
$$\text{权益的价值} = 21\,700 \times 0.7041 - 20\,000 e^{-0.05 \times 1} \times 0.5621 = 4\,585.75 \text{(美元)}$$

公司债务的价值就是公司总价值减去权益的价值,因此:
$$\text{债务的价值} = 21\,700 - 4\,585.75 = 17\,114.25 \text{(美元)}$$

40. a. 我们可以使用布莱克－斯科尔斯来求出公司权益的价值。以资产价值 22 900 美元（21 700 美元的资产价值加上 1 200 美元的项目净现值）作为股票价格，并以债券的面值 2 万美元作为执行价格，如果接受项目 A，则公司权益的价值为：

$$d_1 = \frac{\ln\left(\frac{22\,900}{20\,000}\right) + \left(0.05 + \frac{0.55^2}{2}\right) \times 1}{0.55 \times \sqrt{1}} = 0.612\,1$$

$$d_2 = 0.612\,1 - 0.55 \times \sqrt{1} = 0.062\,1$$

$$N(d_1) = 0.729\,8$$

$$N(d_2) = 0.524\,8$$

将这些数据代入布莱克－斯科尔斯模型，我们求出公司权益的价值为：

权益的价值 $_A$ = 22 900 × 0.729 8 − 20 000$e^{-0.05 \times 1}$ × 0.524 8
= 6 728.29（美元）

公司债务的价值就是公司总价值减去权益的价值，因此：

债务的价值 $_A$ = 22 900 − 6 728.29 = 16 171.71（美元）

如果接受项目 B，则公司权益的价值为：

$$d_1 = \frac{\ln\left(\frac{23\,300}{20\,000}\right) + \left(0.05 + \frac{0.34^2}{2}\right) \times 1}{0.34 \times \sqrt{1}} = 0.766\,2$$

$$d_2 = 0.766\,2 - (0.34 \times \sqrt{1}\,) = 0.426\,2$$

$$N(d_1) = 0.778\,2$$

$$N(d_2) = 0.665\,0$$

将这些数据代入布莱克－斯科尔斯模型，我们求出公司权益的价值为：

权益的价值 $_B$ = 23 300 × 0.778 2 − 20 000$e^{-0.05 \times 1}$ × 0.665 0 = 5 480.85（美元）

公司债务的价值就是公司总价值减去权益的价值，因此：

债务的价值 $_B$ = 23 300 − 5 480.85 = 17 819.15（美元）

b. 虽然项目 B 的净现值更高，但项目 A 的权益价值更高。NPV 代表了公司资产价值的增加额，在这种情况下，由 B 项目带来的公司资产价值的增加主要是分配给了债权人，而权益的增加额则比较小。股东可能更偏向于项目 A，虽然它的 NPV 更低一些。

c. 是的。如果假设股东与债券持有人实际上是同一批投资者，则需要考虑公司总价值，应该接受项目 B，因为它将使得公司价值增加到 23 300 美元，而不是 22 900 美元。

d. 如果公司有财务杠杆，则股东可能有动机接受风险更高、获利更低的项目。并且在其他条件相同的情况下，公司的债务负担越重，股东的这种动机越大。

41. 我们可以使用布莱克－斯科尔斯来求出公司权益的价值。以资产价值 27 200 美元作为股票价格，并以债券的面值 25 000 美元作为执行价格，公司权益的价值为：

$$d_1 = \frac{\ln\left(\frac{27\,200}{25\,000}\right) + \left(0.05 + \frac{0.53^2}{2}\right) \times 1}{0.53 \times \sqrt{1}} = 0.518\,5$$

$$d_2 = 0.518\ 5 - 0.53 \times \sqrt{1} = -0.011\ 5$$
$$N(d_1) = 0.697\ 9$$
$$N(d_2) = 0.495\ 4$$

将这些数据代入布莱克–斯科尔斯模型，我们求出公司权益的价值为：

$$权益的价值 = 27\ 200 \times 0.697\ 9 - 25\ 000 e^{-0.05 \times 1} \times 0.495\ 4 = 7\ 202.84\ (美元)$$

公司债务的价值就是公司总价值减去权益的价值，因此：

$$债务的价值 = 27\ 200 - 7\ 202.84 = 19\ 997.16\ (美元)$$

公司债务的收益率为：

$$19\ 997.16 = 25\ 000 e^{-R(1)}$$
$$0.799\ 89 = e^{-R}$$
$$R_D = -\ln(0.799\ 89) = 0.223\ 3，或 22.33\%$$

42. a. 两个公司权益价值加总以及债务价值加总为：

$$权益价值加总 = 4\ 585.75 + 7\ 202.84 = 11\ 788.59\ (美元)$$
$$债务价值加总 = 17\ 114.25 + 19\ 997.16 = 37\ 111.41\ (美元)$$

b. 对于新公司而言，合并后资产的市场价值为 48 900 美元，合并后债务的账面价值为 45 000 美元。基于布莱克–斯科尔斯模型，我们求出新公司的权益的价值，为：

$$d_1 = \frac{\ln\left(\dfrac{48\ 900}{45\ 000}\right) + \left(0.05 + \dfrac{0.29^2}{2}\right) \times 1}{0.29 \times \sqrt{1}} = 0.604\ 0$$

$$d_2 = 0.604\ 0 - (0.29 \times \sqrt{1}\ ) = 0.314\ 0$$
$$N(d_1) = 0.727\ 1$$
$$N(d_2) = 0.623\ 2$$

将这些数据代入布莱克–斯科尔斯模型，我们求出公司权益的价值为：

$$权益的价值 = 48\ 900 \times 0.727\ 1 - 45\ 000 e^{-0.05 \times 1} \times 0.623\ 2 = 8\ 876.15\ (美元)$$

公司债务的价值就是公司总价值减去权益的价值，因此：

$$债务的价值 = 48\ 900 - 8\ 876.15 = 40\ 023.85\ (美元)$$

c. 公司权益的价值变动额为：

$$权益的价值变动额 = 8\ 876.15 - 11\ 788.59 = -2\ 912.43\ (美元)$$

公司债务的价值变动额为：

$$债务的价值变动额 = 40\ 023.85 - 37\ 111.41 = 2\ 912.43\ (美元)$$

d. 在一个纯粹的财务并购中，当资产的标准差降低时，权益的价值也会降低。股东失去的恰好就是债券持有者所得到的。债券持有者之所以会有利得，就是因为共同保险效应。换言之，新公司对债务违约的可能性会降低。

43. a. 基于布莱克–斯科尔斯模型，我们求解公司权益的价值，得到：

$$d_1 = \frac{\ln\left(\dfrac{9\ 050\ 000}{10\ 000\ 000}\right) + \left(0.06 + \dfrac{0.39^2}{2}\right) \times 10}{0.39 \times \sqrt{10}} = 1.022\ 2$$

$$d_2 = 1.022\,2 - (0.39 \times \sqrt{10}) = -0.211\,1$$
$$N(d_1) = 0.846\,7$$
$$N(d_2) = 0.416\,4$$

将这些数据代入布莱克-斯科尔斯模型：

权益的价值 = $9\,050\,000 \times 0.846\,7 - 10\,000\,000 e^{-0.06 \times 10} \times 0.416\,4 = 5\,376\,942.63$（美元）

b. 公司债务的价值就是公司总价值减去权益的价值，因此：

债务的价值 = $9\,050\,000 - 5\,376\,942.63 = 3\,673\,057.37$（美元）

c. 基于对连续复利的整笔金额求现值的等式，我们得到：

$$3\,673\,057.37 = 10\,000\,000 e^{-R \times 10}$$
$$0.367\,31 = e^{-R \times 10}$$

$$R_D = -\left(\frac{1}{10}\right)\ln(0.367\,31) = 0.100\,2,\ 或\ 10.02\%$$

d. 资产的新价值就是当前的资产价值加上项目的净现值。使用布莱克-斯科尔斯模型来计算权益的价值，我们得到：

$$d_1 = \frac{\ln\left(\frac{10\,250\,000}{10\,000\,000}\right) + \left(0.06 + \frac{0.39^2}{2}\right) \times 10}{0.39 \times \sqrt{10}} = 1.123\,2$$

$$d_2 = 1.123\,2 - 0.39 \times \sqrt{10} = -0.110\,1$$
$$N(d_1) = 0.869\,3$$
$$N(d_2) = 0.456\,2$$

将这些数据代入布莱克-斯科尔斯模型：

权益的价值 = $10\,250\,000 \times 0.869\,3 - 10\,000\,000 e^{-0.06 \times 10} \times 0.456\,2 = 6\,407\,055.84$（美元）

e. 公司债务的价值就是公司总价值减去权益的价值，因此：

债务的价值 = $10\,250\,000 - 6\,407\,055.84 = 3\,842\,944.16$（美元）

基于对连续复利的整笔金额求现值的等式，我们得到：

$$3\,842\,944.16 = 10\,000\,000 e^{-R \times 10}$$
$$0.384\,29 = e^{-R \times 10}$$

$$R_D = -\left(\frac{1}{10}\right)\ln(0.384\,29) = 0.095\,6,\ 或\ 9.56\%$$

若公司接受新项目，一部分的净现值将被分摊给债券持有者。这增加了债券的现值，因此降低了债券的收益率。并且，这个新项目使得公司更安全了，因为它增加了资产的价值，由此提高了看涨期权最后将成为价内期权的概率以及债券持有者将获得还款的概率。

44. a. 为了使用两种状态的期权定价模型来解决问题，我们首先需要画出股票价格树，包括当前股票价格以及期权到期时可能出现的股票价格。接下来，我们会为期权画出一个类似的树，基于股票价格的两种可能的变动情况，计算出到期时期权的价值可能会是多少。

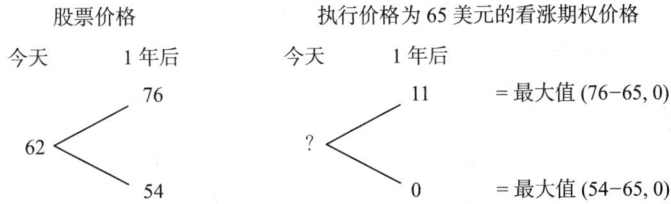

今天的股票价格是 62 美元。一年之后,要么可能涨到 76 美元,要么可能跌到 54 美元。看涨期权将会在 65 美元的价格被执行,并在这种情况下获得到期的收益 11 美元。如果股票价格下降到 54 美元,则看涨期权不会被执行,到期的收益为 0 美元。

如果股票价格上涨,则此期间的收益率为 22.58%($=(76/62)-1$)。如果股票价格下跌,则此期间的收益率为 -12.90%($=(54/62)-1$)。我们可以使用下列表达式来计算股票价格上升的风险中性概率。

无风险利率 =(概率$_{上升}$)(收益率$_{上升}$)+(概率$_{下降}$)(收益率$_{下降}$)
= (概率$_{上升}$)(收益率$_{上升}$)+(1-概率$_{上升}$)(收益率$_{下降}$)
0.025 = (概率$_{上升}$)$\times 0.2258 + (1-$概率$_{上升})\times(-0.1290)$
概率$_{上升}$ = 0.4341,或 43.41%

这意味着股票价格下降的风险中性概率为:

概率$_{下降}$ = 1 - 概率$_{上升}$ = 1 - 0.4341 = 0.5659,或 56.59%

基于风险中性概率,我们现在可以算出看涨期权到期时的预期收益。到期时的预期收益为:

到期时的预期收益 = $0.4341 \times 11 + 0.5659 \times 0 = 4.78$(美元)

因为预期收益是在 1 年之后,我们需要将其折现到今天的价值。因为我们使用的是风险中性概率,因此可以以无风险利率折现,即

$$PV(到期时的预期收益) = \frac{4.78}{1.025} = 4.66(美元)$$

b. 是的,可以有办法创设一种和刚才描述的看涨期权具有相同的收益条件的合成的看涨期权。为了做到这一点,我们需要以无风险利率借款并买入股票。需要买入的股票数取决于期权的 Delta,而 Delta 被定义为:

$$\text{Delta} = \frac{(期权的价值变化幅度)}{(股票的价值变化幅度)}$$

因为当股票价格上涨时看涨期权的价值为 11 美元,而股票价格下跌时看涨期权的价值为 0 美元,则期权的价值变化幅度为 11($=11-0$)美元。因为股票价格可能会是 76 美元或 54 美元,则股票的价值变化幅度为 22($=76-54$)美元。基于这些信息,可以算出期权的 Delta 为:

$$\text{Delta} = \frac{11}{22} = 0.50$$

因此，创设合成的看涨期权的第 1 步就是买入 0.50 股股票。因为股票当前的交易价格为 62 美元，这将花费 31.00（=0.50×62）美元。为了决定我们需要借入的金额，我们将实际的看涨期权的到期收益与 Delta 股的股票的到期收益相比。

看涨期权

如果股票价格上涨到 76 美元：　　　收益 = 11（美元）

如果股票价格下跌到 54 美元：　　　收益 = 0（美元）

Delta 股的股票

如果股票价格上涨到 76 美元：　　　收益 = 0.50×76 = 38.00（美元）

如果股票价格下跌到 54 美元：　　　收益 = 0.50×54 = 27.00（美元）

合成的看涨期权需要和实际的看涨期权具有完全相同的收益。但是，持有的 0.5 股将使得我们在到期时的价值多出 27 美元，无论股价上涨还是下跌。为了减少到期时的 27 美元收益，当前我们需要借入 27 美元的现值。一年之后需要偿还的 27 美元将减少到期的收益，从而使得到期收益与实际的看涨期权相同。因此，买入 0.50 股股票并借入 26.34（= 27.00 / 1.025）美元，可以合成一个执行价格为 65 美元、到期时间为 1 年后的看涨期权。

c. 由于购买 0.50 股股票的成本是 31 美元，并且借入了 26.34 美元，则合成看涨期权的总成本为：

$$\text{合成看涨期权的总成本} = 31.00 - 26.34 = 4.66（美元）$$

这个成本与实际的看涨期权的成本是完全相同的。由于实际的看涨期权和合成看涨期权提供了相同的收益，则我们应该预期它们的成本也是相同的。

45. a. 为了使用两种状态的期权定价模型来解决问题，我们首先需要画出股票价格树，包括当前股票价格以及期权到期时可能出现的股票价格。接下来，我们会为期权画出一个类似的树，基于股票价格的两种可能的变动情况，计算出到期时期权的价值可能会是多少。

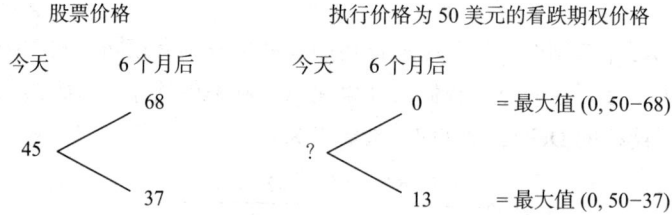

今天的股票价格是 45 美元。一年之后，要么可能涨到 68 美元，要么可能跌到 37 美元。如果跌到 37 美元，看跌期权将会被执行，并在这种情况下获得收益 13 美元。如果股票价格涨到 68 美元，则看跌期权不会被执行，到期的收益为 0 美元。

如果股票价格上涨，则此期间的收益率为 51.11%（=（68/45）−1）。如果股票价格下跌，则此期间的收益率为 −17.78%（=（37/45）−1）。我们可以使用下列表达式来计算股票价格上升的风险中性概率。

$$无风险利率 = (概率_{上升})(收益率_{上升}) + (概率_{下降})(收益率_{下降})$$
$$= (概率_{上升})(收益率_{上升}) + (1 - 概率_{上升})(收益率_{下降})$$

为了和预期的股票价格变化的时间段相匹配,我们需要使用未来半年期的无风险利率。由于年度的无风险利率为5%,则未来半年期的无风险利率为2.47%($= 1.05^{1/2} - 1$),因此:

$$0.024\ 7 = (概率_{上升}) \times 0.511\ 1 + (1 - 概率_{上升}) \times (-0.177\ 8)$$

概率$_{上升}$ = 0.293 9,或29.39%

这意味着股票价格下降的风险中性概率为:

概率$_{下降}$ = 1 - 概率$_{上升}$ = 1 - 0.293 9 = 0.706 1,或70.61%

基于风险中性概率,我们可以算出看跌期权在到期时的预期收益为:

到期时的预期收益 = 0.293 9 × 0 + 0.706 1 × 13 = 9.18(美元)

因为预期收益是在6个月之后,我们需要将其以无风险利率折现到今天的价值,即

$$PV(到期时的预期收益) = \frac{9.18}{(1.05)^{\frac{1}{2}}} = 8.96(美元)$$

b. 是的,可以有办法创设一种和刚才描述的看跌期权具有相同收益条件的合成的看跌期权。为了做到这一点,我们需要卖空股票并以无风险利率借出款项。需要卖空的股票数取决于期权的Delta,而Delta被定义为:

$$\text{Delta} = \frac{(期权的价值变化幅度)}{(股票的价值变化幅度)}$$

因为当股票价格上涨时看跌期权的价值为0美元,而股票价格下跌时看跌期权的价值为13美元,则期权的价值变化幅度为 -13(= 0-13)美元。因为股票价格在到期时可能会是68美元或37美元,则股票的价值变化幅度为31(= 68-37)美元。基于这些信息,可以算出看跌期权的Delta为:

$$\text{Delta} = \frac{(期权的价值变化幅度)}{(股票的价值变化幅度)} = -\frac{13}{31} = -0.42$$

因此,创设合成的看跌期权的第1步就是卖空0.42股股票。因为股票当前的交易价格为45美元,由于卖空交易我们将收到18.87(= 0.42 × 45)美元。为了决定我们需要出借的金额是多少,我们将实际的看跌期权的到期收益与Delta股股票的到期收益相比。

看跌期权

如果股票价格上涨到68美元:　　　　收益 = 0(美元)
如果股票价格下跌到37美元:　　　　收益 = 13(美元)

Delta 股股票

如果股票价格上涨到68美元:　　　　收益 = (-0.42) × 68 = -28.52(美元)
如果股票价格下跌到37美元:　　　　收益 = (-0.42) × 37 = -15.52(美元)

合成的看跌期权需要和实际的看跌期权具有完全相同的收益。但是，卖空的 0.42 股将使得我们在到期时的价值少了 28.52 美元，无论股价上涨还是下跌。为了使得到期时的收益增加 28.52 美元，当前我们需要出借 28.52 美元的现值。6 个月之后我们将会收到的 28.52 美元将增加到期的收益，从而使得到期收益与实际的看跌期权相同。因此，卖空 0.42 股股票并出借 28.52 美元，可以形成一个与实际的看跌期权相同的合成期权。

$$出借的金额 = \frac{28.52}{1.05^{\frac{1}{2}}} = 27.83（美元）$$

c. 由于卖空股票造成一个正的现金流入 18.87 美元，并且我们会借出 27.83 美元，则合成看跌期权的总成本为：

$$合成看跌期权的总成本 = 27.83 - 18.87 = 8.96（美元）$$

这个成本与实际的看跌期权的成本是完全相同的。由于实际的看跌期权和合成看跌期权提供了相同的收益，则我们应该预期它们的成本也是相同的。

46. a. 公司可能会购买黄金看涨期权，期权的执行价格为 1 380 美元 / 盎司，到期时间为 3 个月。当黄金价格上涨到超过执行价格 1 380 美元 / 盎司时，这个期权将给公司提供保护，使得公司购买黄金所支付的款项锁定在 1 380 美元 / 盎司。

b. 为了使用两种状态的期权定价模型来解决问题，我们首先需要画出股票价格树，包括当前股票价格以及期权到期时可能出现的股票价格。接下来，我们会为期权画出一个类似的树，基于股票价格的两种可能的变动情况，计算出到期时期权的价值可能会是多少。

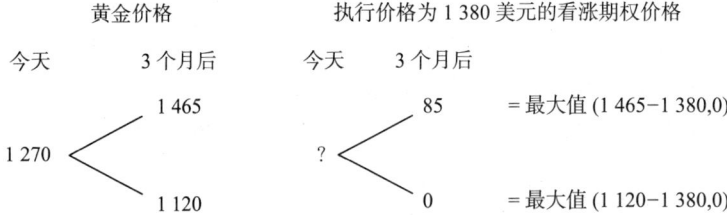

今天的黄金价格是 1 270 美元 / 盎司。如果黄金价格涨到 1 465 美元 / 盎司，则看涨期权会被以 1 380 美元 / 盎司的价格执行，到期的收益为 85 美元。如果黄金价格跌到 1 120 美元 / 盎司，看涨期权将不会被执行，到期收益为 0 美元。如果黄金价格上涨，则此期间的收益率为 15.35%（=（1 465 / 1 270）- 1）。如果黄金价格下跌，则此期间的收益率为 -11.81%（=（1 120 / 1 270）- 1）。我们可以使用下列表达式来计算黄金价格上升的风险中性概率。

无风险利率 =（概率$_{上升}$）(收益率$_{上升}$) +（概率$_{下降}$）(收益率$_{下降}$)
 =（概率$_{上升}$）(收益率$_{上升}$) +（1 - 概率$_{上升}$）(收益率$_{下降}$)

为了和预期的价格变化的时间段相匹配，我们需要使用未来 3 个月期的无风险利率。由于年度的无风险利率为 6.5%，则未来 3 个月期的无风险利率为 1.59 %（=（1.065 0）$^{1/4}$ - 1），因此：

$$0.015\,9 = (\text{概率}_{上升}) \times 0.153\,5 + (1 - \text{概率}_{上升}) \times (-0.118\,1)$$
$$\text{概率}_{上升} = 0.493\,2,\ \text{或}\ 49.32\%$$

这意味着价格下降的风险中性概率为：
$$\text{概率}_{下降} = 1 - \text{概率}_{上升} = 1 - 0.493\,2 = 0.506\,8,\ \text{或}\ 50.68\%$$

基于风险中性概率，我们可以算出看涨期权在到期时的预期收益为：
$$\text{到期时的预期收益} = 0.493\,2 \times 85 + 0.506\,8 \times 0 = 41.92\ (\text{美元})$$

因为预期收益是在 3 个月之后，我们需要将其以无风险利率折现到今天的价值，即
$$PV(\text{到期时的预期收益}) = \frac{41.92}{1.065\,0^{\frac{1}{4}}} = 41.27\ (\text{美元})$$

因此，基于题目中给出的关于黄金价格在未来 3 个月变动的信息，一个执行价格为 1 380 美元 / 盎司的 3 个月期的欧式看涨期权在今天的价值为 41.27 美元。

c. 是的，可以有办法创设一种和刚才描述的看涨期权具有相同收益条件的合成的看涨期权。为了做到这一点，我们需要以无风险利率借款并买入黄金。需要买入的黄金数量取决于期权的 Delta，而 Delta 被定义为：
$$\text{Delta} = \frac{\text{期权的价值变化幅度}}{\text{黄金的价值变化幅度}}$$

因为当黄金价格上涨时看涨期权的价值为 85 美元，而黄金价格下跌时看涨期权的价值为 0 美元，则期权的价值变化幅度为 85（= 85 − 0）美元。因为当期权到期时黄金价格可能会是 1 465 美元 / 盎司或 1 120 美元 / 盎司，则黄金的价值变化幅度为 345（= 1 465 − 1 120）美元。基于这些信息，可以算出看涨期权的 Delta 为：
$$\text{Delta} = \frac{\text{期权的价值变化幅度}}{\text{黄金的价值变化幅度}} = \frac{85}{345} = 0.25$$

因此，创设合成的看涨期权的第 1 步就是买入 0.25 盎司黄金。因为黄金当前的交易价格为每盎司 1 270 美元，这将花费 312.90（= 0.25 × 1 270）美元。为了决定我们需要借入的金额是多少，我们将实际的看涨期权的到期收益与 Delta 份额的到期收益相比。

看涨期权

如果黄金价格上涨到 1 465 美元 / 盎司：收益 = 85（美元）
如果黄金价格下跌到 1 120 美元 / 盎司：收益 = 0（美元）

Delta 份额

如果黄金价格上涨到 1 465 美元 / 盎司：收益 = 0.25 × 1 465 = 360.94（美元）
如果黄金价格下跌到 1 120 美元 / 盎司：收益 = 0.25 × 1 120 = 275.94（美元）

合成的看涨期权需要和实际的看涨期权具有完全相同的收益。但是，持有的 0.25 份额将使得我们在到期时的价值多出 275.94 美元，无论黄金价格上涨还是下

跌。为了减少到期时的275.94美元收益，当前我们需要借入275.94美元的现值。3个月之后需要偿还的275.94美元将减少到期的收益，从而使得到期收益与实际的看涨期权相同。今天需要借入的金额为：

$$\text{今天需要借入的金额} = \frac{275.94}{1.0650^{\frac{1}{4}}} = 271.63 \text{（美元）}$$

d. 由于购买黄金的成本是312.90美元，并且借入了271.63美元，则合成看涨期权的总成本为41.27（= 312.90 − 271.63）美元。这个成本与实际的看涨期权的成本是完全相同的。由于实际的看涨期权和合成看涨期权提供了相同的收益，则我们应该预期它们的成本也是相同的。

47. 为构建一个领子期权，投资者将买入股票，卖出一个执行价格较高的看涨期权，并买入一个执行价格较低的看跌期权。因此，为求出领子期权的成本，我们需要求出看涨期权的价格和看跌期权的价格。我们可以使用布莱克－斯科尔斯模型来求出看涨期权的价格，即

执行价格为75美元的看涨期权的价格：

$$d_1 = \frac{\ln\left(\frac{60}{75}\right) + \left(0.07 + \frac{0.50^2}{2}\right) \times \left(\frac{6}{12}\right)}{0.50 \times \sqrt{\frac{6}{12}}} = -0.3554$$

$$d_2 = -0.3554 - 0.50 \times \sqrt{\frac{6}{12}} = -0.7089$$

$$N(d_1) = 0.3612$$
$$N(d_2) = 0.2392$$

将这些数据代入布莱克－斯科尔斯模型，我们得到看涨期权的价格为：

$$C = 60 \times 0.3612 - 75^{-0.07 \times \frac{6}{12}} \times 0.2392 = 4.35 \text{（美元）}$$

现在我们可以使用布莱克－斯科尔斯模型以及买卖期权平价定理来求出执行价格为45美元的看跌期权的价格：

执行价格为45美元的看跌期权的价格：

$$d_1 = \frac{\ln\left(\frac{60}{45}\right) + \left(0.07 + \frac{0.50^2}{2}\right) \times \left(\frac{6}{12}\right)}{0.50 \times \sqrt{\frac{6}{12}}} = 1.0895$$

$$d_2 = 1.0895 - 0.50 \times \sqrt{\frac{6}{12}} = 0.7359$$

$$N(d_1) = 0.8620$$
$$N(d_2) = 0.7691$$

将这些数据代入布莱克－斯科尔斯模型，我们得到看涨期权的价格为：

$$C = 60 \times 0.862\,0 - 45\mathrm{e}^{-0.07 \times \frac{6}{12}} \times 0.769\,1 = 18.30\,(\text{美元})$$

对买卖期权平价等式进行变形:

$$P = C - S + E\mathrm{e}^{-Rt} = 18.30 - 60 + 45\mathrm{e}^{-0.07 \times \frac{6}{12}} = 1.75\,(\text{美元})$$

投资者将买入股票,卖出看涨期权,并买入看跌期权,因此总成本为:

$$\text{领子期权的总成本} = 60 - 4.35 + 1.75 = 57.41\,(\text{美元})$$

48. a. 基于对连续复利的整笔金额求现值的等式,我们得到:

$$PV = 75\,000 \times \mathrm{e}^{-0.05 \times 2} = 67\,862.81\,(\text{美元})$$

b. 基于布莱克 – 斯科尔斯模型,我们求解公司权益的价值:

$$d_1 = \frac{\ln\left(\frac{46\,000}{75\,000}\right) + \left(0.05 + \frac{0.60^2}{2}\right) \times 2}{0.60 \times \sqrt{2}} = -0.034\,0$$

$$d_2 = -0.034\,0 - 0.60 \times \sqrt{2} = -0.882\,5$$

$$N(d_1) = 0.486\,4$$

$$N(d_2) = 0.188\,7$$

将这些数据代入布莱克 – 斯科尔斯模型:

$$\text{权益} = 46\,000 \times 0.486\,4 - 75\,000\mathrm{e}^{-0.05 \times 2} \times 0.188\,7 = 9\,567.37\,(\text{美元})$$

根据买卖期权平价定理,看跌期权的价格为:

$$\text{看跌期权的价格} = 75\,000\mathrm{e}^{-0.05 \times 2} + 9\,567.37 - 46\,000 = 31\,430.17\,(\text{美元})$$

c. 有风险的债券的价值就是无风险债券的价值减去基于公司权益的看跌期权的价值,即

$$\text{有风险的债券的价值} = 67\,862.81 - 31\,430.17 = 36\,432.63\,(\text{美元})$$

基于对连续复利的整笔金额求债券收益率的等式,我们得到:

$$36\,432.63 = 75\,000\mathrm{e}^{-R \times 2}$$

$$0.485\,77 = \mathrm{e}^{-R \times 2}$$

$$R_D = -\left(\frac{1}{2}\right)\ln(0.485\,77)$$

$$= 0.361\,0,\,\text{或}\,36.10\%$$

d. 到期时间为 5 年、利率等于无风险利率的债券的价值为:

$$PV = 75\,000 \times \mathrm{e}^{-0.05 \times 5} = 58\,410.06\,(\text{美元})$$

基于布莱克 – 斯科尔斯模型,我们求解公司权益的价值:

$$d_1 = \frac{\ln\left(\frac{46\,000}{75\,000}\right) + \left(0.05 + \frac{0.60^2}{2}\right) \times 5}{0.60 \times \sqrt{5}} = 0.492\,8$$

$$d_2 = 0.492\,8 - 0.60 \times \sqrt{5} = -0.848\,8$$

$$N(d_1) = 0.688\,9$$

$$N(d_2) = 0.198\,0$$

将这些数据代入布莱克 – 斯科尔斯模型:

$$\text{权益的价值} = 46\,000 \times 0.688\,9 - 75\,000\mathrm{e}^{-0.05 \times 5} \times 0.198\,0 = 20\,126.15\,(\text{美元})$$

根据买卖期权平价定理，看跌期权的价格为：

$$\text{看跌期权的价格} = 75\,000\mathrm{e}^{-0.05 \times 5} + 20\,126.15 - 46\,000 = 32\,536.21\,(\text{美元})$$

有风险的债券的价值就是无风险债券的价值减去基于公司权益的看跌期权的价值，即

$$\text{有风险的债券的价值} = 58\,410.06 - 32\,536.21 = 25\,873.85\,(\text{美元})$$

基于对连续复利的整笔金额求债券收益率的等式，我们得到：

$$25\,873.85 = 75\,000\mathrm{e}^{-R \times 5}$$

$$0.344\,98 = \mathrm{e}^{-R \times 5}$$

$$R_D = -\left(\frac{1}{5}\right)\ln(0.344\,98) = 0.212\,9，\text{或 } 21.29\%$$

由于资金的时间价值，债券的价值减少，即股东需要等待较长的时间才能收到款项。但是，债券的必要收益率下降了。在当前的情况下，公司可能不会有足够的资产来偿还债券持有者。在新的计划下，公司运营的时间将增加5年，从而使得公司能够累积资产来偿还债券的本金，且这种偿还的可能性比公司仅仅运营两年时间要高一些。

49. a. 基于对连续复利的整笔金额求现值的等式，我们得到：

$$PV = 40\,000 \times \mathrm{e}^{-0.06 \times 5} = 29\,632.73\,(\text{美元})$$

b. 基于布莱克－斯科尔斯模型，我们求解公司权益的价值：

$$d_1 = \frac{\ln\left(\frac{38\,000}{40\,000}\right) + \left(0.06 + \frac{0.50^2}{2}\right) \times 5}{0.50 \times \sqrt{5}} = 0.781\,5$$

$$d_2 = 0.781\,5 - 0.50 \times \sqrt{5} = -0.336\,6$$

$$N(d_1) = 0.782\,7$$

$$N(d_2) = 0.368\,2$$

将这些数据代入布莱克－斯科尔斯模型：

$$\text{权益} = 38\,000 \times 0.782\,7 - 40\,000\mathrm{e}^{-0.06 \times 5} \times 0.368\,2 = 18\,832.56\,(\text{美元})$$

基于买卖期权平价理论，看跌期权的价格为：

$$\text{看跌期权的价格} = 40\,000\mathrm{e}^{-0.06 \times 5} + 18\,832.56 - 38\,000 = 10\,465.29\,(\text{美元})$$

c. 有风险的债券的价值就是无风险债券的价值减去基于公司权益的看跌期权的价值，即

$$\text{有风险的债券的价值} = 29\,632.73 - 10\,465.29 = 19\,167.44\,(\text{美元})$$

基于对连续复利的整笔金额求债券收益率的等式，我们得到：

$$19\,167.44 = 40\,000\mathrm{e}^{-R \times 5}$$

$$0.479\,19 = \mathrm{e}^{-R \times 5}$$

$$R_D = -\left(\frac{1}{5}\right)\ln(0.479\,19)$$

$$= 0.147\,1，\text{或 } 14.71\%$$

d. 基于对连续复利的整笔金额求现值的等式，我们得到：

$$PV = 40\,000 \times e^{-0.06 \times 5} = 29\,632.73\,(\text{美元})$$

基于布莱克 – 斯科尔斯模型，我们求解公司权益的价值：

$$d_1 = \frac{\ln\left(\frac{38\,000}{40\,000}\right) + \left(0.06 + \frac{0.60^2}{2}\right) \times 5}{0.60 \times \sqrt{5}} = 0.856\,2$$

$$d_2 = 0.856\,2 - 0.60 \times \sqrt{5} = -0.485\,4$$

$$N(d_1) = 0.804\,1$$

$$N(d_2) = 0.313\,7$$

将这些数据代入布莱克 – 斯科尔斯模型：

权益 = $38\,000 \times 0.804\,1 - 40\,000 e^{-0.06 \times 5} \times 0.313\,7 = 21\,258.89\,(\text{美元})$

基于买卖期权平价理论，看跌期权的价格为：

看跌期权的价格 = $40\,000 e^{-0.06 \times 5} + 21\,258.89 - 38\,000 = 12\,891.62\,(\text{美元})$

有风险的债券的价值就是无风险债券的价值减去基于公司权益的看跌期权的价值，即

有风险的债券的价值 = $29\,632.73 - 12\,891.62 = 16\,741.11\,(\text{美元})$

基于对连续复利的整笔金额求债券收益率的等式，我们得到：

$$16\,741.11 = 40\,000 e^{-R \times 5}$$

$$0.418\,53 = e^{-R \times 5}$$

$$R_D = -\left(\frac{1}{5}\right)\ln(0.418\,53) = 0.174\,2，\text{或}\ 17.42\%$$

债务的价值下降。由于公司资产的标准差增加，基于债券面值的看跌期权的价值也增加，这将使得债券的当前价值减少。

e. 对于 c 问题和 d 问题，债券投资者损失：$16\,741.11 - 19\,167.44 = -2\,426.34\,(\text{美元})$

对于 c 问题和 d 问题，债券投资者赚取：$21\,258.89 - 18\,832.56 = 2\,426.34\,(\text{美元})$

对于债券投资者来说，这是一个代理问题。管理层这样做会增加股东的财富，同时会减少债券投资者的财富，且减少的金额等于股东财富增加的金额。

50. a. 在一个有一部分债务融资的公司中，其权益持有者相当于持有一个看涨期权，而看涨期权的标的资产就是公司的资产，执行价格就是债务的账面价值，到期时间就等于债务的到期时间。因此，公司的权益就相当于一个执行价格为 1.75 亿美元、到期时间为 1 年的看涨期权。

为了使用两种状态的期权定价模型来解决问题，我们首先需要画出股票价格树，包括当前股票价格以及期权到期时可能出现的股票价格。接下来，我们会为期权画出一个类似的树，基于股票价格的两种可能的变动情况，计算出到期时期权的价值可能会是多少。

今天的公司价值是 1.85 亿美元。如果接受新项目，一年之后，要么可能上升到 2.13 亿美元，要么可能跌到 1.56 亿美元。如果公司价值上升到 2.13 亿美元，则

看涨期权会被执行，到期的收益为 0.38 亿美元。如果公司价值跌到 1.56 亿美元，看涨期权将不会被执行，到期的收益将为 0 美元。

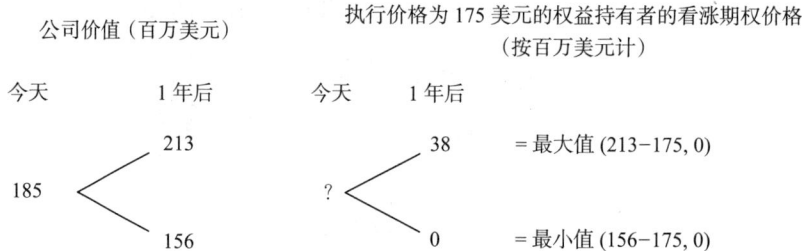

如果项目成功，公司价值上升，则此期间的收益率为 15.14%（=(2.13/1.85)−1）。如果项目不成功，公司价值下降，则此期间的收益率为 −15.68%（=(1.56/1.85)−1）。我们可以使用下列表达式来计算公司价值上升的风险中性概率。

$$\text{无风险利率} = (\text{概率}_{上升})(\text{收益率}_{上升}) + (\text{概率}_{下降})(\text{收益率}_{下降})$$
$$= (\text{概率}_{上升})(\text{收益率}_{上升}) + (1 - \text{概率}_{上升})(\text{收益率}_{下降})$$
$$0.07 = (\text{概率}_{上升}) \times 0.1514) + (1 - \text{概率}_{上升}) \times (-0.1568)$$
$$\text{概率}_{上升} = 0.7360，\text{或} 73.60\%$$

这意味着公司价值下降的风险中性概率为：

$$\text{概率}_{下降} = 1 - \text{概率}_{上升} = 1 - 0.7360 = 0.2640，\text{或} 26.40\%$$

基于风险中性概率，我们可以算出权益持有者的看涨期权在到期时的预期收益为：

到期时的预期收益 = 0.7360×38 000 000 + 0.2640×0 = 27 966 666.67（美元）

因为预期收益是在距离今天的一年之后，我们需要将其以无风险利率折现到今天的价值，即

$$PV(\text{到期时的预期收益}) = \frac{27\,966\,666.67}{1.07} = 26\,137\,071.65（美元）$$

因此，公司权益的当前价值为 26 137 071.65 美元。公司的当前价值等于其权益的价值加上其债务的价值。公司债务的价值就是公司总价值减去权益的价值，因此：

$$V_L = \text{债务} + \text{权益}$$
$$185\,000\,000 = \text{债务} + 26\,137\,071.65$$
$$\text{债务} = 158\,862\,928.35（美元）$$

b. 为求出每股价格，我们可以将权益的总价值除以流通中的股票数量。因此，每股价格为：

$$\text{每股价格} = \frac{\text{权益的总价值}}{\text{流通中的股票数量}} = \frac{26\,137\,071.65}{500\,000} = 52.27（美元）$$

c. 公司债务的市场价值为 158 862 928.35 美元。面值相同的无风险债务的现值为 163 551 401.87（=175 000 000/1.07）美元。公司债务的价值比无风险债务的现值低，原因是存在一定的不能偿还的风险。换言之，计算债务的市场价值时，将违约风险考虑进去了。无风险债务的价值为 163 551 401.87 美元。由于公司有可能无法完全偿还债券持有者，因此公司债务的价值小于 163 551 401.87 美元。

d. Strudler 公司今天的价值是 1.85 亿美元，一年之后这个价值可能会上升到 2.45 亿美元或者下降到 1.35 亿美元。如果价值上升到 2.45 亿美元，则权益持有者将会执行看涨期权，到期时获得收益 0.70 亿美元。但是，如果价值下降到 1.35 亿美元，则权益持有者不会执行看涨期权，则到期时不会获得收益。

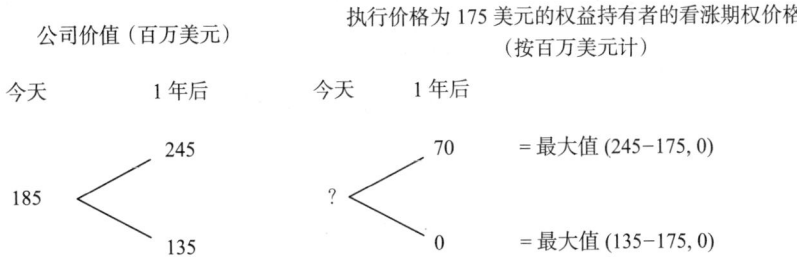

如果项目是成功的、公司价值上升，则这段时期公司价值上升的比率为 $32.43\%(=(2.45/1.85)-1)$。如果项目不成功、公司价值下降，则这段时期公司价值下降的比率为 $-27.03\%(=(1.35/1.85)-1)$。我们可以使用以下等式来计算公司价值上升的风险中性概率。

$$无风险利率 = (概率_{上升})(收益率_{上升}) + (概率_{下降})(收益率_{下降})$$
$$= (概率_{上升})(收益率_{上升}) + (1-概率_{上升})(收益率_{下降})$$
$$0.07 = (概率_{上升}) \times 0.3243 + (1-概率_{上升}) \times (-0.2703)$$
$$概率_{上升} = 0.5723，或 57.23\%$$

因此，公司价值下降的风险中性概率为：

$$概率_{下降} = 1 - 概率_{上升} = 1 - 0.5723 = 0.4277，或 42.77\%$$

基于这些风险中性概率，我们可以求出权益持有者的看涨期权在到期时的预期收益，即

$$到期时的预期收益 = 0.5723 \times 70\,000\,000 + 0.4277 \times 0 = 40\,059\,090.91（美元）$$

由于这个收益在 1 年后，我们需要将其按照无风险利率折现以求出其现值，因此：

$$PV(到期时的预期收益) = \frac{40\,059\,090.91}{1.07} = 37\,438\,402.72（美元）$$

因此，公司当期的权益的价值为 37 438 402.72 美元。

公司当期的价值等于其权益的价值加上其债务的价值。为了求出公司债务的价值，我们需要从公司总价值中减去公司权益的价值，得到：

$$V_L = 债务 + 权益$$
$$185\,000\,000 = 债务 + 37\,438\,402.72$$
$$债务 = 147\,561\,597.28（美元）$$

风险较高的项目将增加公司的权益价值并降低公司的债务价值。如果公司接受风险较高的项目，则公司偿还债权人的可能性就会降低。由于接受新项目将使得违约风险增加，则公司债务的价值将会减少。债券持有者将希望公司接受更保守的项目。

51. a. 回到关于股利的那一章，股票价格下降的幅度等于股利的金额（排除税费的影响之后）。因此，我们将看到当股利支付时，股票价格会下降，从而使得看涨期权由于

股价上涨而能获得的潜在收益减少，且减少的幅度等于股利的金额。当股利收益率上升时，看涨期权的价格会下降。

b. 基于带有股利的布莱克-斯科尔斯模型，我们得到：

$$d_1 = \frac{\ln\left(\frac{113}{110}\right) + \left(0.05 - 0.02 + \frac{0.50^2}{2}\right) \times 0.5}{0.50 \times \sqrt{0.5}} = 0.295\,3$$

$$d_2 = 0.295\,3 - 0.50 \times \sqrt{0.5} = -0.058\,2$$

$$N(d_1) = 0.616\,1$$

$$N(d_2) = 0.476\,8$$

$$C = 113^{-0.02 \times 0.5} \times 0.616\,1 - 110e^{-0.05 \times 0.5} \times 0.476\,8 = 17.78 \text{（美元）}$$

52. a. 回到关于股利的那一章，股票价格下降的幅度等于股利的金额（排除税费的影响之后）。因此，我们将看到当股利支付时，股票价格会下降。当股利收益率上升时，看跌期权的价格会上升。

b. 基于买卖期权平价理论，我们求解看跌期权的价格，得到：

$$113e^{-0.02 \times 0.5} + P = 110e^{-0.05 \times 0.5} + 17.78$$

$$P = 13.19 \text{（美元）}$$

53. $N(d_1)$ 就是"z"小于或等于 $N(d_1)$ 的概率，因此 $1 - N(d_1)$ 就是"z"大于 $N(d_1)$ 的概率。由于正态分布的对称性，这与"z"小于 $N(-d_1)$ 的概率是一样的，因此：

$$N(d_1) - 1 = -N(-d_1)$$

54. 基于买卖期权平价理论：

$$P = E \times e^{-Rt} + C - S$$

将布莱克-斯科尔斯看涨期权公式代入，用于替代 C，然后使用上一个题目中的结果，从而求出看跌期权的公式：

$$P = E \times e^{-Rt} + C - S$$
$$= E \times e^{-Rt} + S \times N(d_1) - E \times e^{-Rt} \times N(d_2) - S$$
$$= S \times (N(d_1) - 1) + E \times e^{-Rt} \times (1 - N(d_2))$$
$$= E \times e^{-Rt} \times N(-d_2) - S \times N(-d_1)$$

55. 基于布莱克-斯科尔斯模型，看涨期权的价值为 50 美元。原因是执行价格的现值为 0 美元，因此第 2 项消失了。并且，d_1 是无穷大的，因此 $N(d_1)$ 等于 1。问题是欧式看涨期权是没有到期日的，因此考虑到你**永远不可能**执行它，那你为何要付钱去购买呢？我们可以通过考察股票价格来解决这个悖论。请记住，看涨期权公式只能运用于不支付股利的股票。如果股票不支付股利，则这只股票（以及任何价格购买这只股票的看涨期权）是没有价值的。

56. 看涨期权的 Delta 是 $N(d_1)$，看跌期权的 Delta 是 $N(d_1) - 1$。由于你在卖出一个看跌期权，则投资组合的 Delta 是 $N(d_1) - [N(d_1) - 1]$，即总的 Delta 为 1。当标的资产的价值变动 1 美元的时候，你的投资组合的价值也变动 1 美元，即投资组合的价值变动复制了标的资产的价值变动情况。

第23章

期权与公司理财：推广与应用

本章概要

商业活动中普遍存在的实物期权并没有被净现值分析所捕捉到。教材第7章通过决策树对实物期权定价。有了前面对期权的介绍，我们现在就可以用布莱克－斯科尔斯模型和二叉树模型对实物期权定价了。

本章扩充了最重要的财务理论之———期权定价理论的直观知识。我们叙述了4种不同类型的特定期权：

（1）经理股票期权与薪酬；

（2）创始公司中隐含的期权；

（3）简单商业合同中的期权；

（4）项目停止和重新开始的期权。

我们力求给出从数学的观点看简单易懂的描述。我们将第22章的期权定价二叉树法引申至很多领域。因为在时段很短的情况下，时段期末的双价格假设更有信服力，所以这一调整使我们更接近现实世界。

思考与练习

1. **雇员股票期权** 如果对公司来说期权的成本大于管理人员所能获得的价值，为什么公司还要授予管理人员期权？为什么不直接给予管理人员现金并平分中间的差额？这不是会让公司和管理人员都变得更好吗？

2. **实物期权** 许多商业活动中存在的两种期权是什么？

3. **项目分析** 为什么一项严格的NPV分析典型地低估了一家公司或一个项目的价值？

4. **实物期权** 公用事业公司常常面临建设以煤、油或者两者为燃料的新工厂的决策。如果煤和油的价格都高度波动，建设一家以煤或油为燃料的工厂的决策价值是多少？如果煤价和油价的相关系数上升，这项期权的定价会发生什么变化？

5. **实物期权** 你的公司在郊外有块空地，延迟开发这块地有什么优势？

6. **实物期权** 星球矿业公司买了一座金矿，但是目前的提炼成本太高，金矿无法获利。该公司拥有哪一种期权？

7. **实物期权** 你正在和一个同事讨论实物期权。在讨论中，你的同事说："实物期权的分析毫无意义，因为它说风险更大的项目的实物期权价值比更安全的项目的实物期权价值更大。"你怎样回应他的话？

8. **实物期权与资本预算** 你的公司目前运用的是传统的资本预算技术，包括净现值法。在听了关于实物期权分析方法的运用情况后，你的上司决定用实物期权分析代替净现值法。你如何评价这个决定？

9. **作为期权的保险** 不论是公司购买的还是个人购买的保险，本质上就是一项期权。一份保险单是一项什么期权？

10. **实物期权** 如果一家公司面临其他竞争者，你如何分析实物期权的变化？

11. **雇员股票期权** Gary Levin 是 Mountainbrook Trading 公司的首席执行官。董事会刚刚授予了 Levin 先生 25 000 股目前交易价为 55 美元的公司股票实值看涨欧式期权。该公司股票不分红。期权将在 5 年内到期，股票回报率的标准差为 61%。目前 5 年内到期的国库券的连续复利回报率为 6%。

    a. 利用布莱克-斯科尔斯模型评估期权的价值。

    b. 你是 Levin 先生的财务顾问。他必须在前面提到的股票期权和马上能得到的 750 000 美元奖金之间做出选择。如果他是风险中性的，你将推荐哪一种？

    c. 如果 Levin 先生是风险规避的且在期权到期前他不能卖掉期权，你对 b 问题的回答将会发生什么变化？

12. **雇员股票期权** Jared Lazarus 刚刚被任命为 BluBell Fitness Centers 公司的首席执行官。除了 475 000 美元的年薪，他的 3 年期合同规定，他的薪酬包括 20 000 股 3 年内到期的公司股票实值看涨期权。目前的股价为 41 美元，公司股票回报率的标准差为 69%。该公司不支付股利。3 年内到期的国库券的连续复利回报率为 5%。假设 Lazarus 先生的薪水在年末支付，这些现金流用 9% 的折现率折现。用布莱克-斯科尔斯模型为股票期权定价，确定合同签订日的薪酬计划的总价值。

13. **二叉树模型** Gaswoks 公司即将在 3 个月内以每加仑 2.65 美元的价格销售最多 500 万加仑的汽油。目前汽油的批发价为每加仑 2.34 美元，标准差为 62%。如果无风险利率为 6%，期权的价值为多少？

14. **实物期权** Webber 公司是一家国际性综合公司，拥有一个房地产部门。该事业部有权下一年在 Sacramento 市区的一块地上建设一栋商业建筑。这栋建筑将花费 5 500 万美元。由于目前对市区商业地产的需求较小，这样一栋建筑价值 5 320 万美元。如果需求上升，1 年后该建筑将价值 5 790 万美元。如果需求下降，1 年后该建筑将只值 4 800 万美元。该公司能够以 4.8% 的有效年利率借贷资金。一家当地的房地产行业竞争者提议支付 180 万美元，以取得在那块地上建造一栋商业建筑的权利。该公司是否应该接受这个提议？运用二叉树模型对该实物期权进行估值。

15. **实物期权** Jet Black 公司是一家国际性综合公司，拥有一个石油部门，目前正在一场拍卖中参与竞标一年后在一块广阔的土地上钻探原油的权利。目前市场上原油的价格是每桶 103 美元，并且那块地被认为储藏有 435 000 桶石油。如果石油被勘探出来，将需要 7 500 万美元来提取。一年内到期的国库券的连续复利回报率是 4%，原油价格的标准差是 50%。利用布莱克-斯科尔斯模型计算该公司在拍卖中愿意出的最高价。

16. **实物期权** Sardano and Sons 是一家大型公共持股公司，正在考虑租用一个仓库。该公司的一个部门主营制造钢材，这个仓库是该区域唯一符合公司运用需求的设施。目前钢铁的价格是每吨 690 美元。如果未来 6 个月钢材价格下降，该公司将采购 500 吨钢材，生产 55 000 吨钢棒。每条钢棒的生产成本是 18 美元，该公司计划以每条 29 美元的价格出售。生产和出售只需要几天时间。如果钢材价格上涨或保持不变，采纳该项目将不能盈利，该公司也将闲置该仓库而不生产钢棒。6 个月内到期的国库券的连续复利回报率是 4.5%，钢材回报率的标准差是 38%。利用布莱克-斯科尔斯模型计算该公司愿意为租赁仓库支付的最高价。

17. **实物期权** Wet for the Summer 公司生产游泳池的过滤设备。该公司正在考虑是否采用一项新技术生产过滤设备。一年后该公司将知道新技术是否被市场接受。如果对新设备的需求量大，一年后的现金流净现值将达到 1 470 万美元。相反，如果需求量小，1 年后的现金流净现值将为 850 万美元。在上述假设下，该项目的净现值是 1 310 万美元，无风险利率是 6%。假设 1 年后如果对新技术的需求量小，该公司可以以 940 万美元的价格出售该技术。放弃期权的价值是多少？

18. **二叉树模型** 有一份两个月后到期的股票美式看跌期权。当前股价为 82 美元，股票回报率的标准差是 70%。期权的执行价为 90 美元，无风险利率为每年 5%。以 1 个月为时间间隔，目前的看跌期权价值是多少？（**提示**：如果期权可以提前执行，你如何计算期权价值？什么时候你将提前执行期权？）

19. **实物期权** 你正在讨论购买一份标的物为一栋商业建筑，执行价为 6 300 万美元的期权。该建筑目前的价格为 6 000 万美元。该期权允许你在半年或 1 年后购买该建筑。半年后，累计应付租金 90 万美元将被支付给建筑所有者。如果你在半年后执行期权，你将收到这些租金；否则，租金将被支付给目前的建筑所有者。第 2 次的累计应付租金 90 万美元也将采用同样的支付方式。建筑价值的标准差为 30%，无风险利率是每年 6%。以半年为间隔期，该期权当前的价值是多少？（**提示**：如果半年后你不执行期权，该建筑物的价值将减少，减少量等于累计应付租金额。）

参考答案

1. 授予 CEO 期权（而不是现金）是为了将公司股票的业绩与 CEO 的薪酬联系在一起。这样的话，CEO 就拥有提高股东价值的动机。
2. 大部分公司都拥有在较差的状况下放弃的期权以及较好的状况下进行扩张的期权。
3. 实际上所有的项目都有包含期权，而在 NPV 计算中可能被忽略了，因此将低估一家公司或一个项目的价值。
4. 当波动性上升时，期权的价值增加。当煤炭和原油价格的波动性上升时，使用哪一个作为燃料的期权价值都会上升。不过，如果煤价和油价的相关系数上升，期权的价值则会下降。如果煤炭和原油的价格同时上升，则转换期权的价格将会降低，因为公司节省的资金可能会更少。
5. 优势就是，如果你等待的话，土地的价值可能会上升。并且，如果你等待，则这块土地除了出售之外的其他用途的价值可能会上升。
6. 公司拥有的期权就是暂时放弃开采金矿的权利，这是一个美式看跌期权。如果执行这个期权，即公司不开采金矿，公司还有权利在有可能会获利的时候再重新开采这个金矿，这样的话就是一个美式看涨期权。当然，如果公司确实重新开采这个金矿了，则公司又拥有了放弃金矿的期权，这又是一个美式看跌期权。
7. 你的同事是对的，但波动性使得期权价值增加，这是期权价值的重要特点之一。在其他条件相同的情况下，一个项目的波动性越高，看涨期权的价值越大，因为潜在的上涨部分更大。即使潜在的下降部分也很大，但对于期权来说是不相关的，因为期权不会被执行，无论资产价格如何下降，期权在到期日时的价值都将为 0。对于看跌期权来说，情况是相反的，当资产价值下降时，看跌期权的价值更高，而当资产价值上升时，看跌期权将不会被执行。
8. 实物期权分析方法并不是一个可以单独使用的方法。在实物期权分析中，一项资产的价值是通过传统的现金流量分析方法计算的，然后再将实物期权分析应用到由不同决策产生的现金流量上来。
9. 一份保险单是一项看跌期权。以你的房屋保险为例。如果你的房子起火了，你可以从保险公司那里得到赔偿。实际上，你是在将你着火之后的房子卖给保险公司，且卖的价格就是保险合同的价值（执行价格）。
10. 当市场上面临竞争者时，你需要认识到竞争者也是拥有实物期权的。竞争者所做出的决策经常可能会使得你公司的期权产生的收益发生变化。例如，市场的第一个进入者通常可以获得较大的市场份额，因为产品品牌名称将会被熟知。因此，作为第一个进入者的期权是有价值的。但是，我们还需要考虑到作为市场的后入者，也可能会有好处。不管是哪种情况，我们都需要认识到竞争者的行为也会影响到我们的期权。

11. a. 布莱克－斯科尔斯模型的输入参数包括标的资产的当前价格（S），期权的执行价格（E），期权的到期时间（t），标的资产的方差（σ^2）以及连续复利的无风险利率（R）。由于这些期权被授予时是平价期权，每一个期权的执行价格等于股票当前的每股价值，即 55 美元。我们可以使用布莱克－斯科尔斯模型来求解期权价格。由此，我们得到：

$$d_1 = \frac{\ln\left(\dfrac{S}{E}\right) + \left(R + \dfrac{\sigma^2}{2}\right)(t)}{(\sigma^2 t)^{\frac{1}{2}}} = \frac{\ln\left(\dfrac{55}{55}\right) + \left(0.06 + \dfrac{0.61^2}{2}\right) \times 5}{0.61 \times \sqrt{5}} = 0.901\,9$$

$d_2 = 0.901\,9 - 0.61 \times \sqrt{5} = -0.462\,1$

求解 $N(d_1)$ 和 $N(d_2)$，即正态曲线之下从负无穷到 d_1 的领域，以及从负无穷到 d_2 的领域。由此，我们得到：

$N(d_1) = N(0.901\,9) = 0.816\,5$

$N(d_2) = N(-0.462\,1) = 0.322\,0$

现在，我们可以求出每一个期权的价值，将为：

$C = SN(d_1) - Ee^{-Rt}N(d_2) = 55 \times 0.816\,5 - 55e^{-0.06 \times 5} \times 0.322\,0 = 31.78$（美元）

由于授予了 25 000 份期权，因此期权的价值为：

期权的价值 = 25 000 × 31.78 = 794 610.26（美元）

b. 因为他是风险中性的，你需要推荐那个具有更高净现值的选项。因为股票期权合约的预期价值超过 750 000 美元，他更倾向于选择期权而不是当即的奖金。

c. 如果他是风险规避的，相对于当即的奖金，他可能会或者可能不会更倾向于股票期权合约。虽然股票期权合约的价值更高，但他可能不会更倾向于这个报酬方案，原因是这个方案没有充分分散投资。并且，他不能够提前卖掉这个期权合约，这使得期权合约比当即的奖金具有更大的风险。因此，我们不好说他会更倾向于哪一个。

12. 薪酬包的总价值包括年薪以及 20 000 份平价期权的价值。首先，我们需要算出薪酬支付额的现值。由于这些年薪都是在年末支付的，这一系列支付额可以被视为 3 年期的年金，即

PV（年薪）$= 475\,000 \times PVIFA_{9\%,3} = 1\,202\,364.97$（美元）

接下来，我们可以使用布莱克－斯科尔斯模型来求解期权价格。由此，我们得到：

$$d_1 = \frac{\ln\left(\dfrac{S}{E}\right) + \left(R + \dfrac{\sigma^2}{2}\right)(t)}{(\sigma^2 t)^{\frac{1}{2}}} = \frac{\ln\left(\dfrac{41}{41}\right) + \left(0.05 + \dfrac{0.69^2}{2}\right) \times 3}{0.69 \times \sqrt{3}} = 0.723\,1$$

$d_2 = 0.723\,1 - (0.69 \times \sqrt{3}) = -0.047\,20$

求解 $N(d_1)$ 和 $N(d_2)$，即正态曲线之下从负无穷到 d_1 的领域，以及从负无穷到 d_2 的领域。由此，我们得到：

$N(d_1) = N(0.723\,1) = 0.765\,2$

$N(d_2) = N(-0.472\,0) = 0.318\,4$

现在我们可以求出每一份期权的价值，将为：

$$C = SN(d_1) - Ee^{-Rt}N(d_2) = 41 \times 0.7652 - 41e^{-0.05 \times 3} \times 0.3184 = 20.13（美元）$$

由于授予了 20 000 份期权，因此期权的价值为：

$$期权授予价值 = 20\,000 \times 20.13 = 402\,694.96（美元）$$

合约的总价值就是薪水的现值总和，加上期权的价值，即

$$合约价值 = 1\,202\,364.97 + 402\,694.96 = 1\,605\,059.93（美元）$$

13. 由于这个合约销售最多 500 万加仑的汽油，这是一个看涨期权，因此我们需要相应地对合约进行估值。使用二叉树模型，我们将求出 u 和 d 的价值，即

$$u = e^{\frac{\sigma}{\sqrt{n}}} = e^{\frac{0.62}{\sqrt{\frac{12}{3}}}} = 1.3634$$

$$d = \frac{1}{u} = \frac{1}{1.3634} = 0.7334$$

这意味着如果汽油价格上升，上升百分比将为 36.34%；如果汽油价格下降，下降百分比将为 −26.66%。因此，在价格上升或下降的情况下，3 个月后的价格将分别为：

$$P_{上升} = 2.34 \times 1.3634 = 3.19（美元）$$

$$P_{下降} = 2.34 \times 0.7334 = 1.72（美元）$$

价格下降时合约的价值为 0。如果价格上升，合约的价值摊到每加仑为：

$$价格上升时的价值 = 3.19 - 2.65 = 0.54（美元）$$

接下来，我们需要求出价格上升或下降的情况下，风险中性概率将会是多少：

$$\frac{0.06}{\left(\frac{12}{3}\right)} = 0.3634 \times 上升的概率 + (-0.2666) \times (1 - 上升的概率)$$

$$上升的概率 = 0.4469$$

价格下降的概率为：

$$下降的概率 = 1 - 0.4469 = 0.5531$$

如果汽油价格下降，合约将不会被执行，因此，价格下降时合约的价值为 0，则期权价值摊到每加仑的价值为：

$$C = \frac{(0.4469 \times 0.54 + 0.5531 \times 0)}{1 + \frac{0.06}{12/3}} = 0.238（美元）$$

这意味着整个合约的价值为：

$$合约的价值 = 0.238 \times 5\,000\,000 = 1\,189\,777.92（美元）$$

14. 在解决这个问题时，我们首先要识别出这个情况具有的一些类似期权的特征。第一，因为当商业建筑物的价值上升时，这个公司会执行这个期权，因此建造商业建筑物的权利类似于一个看涨期权。第二，这栋商业建筑物在今天的价值为 5 320 万美元。这个金额可以被看成标的资产的当前价格（S）。第三，将需要花费 5 500 万美元来建造这样一栋商业建筑物。这个金额可以被看成看涨期权的执行价格（E），因为这是公司

为了获得的权利而支付的价格。第四，因为公司可以选择是否利用这块土地来建造楼房的权利只在一年时间里可以被行使，则实物期权的到期时间 (t) 就是 1 年。我们可以使用二叉树模型来对这个期权进行估值。首先，我们需要求出当**建筑物价值上升或下降时**用土地建造建筑物的收益率。收益率将为：

$$R_{上升} = \frac{(57\,900\,000 - 53\,200\,000)}{53\,200\,000} = 0.088\,3，或 8.83\%$$

$$R_{下降} = \frac{(49\,800\,000 - 53\,200\,000)}{53\,200\,000} = -0.063\,9，或 -6.39\%$$

现在，我们可以求出建筑物价值上升时的风险中性概率为：

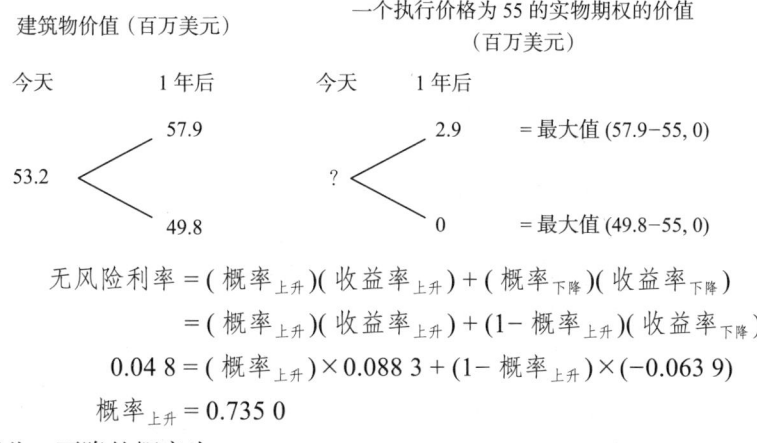

无风险利率 =（概率$_{上升}$）（收益率$_{上升}$）+（概率$_{下降}$）（收益率$_{下降}$）

= （概率$_{上升}$）（收益率$_{上升}$）+（1−概率$_{上升}$）（收益率$_{下降}$）

0.048 =（概率$_{上升}$）× 0.088 3 +（1−概率$_{上升}$）×（−0.063 9）

概率$_{上升}$ = 0.735 0

因此，下降的概率为：

概率$_{下降}$ = 1 − 概率$_{上升}$ = 1 − 0.735 0 = 0.265 0

使用风险中性概率，我们可以确定实物期权在到期时的预期收益为：

到期时的预期收益 = 0.735 0 × 2 900 000 + 0.265 0 × 0 = 2 131 535.80（美元）

因为这个收益将在距离今天的 1 年之后获得，因此我们需要将其按照无风险利率折现到今天，算出其现值，为：

$$PV = \frac{2\,131\,535.80}{1.048} = 2\,033\,908.21（美元）$$

因此，在一年之后建造一栋建筑物的期权在今天的价值为 2 033 908.21 美元。由于购买土地的提议的价值比建造大楼的实物期权的价值低，因此公司不应该选择购买土地的提议。

15. 在解决关于实物期权的问题时，我们首先要识别出这个场景中与期权有关的一些特点。第一，当原油价格上涨时，公司只会选择钻探和挖掘，则在土地上钻探的权利可以被看成一个看涨期权。第二，由于土地被认为储藏有 435 000 桶石油，当前的原油价格为每桶 103 美元，因此在布莱克−斯科尔斯模型中使用的标的资产的当前价格（S）为：

"股票"价格 = 435 000 × 103 = 44 805 000（美元）

第三，除非一年之后原油价格可以弥补挖掘成本，否则公司不会进行钻探和挖掘工作，那么挖掘成本可以被视为实物期权的执行价格（E）。最后，因为拍卖中的中标方可以获得在一年后钻探和挖掘的权利，则实物期权的到期时间可以被看成是一年（t）。基于布莱克－斯科尔斯模型来确定期权的价值，我们得到：

$$d_1 = \frac{\ln\left(\frac{S}{E}\right) + \left(R + \frac{\sigma^2}{2}\right)(t)}{(\sigma^2 t)^{\frac{1}{2}}} = \frac{\ln\left(\frac{44\,805\,000}{75\,000\,000}\right) + \left(0.04 + \frac{0.50^2}{2}\right) \times 1}{0.50 \times \sqrt{1}} = -0.700\,3$$

$$d_2 = -0.700\,3 - (0.50 \times \sqrt{1}) = -1.200\,3$$

求解 $N(d_1)$ 和 $N(d_2)$，即正态曲线之下从负无穷到 d_1 的领域，以及从负无穷到 d_2 的领域。由此，我们得到：

$$N(d_1) = N(-0.700\,3) = 0.241\,9$$
$$N(d_2) = N(-1.200\,3) = 0.115\,0$$

现在，我们可以求出看涨期权的价值，将为：

$$C = SN(d_1) - Ee^{-Rt}N(d_2)$$
$$= 44\,805\,000 \times 0.241\,9 - 75\,000\,000 e^{-0.04 \times 1} 0.115\,0$$
$$= 2\,549\,352.54（美元）$$

这是公司在参与拍卖时，可以提出来的最高竞标价。

16. 在解决关于实物期权的问题时，我们首先要识别出这个场景中与期权有关的一些特点。第一，只有当钢材价格下降时，Sardano 公司才会选择生产钢棒，则生产钢棒的权利可以被看成一个看跌期权。第二，如果公司选择生产钢棒，则会收到固定金额的资金：

$$收到的金额 = 55\,000 \times (29-18) = 605\,000（美元）$$

收到的金额可以被看成看跌期权的执行价格（E）。第三，由于这个项目要求公司购买 500 吨钢材，而钢材的当前价格为 690 美元/吨，因此在布莱克－斯科尔斯模型中使用的标的资产的当前价格（S）为

$$"股票"价格 = 500 \times 690 = 345\,000（美元）$$

最后，因为 Sardano 需要决定在 6 个月之后是否购买钢材，则公司生产钢棒的实物期权可以被看成一个到期时间（t）为 6 个月的实物期权。为了确定这个实物期权的价值，我们基于布莱克－斯科尔斯模型来计算相对应的看涨期权的价值，然后再根据买卖期权平价理论来计算看涨期权的价值。基于布莱克－斯科尔斯模型来确定期权的价值，我们得到：

$$d_1 = \frac{\ln\left(\frac{S}{E}\right) + \left(R + \frac{\sigma^2}{2}\right)(t)}{(\sigma^2 t)^{\frac{1}{2}}}$$

$$= \frac{\ln\left(\frac{345\,000}{605\,000}\right) + \left(0.045 + \frac{0.38^2}{2}\right) \times \left(\frac{6}{12}\right)}{0.38 \times \sqrt{\frac{6}{12}}}$$

$$= -1.872\,3$$

$$d_2 = -1.8723 - (0.38 \times \sqrt{6/12}) = -2.1410$$

求解 $N(d_1)$ 和 $N(d_2)$，即正态曲线之下从负无穷到 d_1 的领域，以及从负无穷到 d_2 的领域。由此，我们得到：

$$N(d_1) = N(-1.8723) = 0.0306$$
$$N(d_2) = N(-2.1410) = 0.0161$$

现在，我们可以求出涨期权的价格为：

$$C = SN(d_1) - Ee^{-Rt}N(d_2) = 345\,000 \times 0.0306 - 605\,000 e^{-0.045 \times \frac{6}{12}} \times 0.0161 = 1\,005.31 \text{（美元）}$$

现在，我们可以使用买卖期权平价来求出看跌期权的价格，为：

$$C = P + S - Ee^{-Rt}$$

$$1\,005.31 = P + 345\,000 - 605\,000 e^{-0.045 \times \left(\frac{6}{12}\right)}$$

$$P = 247\,544.81 \text{（美元）}$$

这是该公司为租赁仓库愿意支付的最高价。

17. 一年之后，如果需求较低，公司会放弃这项技术，因为放弃的价值大于继续经营的价值。公司在出售这项技术，因此这个期权为看跌期权。一年之后，如果需求较低的话，看跌期权的价值为：

需求较低时看跌期权的价值 = $9\,400\,000 - 8\,500\,000 = 900\,000$（美元）

当然，如果需求较高，公司不会卖出技术，因此看跌期权没有价值。我们可以利用二叉树模型来对看跌期权估值。一年后，如果需求比较高，则项目获得的收益百分比为：

$$\text{需求较高时项目获得的收益百分比} = \frac{14\,700\,000 - 13\,100\,000}{13\,100\,000}$$

$$= 0.1221,\text{ 或 } 12.21\%$$

需求较低时技术价值减少的百分比为：

$$\text{需求较低时技术价值减少的百分比} = \frac{8\,500\,000 - 13\,100\,000}{13\,100\,000}$$

$$= -0.3511,\text{ 或 } -35.11\%$$

现在我们可以求出当技术价值上升时的风险中性概率：

无风险利率 = (概率$_{上升}$)(收益率$_{上升}$) + (概率$_{下降}$)(收益率$_{下降}$)

= (概率$_{上升}$)(收益率$_{上升}$) + (1 − 概率$_{上升}$)(收益率$_{下降}$)

$0.06 =$ (概率$_{上升}$) $\times 0.1221 + (1 -$ 概率$_{上升}$) $\times (-0.3511)$

概率$_{上升} = 0.8687$

因此，下降的概率为：

概率$_{下降} = 1 -$ 概率$_{上升} = 1 - 0.8687 = 0.1313$

基于这些风险中性概率，我们可以确定当实物期权到期时将产生的预期收益是多少。需求较高时，期权就没有价值了，因为技术不会被出售，而需求较低时技术的价值为 900 000 美元，如我们之前算出来的那样。因此，放弃的期权的价值为：

$$放弃的期权的价值 = \frac{0.868\,7 \times 0 + 0.131\,3 \times 900\,000}{1 + 0.06}$$

$$= 111\,472.92（美元）$$

18. 基于二叉树模型，我们求出 u 和 d 的价值为：

$$u = e^{\frac{\sigma}{\sqrt{n}}} = e^{\frac{0.70}{\sqrt{12}}} = 1.223\,9$$

$$d = \frac{1}{u} = \frac{1}{1.223\,9} = 0.817\,0$$

这意味着当股价上升时，上升的百分比将为 22.39%，而当股价下降时，下降的百分比将为 -18.30%。月利率为：

$$月利率 = \frac{0.05}{12} = 0.004\,2$$

接下来，我们需要求出价格上升或下降的风险中性概率：

$$0.004\,2 = 0.223\,9 \times（上升的概率）+（-0.183\,0）\times（1-上升的概率）$$

$$上升的概率 = 0.459\,9$$

股价下降的概率：

$$下降的概率 = 1 - 0.459\,9 = 0.540\,1$$

下列图形展示出未来两个月中股票价格和看跌期权的一些可能的价格走势：

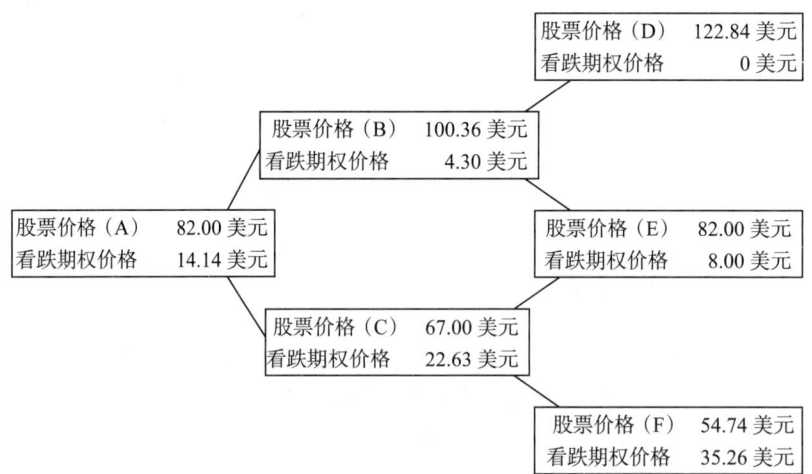

点（A）的股票价格就是当前股票价格。点（B）的股票价格就是股票价格上升之后的价格，这意味着：

$$股票价格（B）= 82 \times 1.223\,9 = 100.36（美元）$$

点（D）的股票价格就是股票价格两次上升之后的价格，或者说：

$$股票价格（D）= 82 \times 1.223\,9 \times 1.223\,9 = 122.84（美元）$$

点（C）的股票价格就是股票价格下降之后的价格，或者说：

$$股票价格（C）= 82 \times 0.817\,0 = 67.00（美元）$$

点（F）的股票价格就是股票价格两次下降之后的价格，或者说：

$$股票价格（F）= 82 \times 0.817\,0 \times 0.817\,0 = 54.74（美元）$$

最后，点（E）的股票价格就是股票价格先上升后下降的价格，或者是先下降后上升的价格。由于二叉树模型的分支有重合的地方，这两种情况的计算会得出相同的结果，即

$$股票价格（E）= 82 \times 1.223\,9 \times 0.817\,0 = 82.00（美元）$$

现在，我们可以计算到期时点的看跌期权的价值，即（D）、（E）和（F）点的价值。这些点的看跌期权价值就是执行价格的最大值减去股票价格，或者是0。因此：

$$看跌期权价值（D）= Max(90 - 122.84, 0) = 0（美元）$$
$$看跌期权价值（E）= Max(90 - 82, 0) = 8（美元）$$
$$看跌期权价值（F）= Max(90 - 54.74, 0) = 35.26（美元）$$

点（B）的看跌期权价值就是预期价值的现值。我们基于点（D）和点（E）的看跌期权价值求出预期价值，因为在点（B）之后只有两种可能的股票价格。因此，点（B）的看跌期权价值为：

$$看跌期权价值（B）= \frac{0.459\,9 \times 0 + 0.540\,1 \times 8}{1.004\,2} = 4.30（美元）$$

类似地，点（C）的看跌期权价值就是预期价值的现值。我们基于点（E）和点（F）的看跌期权价值求出预期价值，因为在点（C）之后只有两种可能的股票价格。因此，点（C）的看跌期权价值为：

$$看跌期权价值（C）= \frac{0.459\,9 \times 8 + 0.540\,1 \times 35.26}{1.004\,2} = 22.63（美元）$$

基于点（B）和点（C）的看跌期权价值，我们现在可以求出今天的看跌期权价值，为：

$$看跌期权价值（A）= \frac{0.459\,9 \times 4.30 + 0.540\,1 \times 22.63}{1.004\,2} = 14.14（美元）$$

由于执行方式现在是美式期权，因此这个期权可以在到期日之前被执行。在节点（B），我们可能不会想要执行看跌期权，因为在这个股价水平之下期权将会是价外期权。但是，如果下个月股价下跌，则看跌期权如果被执行的话，其价值将为：

$$期权被执行的价值 = 90 - 67.00 = 23.00（美元）$$

这比等待一个月的现值要高一些，因此如果股票价格下跌，则这个期权将会早一个月被执行。这就是节点（C）的看跌期权价值。基于看跌期权的价值，我们现在可以求出看跌期权在今天的价值为：

$$看跌期权的价值（A）= \frac{0.459\,9 \times 4.30 + 0.540\,1 \times 23.00}{1.004\,2} = 14.34（美元）$$

这比执行方式为欧式的类似期权的价值要稍微高一些。美式期权的价值是大于等于欧式期权的价值的。请记住，直到被执行，期权都是有价值的。提早执行美式期权

的权利本身也是一项期权，因此通常是具有一些价值的。

19. 基于二叉树模型，我们求出 u 和 d 的价值为：
$$u = e^{\frac{\sigma}{\sqrt{n}}} = e^{\frac{0.30}{\sqrt{2}}} = 1.2363$$
$$d = \frac{1}{u} = \frac{1}{1.2363} = 0.8089$$

这意味着当股价上升时，上升的百分比将为 23.63%，而当股价下降时，下降的百分比将为 −19.11%。月利率为：
$$月利率 = \frac{0.06}{2} = 0.03$$

接下来，我们需要求出价格上升或下降的风险中性概率：
$$0.03 = 0.2363 \times （上升的概率）+(-0.1911) \times （1-上升的概率）$$
$$上升的概率 = 0.5173$$

而价格下降的概率为：
$$下降的概率 = 1-0.5173 = 0.4827$$

下列图形展示出未来 6 个月中股票价格和看涨期权价格的一些可能的走势：

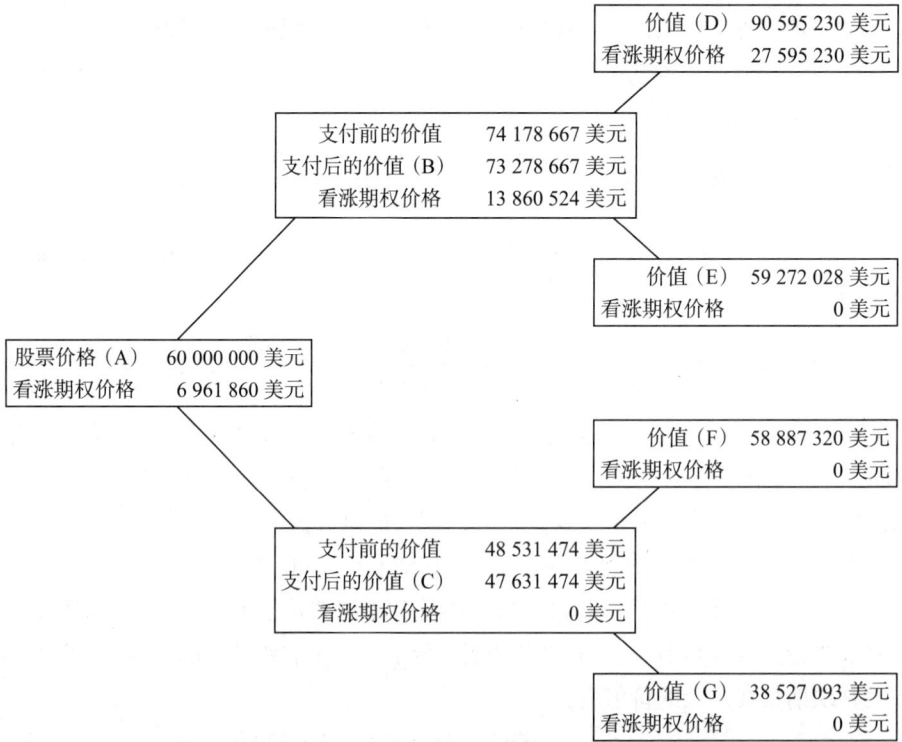

首先，我们需要计算出二叉树的每一个连接点上的建筑物价值。点（A）的建筑物价值就是当前的建筑物价值。点（B）的建筑物价值就是建筑物价值上升之后的价格，这意味着：
$$建筑物价值（B）= 60\,000\,000 \times 1.2363 = 74\,178\,667 （美元）$$

在点（B），应计的租金支付额将会被支付，则建筑物价值将会减少且减少的金额等于支付的租金金额，这意味着点（B）的建筑物价值为：

租金支付之后的建筑物价值（B）= 74 178 667 − 900 000 = 73 278 667（美元）

为求出点（D）的建筑物价值，我们将点（B）的租金支付之后的建筑物价值乘以价格上升百分比，得到：

建筑物价值（D）= 73 278 667 × 1.236 3 = 90 595 230（美元）

为求出点（E）的建筑物价值，我们将点（B）的租金支付之后的建筑物价值乘以价格下降百分比，得到：

建筑物价值（E）= 73 278 667 × 0.808 9 = 59 272 028（美元）

最后，点（C）的建筑物价值就是建筑物价值下降之后的价值，因此，建筑物价值为：

建筑物价值（E）= 60 000 000 × 0.808 9 = 48 531 474（美元）

在点（C），应计的租金支付额将会被支付，则建筑物价值将会减少且减少的金额等于支付的租金金额，这意味着点（C）的建筑物价值为：

租金支付之后的建筑物价值（C）= 48 531 474 − 900 000 = 47 631 474（美元）

为求出点（F）的建筑物价值，我们将点（C）的租金支付之后的建筑物价值乘以价格上升百分比，得到：

建筑物价值（F）= 47 631 474 × 1.236 3 = 58 887 320（美元）

最后，点（G）的建筑物价值就是从点（C）下降的价值，因此，建筑物价值为：

建筑物价值（G）= 47 631 474 × 0.808 9 = 38 527 093（美元）

请注意，由于应计的租金支付额将会在6个月后支付，二叉树模型的分支在下一步中并没有重合点。当二叉树模型中存在固定支付金额时，就会发生这样的情况。例如，当我们分析一个股票期权的二叉树模型时，如果有固定的股利支付额，则二叉树模型的分支不会有重合点。基于到期时的价值，我们可以对到期时的连接点上的看涨期权进行估值，即D、E、F和G点的价值。连接点的看涨期权价值就是建筑物的最大值减去执行价格，或者为0。此时我们不需要考虑租金支付之后的建筑物价值，因为如果期权被执行了，你将会收到租金支付额。由此：

看涨期权价值（D）= Max(90 595 230 − 63 000 000, 0) = 27 595 230（美元）

看涨期权价值（E）= Max(59 272 028 − 63 000 000, 0) = 0（美元）

看涨期权价值（F）= Max(58 887 320 − 63 000 000, 0) = 0（美元）

看涨期权价值（G）= Max(38 527 093 − 63 000 000, 0) = 0（美元）

点（B）的看涨期权价值就是预期价值的现值。由于在点（B）之后只会存在两种可能的建筑物价值，我们能够基于点（D）和点（E）上的看涨期权价值来求出预期价值。由此，点（B）的看涨期权价值为：

$$看涨期权价值（B）= \frac{0.517\,3 \times 27\,595\,230 + 0.482\,7 \times 0}{1.03} = 13\,860\,524（美元）$$

请注意，你不会过早地在点（B）就执行期权。如果期权被执行，则点（B）的看

涨期权价值就是建筑物的价值（包括应计租金支付额）减去执行价格，即
如果执行，则

点（B）的期权价值 = 74 178 667 − 63 000 000 = 11 178 667（美元）

由于这个价值比我们继续让期权延续下去的价值要低一些，所以这个期权不会被执行。对于看涨期权而言，除非能够得到一大笔现金流入（例如股利），通常不值得过早地就执行看涨期权。原因是，潜在的利得可能是无限的。相反，看跌期权的潜在利得是被执行价格限制在一定范围内的，因此，当一个美式看跌期权很有盈利空间时，值得过早地对其执行。

点（C）的看涨期权价值就是点（F）和点（G）的看涨期权预期价值的现值。由于在点（C）之后只会存在两种可能的建筑物价值，我们能够求出点（C）的看涨期权价值。两个节点的价值都小于0，因此很明显点（C）的期权的价值也将会是0。现在，我们需要求出期权在今天的价值，为：

$$看涨期权价值（A）= \frac{0.517\,3 \times 13\,860\,524 + 0.482\,7 \times 0}{1.03} = 6\,961\,860（美元）$$

第24章 认股权证和可转换债券

本章概要

1. 认股权证赋予其持有者在确定的期间内以确定的协议价格购买一定数量普通股的权利。典型的认股权证往往附在定向发行债券中一起发行。两者可以分开并单独交易。
2. 可转换债券是纯粹债券和看涨期权的结合,其持有者可以将债券转换成普通股。
3. 可转换债券和认股权证与看涨期权比较类似,但是其中仍有一些重要的区别。
   (1) 认股权证和可转换债券由公司签发,看涨期权则在个人投资者之间交易。
   a. 认股权证通常私募发行并附在债券中。在大多数情况下,认股权证可以在发行后立即与债券分离。在一些情况下,认股权证也随优先股、普通股甚至经理激励补偿计划发行。
   b. 可转换债券通常能够转换成普通股。

c. 看涨期权在个人投资者之间单独买卖。

（2）认股权证和看涨期权在执行时会收到现金。认股权证的持有者付给公司现金，并收到公司的新股票。看涨期权的持有者则付给空方（卖方）现金以换取一定数量的股票。当可转换债券的持有者实施转换时，债券就会变成股权。因此，附有认股权证的债券和可转换债券对公司的现金流量以及资本结构有不同的影响。

（3）认股权证和可转换债券会引起现有股东的股权稀释。当认股权证被执行或者可转换债券被转成普通股时，公司必须增发普通股。现有股东所占的股份比例将会下降。看涨期权被执行，则不会增发新股票。

4. 针对发行可转换债券及附有认股权证的债券有许多观点，既有合理的，也有不合理的。一种对这类债券的合理解释涉及风险。发行可转换债券和附有认股权证的债券的公司往往是高风险公司。债权人会采取一些措施来保护其利益：
（1）他们要求高收益；
（2）他们会少借或拒不借钱给那些风险不能被评估的公司；
（3）他们对其债券会设定严格的限制条件。

5. 常常令财务学者困惑的难题是，可转换债券通常含有赎回条款。公司通常在转换价值大大高于赎回价格时，才会行使赎回权利。如果从股东立场看，最优的赎回策略应该是在转换价值等于赎回价格时行使。

思考与练习

1. **认股权证及期权**　认股权证和可交易的看涨期权最主要的区别是什么？
2. **认股权证**　解释下列对认股权证价格的限制。
   a. 如果股价低于认股权证的行权价，认股权证价格的下限为0。
   b. 如果股价高于认股权证的行权价，认股权证价格的下限为股票价格与行权价之间的差价。
   c. 认股权证价格的上限为当前股票的价格。
3. **可转换债券和股票波动性**　假设你正在评估一只可转换债券。如果股价的市场波动性增加，将怎样影响此债券的价格呢？
4. **可转换债券的价值**　如果利率上升，可转换债券的价格会发生什么变化？
5. **股权稀释**　什么是股权稀释，为什么认股权证行权时股权稀释会发生？
6. **认股权证及可转换债券**　因为所需的息票利率较低，发行附有认股权证或转换条件的债券成本较低。上述说法哪里错了？
7. **认股权证及可转换债券**　公司为什么发行可转换债券及附有认股权证的债券？
8. **可转换债券**　为什么可转换债券到期前不愿自动转换为股票？
9. **可转换债券**　什么时候一家公司应该对可转换债券进行强制转换？为什么？
10. **认股权证估值**　6个月到期的一份认股权证赋予其持有人以行权价31美元购买10股发行公司普通股的权利。如果目前股票的市场价格是15美元，每份认股权证是否变得毫无价值？

11. **转换比率** 可转换债券的面值为1 000美元，转换价格为72.45美元。转换率是多少？
12. **认股权证价值** 一份认股权证的持有者有权以每股64美元的行权价购买3股普通股。当前股票的市场价格是68美元。认股权证的价值最低是多少？
13. **可转换债券** Vital Silence公司刚刚公布了30年期带赎回权的可转换债券，息票利率为每年6%。债券的转换价格为93美元。该公司的股票价格为每股28美元。如果债券的转换价值大于或等于1 100美元，债券持有者将被强制转换。相同的不可转换债券的收益率为7%。

    a. 债券的最低价格为多少？

    b. 如果股票价格将以每年11%的增长率连续地增长，需要多久才能使债券的转换价值超过1 100美元？

14. **转换计算** 你被聘用为一只20年期可赎回的可转换债券进行估值。债券的息票利率为5.80%，每年支付。转换价格为150美元，而且目前股价为32.20美元。股票价格预计每年有12%左右的增长率。债券可以1 150美元的价格被赎回，但根据以往的经验，它不会被赎回，除非转换价格达到1 250美元。该债券必要回报率是9%。你认为这只债券的价值是多少？

参考答案

1. 认股权证是由公司发行的，并且当一份认股权证被执行时，股票数量增加。看涨期权是投资者与投资者之间签订的合同，且不会影响到股票数量。

2. a. 如果股价低于认股权证的行权价，则认股权证的价值为0。但是在到期日之前，只要股票价格在剩下的时间里有可能上升到高于行权价的水平，则认股权证还是会有一些价值的。因此，如果股票价格低于认股权证的行权价，则认股权证价格的下限为0。

   b. 如果股价高于认股权证的行权价，则认股权证价格的下限为股票价格与行权价之间的差价。如果认股权证的价格低于股票价格与行权价之间的差价，则投资者可以通过套利交易赚取利润（即一个当即的现金流入量），即买入认股权证并立即对其执行，然后卖出股票。

   c. 如果认股权证的行权价高于股价，则股票的买入价将低于认股权证的买入价，而认股权证的持有者是有买入股票的权利的。因此，认股权证价格的上限为当前股票的价格。

3. 市场股价的波动性增加将使得债券价格升高。如果股票价格的波动性增加，则可转换成股票的期权的价值将变得更高。

4. 可转换债券的价值包括两部分：普通债券的价值以及期权的价值。利率的上升将降低可转换债券中普通债券部分的价值。相反，利率的上升将增加可转换债券中期权部分的价值。总的来说，普通债券部分的价值将比期权的价值大得多，因此我们预期债券价值将降低，但其降低幅度不会比一个其他条件相当的普通债券大。

5. 当执行认股权证时，流通中的股票数将增加。这将使得公司的价值被平摊在更多数量的股份中，通常会使得每股的价值降低。由于流通中股票数的增加使得公司的每股价格降低的现象，被称为股权稀释。

6. 在一个有效的资本市场中，可转换债券的市场价值与普通债券的价值之差，就是投资者购买由可转债或认股权证提供的看涨期权时所支付的公允价格。

7. 有三个潜在原因。第一，为了匹配现金流量，即公司发行债券以获取相应的匹配现金流量。第二，为了跳过对公司风险（风险协同效应）进行评估的步骤。例如，刚起步公司的风险是很难评估的。第三，通过某种降低债券持有者－股东之间利益冲突的方案，来降低融资过程中的代理成本。

8. 因为持有者拥有继续等待的选择权，将来有可能会比目前的股市情况获利更高。

9. 理论上，一旦转换价值等于期权价格时，就应该进行强制转换，因为其他的转换政策会降低股东价值。当转换价值高于期权价格时，如果进行强制转换，债券持有者就可以以较低价值的债券换取较高价值的普通股。站在相反的立场来看，股东的价值转移给了债券持有者。

10. 不会。认股权证的市场价格不会等于0。有可能股票的市场价格在到期之前会上涨到超过每股31美元的执行价格，但认股权证仍然有价值。其市场价格将会大于0。在实践中，由于交易成本的存在，如果执行则将会产生巨额亏损的价外认股权证可能会被定价为0。

11. 转换比率就是票面价值除以转换价格，即

$$转换比率 = \frac{1\,000}{72.45} = 13.80$$

12. 每份认股期权的总执行价格等于每份认股期权可以购买的股票数量乘以执行价格，由此得到：

$$执行价格 = 3 \times 64 = 192（美元）$$

因为股票是以68美元出售的，因此3股股票价值为：

$$股份价值 = 3 \times 68 = 204（美元）$$

因此，认股期权实际上给予了持有者以192美元买入价值204美元的股票的权利。由此得出，认股期权的最小价值就是这些数字之间的差额，或者说：

$$认股期权的最小价值 = 204 - 192 = 12（美元）$$

如果认股期权以低于12美元的价格出售，则投资者可以通过套利交易买入认股期权，立即执行，并卖出股票来赚取利润。此处，认股期权的持有者支付的价格少于12美元，同时得到了3股股份的价值与执行价格之间的价值差额，即12美元。

13. a. 可转换债券的最低价值就是转化价格或普通债券价格这两者之间较高的那一个。为求出债券的转化价格，我们需要确定转换率，如下：

$$转换率 = \frac{1\,000}{93} = 10.75$$

因此，每一只债券可以被转换为10.75股股票。这意味着转换价格为：

$$转换价格 = 10.75 \times 28 = 301.08（美元）$$

普通债券的价值为：

$$P = 60 \times \left(\frac{\left\{1 - \left[\frac{1}{(1+0.07)}\right]^{30}\right\}}{0.07} \right) + 1\,000 \times \left[\frac{1}{(1+0.07)^{30}}\right] = 875.91\,(\text{美元})$$

因此，债券的最低价格为 875.91 美元。

b. 如果股票价格每年增长 11% 直到永远，则 t 年后每股股票将大概价值 $28 \times (1.11)^t$ 美元。因为每一只债券可以被转换为 10.75 股股票，则 t 年后债券的转化价值等于 $28 \times 10.75 \times 1.11^t$。为了计算出使得转化价值增加到等于 1 100 美元所需要的时间，建立如下等式：

$$28 \times 10.75 \times 1.11^t = 1\,100$$
$$t = 12.42\,(\text{年})$$

14. 普通债券的价值为：

$$\text{普通债券的价值} = 58 \times PVIFA_{9\%,20} + \frac{1\,000}{1.09^{20}} = 707.89\,(\text{美元})$$

今天的转换价值为：

$$\text{转换价值} = 32.20 \times \left(\frac{1\,000}{150}\right) = 214.67\,(\text{美元})$$

当转换价值增加到 1 250 美元时，我们的债券将会被赎回，因此我们需要求出从当前的转换价值增加到债券将会被转换时的预期价值所需要的期数。由此，我们得到：

$$214.67 \times 1.12^t = 1\,250$$
$$t = 15.55\,(\text{年})$$

该债券将在 15.55 年内被赎回。

债券价值就是预期现金流量的现值。现金流量包括年度利息支付额以及转换价格。现金流量的现值为：

$$\text{债券价值} = 58 \times PVIFA_{9\%,15.55} + \frac{1\,250}{1.09^{15.55}} = 803.05\,(\text{美元})$$

第25章

衍生品和套期保值风险

本章概要

1. 公司进行套期保值以减少风险。本章阐述了若干套期保值策略。
2. 远期合约是双方在某个未来日期销售货品以换取现金的协议。价格在签约时确定。远期合约一般不在有组织的交易所交易。
3. 期货合约也是关于未来交割的协议。它具有某些优点,如具有远期合约所没有的流动性。期货合约的特质之一是逐日盯市惯例。若远期合约标的资产的价格在某特定日下跌,则每个合约购买者(多头)必须付款给结算所,而每个合约销售者(空头)从结算所得到付款。若价格上涨,则一切相反。逐日盯市惯例有效地控制了期货合约的违约风险。
4. 我们将套期保值分为两类:空头套期保值和多头套期保值。售出期货合约以减少风险的个人或公司是在进行空头套期保值。空头套期保值一般适用于存货持有人。购入期货合约以减少价格风险的个人或公司是在进行多头套期保值。持有以固定价格销售最终产品合约的公司通常采用多头套期保值来控制成本。
5. 利率期货合约以债券作为可交割工具。因国债期货合约的普遍性，对其加以研究，并指出，用于为国债本身定价的净现值分析形式，同样可以用来对国债期货合约进行定价。
6. 许多公司面临利率风险，它们可以利用利率期货合约套期保值来减少风险。如同对其他商品那样，空头套期保值包括卖出期货合约。承诺购买抵押贷款支持债券或其他债券的公司可能进行空头套期保值。多头套期保值包括购买期货合约。同意以固定价格销售抵押贷款支持债券或其他债券的公司可能进行多头套期保值。
7. 久期度量债券的所有现金流的平均期限。久期长的债券具有高度价格易变性。公司常常试图使其资产的久期和负债的久期相匹配。
8. 互换合约是在时间上交换现金流的协议。第 1 种主要类型是利率互换，即将一种形式的利息支付（如固定支付）换成另一种形式的利息支付（如随 LIBOR 浮动的利息支付）的协议。第 2 种主要类型是货币互换，即敲定一段时间内以一种货币支付来交换另一种货币支付的协议。

思考与练习

1. **套期保值策略** 如果一家公司卖出对木材的期货合约作为一个套期保值策略，那么在木材价格波动时，该公司会面临什么样的风险呢？
2. **套期保值策略** 如果一家公司认购了猪腩的期权作为套期保值策略，那么在猪腩价格波动时，该公司会面临什么样的风险呢？
3. **远期和期货** 怎样区别远期合约和期货合约？为什么你认为期货合约更为常见？在什么情况下你更喜欢使用远期合约，而非期货合约？请做出解释。
4. **对商品的套期保值** 沸点原油公司是一家位于得州的大型石油生产商，希望能对冲石油价格下跌而带来的风险，因为石油是该公司的主要收入来源。该公司应该怎样做呢？为什么它不可能完全对冲掉油价波动带来的风险？至少举出两个理由。
5. **风险来源** 一家公司生产一种能源密集型产品并利用天然气作为能源，而其竞争对手主要是利用石油。为什么这家公司既面临天然气价格波动的风险，也面临石油价格波动的风险？
6. **对商品的套期保值** 如果一个纺织品制造商要抵御棉花价格波动的不利因素，它可以购买棉花期货合约或棉花期权合约。采用这两种办法的利弊分别是什么？
7. **期权** 为何对债券的看跌期权实质上等同于对利率的看涨期权？
8. **对利率的套期保值** 一家公司发行了大量的 1 年期债券。当其到期时，该公司将根据市场利率发行新的债券。目前的利率条件比较有吸引力，而且该公司担心明年的利率会上涨。在这种情况下，该公司可以采用哪些套期保值策略呢？
9. **互换合约** 为什么互换合约实际上是一系列的远期合约？假设一家公司与交易商签订了互换协议，请描述双方所面临的违约风险。
10. **互换合约** 假设一家公司与交易商进行一笔固定换浮动的利率互换合约交易。请描述互换合约交易中现金是如何流入、流出的。

11. **交易和经济风险敞口** 交易和经济风险敞口的区别是什么？哪一种更容易对冲？为什么？

12. **对汇率的套期保值** 如果一家美国公司出口货物到日本，它应该如何利用期货合约来对冲日元的汇率风险？它应该买进还是卖出日元期货合约？在期货合约中设定汇率的方式是否重要？

13. **套期保值策略** 对于下列情况，描述可能采取的以期货合约进行套期保值的策略。如果你认为交叉对冲是合适的，请给出你如此选择的理由。

    a. 一家公用能源提供商担心成本上升。
    b. 一家糖果制造商担心成本上升。
    c. 一个种植玉米的农民担心今年的收成将达到全国范围内创纪录的高水平。
    d. 一家胶片制造商担心成本上升。
    e. 一家天然气生产商认为今年市场上将出现超额供给。
    f. 一家银行所有的收入均源于长期、固定利率的住宅抵押贷款。
    g. 一只股票共同基金投资于大型绩优蓝筹股，而且担心股票市场下跌。
    h. 一家瑞士军刀的美国进口商将在 6 个月内以瑞士法郎支付其订单。
    i. 一家建筑设备的美国出口商已同意出售一些起重机给德国的一家建筑公司。3 个月后该美国公司将收到对方支付的欧元。

14. **互换合约** 2004 年 5 月，食品及相关产品的分销商西斯科公司（请不要将它与思科系统公司混淆）宣布，它已签署了一项利率互换合约。该利率互换合约有效地将该公司 1 亿美元、4.6% 的固定利率债券转换成 6 个月 LIBOR-52 基点的浮息债券。为什么西斯科公司要使用互换协议？换言之，既然发行一个固定利率债券，再通过利率互换合约将其转换为浮息债券的作用等同于发行浮息债券，为什么西斯科公司不直接发行浮息债券？

15. **套期保值策略** 威廉·圣地亚哥有意进军进/出口业务。在最近一次访问其财务顾问时，他说："如果我们玩游戏的方法正确的话，这将是世界上最安全的业务。通过在外汇期货市场上将我们所有的交易进行套期保值，我们可以排除所有的风险。"你同意圣地亚哥先生对套期保值的评论吗？为什么？

16. **套期保值策略** 凯文·野村是一名日本学生，计划在美国待 1 年。他预计 8 个月后抵达美国。他担心在未来的 8 个月内日元对美元贬值，所以希望买入外汇期货以对冲这一风险。野村先生应该怎样进行套期保值呢？假定日元对美元汇率表述为日元/美元。

根据表 1 的内容回答第 17～18 题。

表 1 期货合约数据（2015 年 1 月 8 日，星期二）摘自《华尔街日报》

（续）

Futures Contracts | WSJ.com/commodities

Metal & Petroleum Futures

	Open	High	Contract hi lo	Low	Settle	Chg	Open interest
Feb	818.90	818.90	▼	812.90	**792.45**	-7.95	n.a.
June	802.80	802.80	▼	787.75	**793.20**	-7.85	881
Platinum (NYM)-50 troy oz.; $ per troy oz.							
Jan	1220.20	1222.70		1218.00	**1220.70**	-0.10	314
April	1223.50	1225.10		1214.80	**1220.90**	-0.50	65,367
Silver (CMX)-5,000 troy oz.; $ per troy oz.							
Jan	16.480	16.550	▲	16.480	**16.510**	-0.093	91
March	16.575	16.660		16.300	**16.544**	-0.093	103,248
miNY Silver (CMX) - 2500 troy oz.; $ per troy oz.							
March	16.500	16.575		16.325	**16.544**	-0.093	97
May	...	...		...	**16.575**	-0.094	1
Crude Oil, Light Sweet (NYM)-1,000 bbls.; $ per bbl.							
Feb	48.00	49.31	▼	46.83	**48.65**	0.72	279,774
March	50.44	50.71	▼	50.38	**49.08**	0.62	229,075
April	49.00	50.43	▼	48.04	**49.72**	0.56	79,097
May	49.83	51.15	▼	48.87	**50.48**	0.51	50,290
Sept	53.03	53.86	▼	52.11	**53.25**	0.33	57,655
Dec'16	60.80	61.55	▼	59.82	**60.57**	-0.32	74,198
Heating Oil No. 2 (NYM)-42,000 gal.; $ per gal.							
Feb	1.7020	1.7256	▼	1.6715	**1.6999**	-.0263	100,053
March	1.6784	1.6966	▼	1.6486	**1.6755**	-.0189	71,550
Gasoline-NY RBOB (NYM)-42,000 gal.; $ per gal.							
Feb	1.3750	1.3825	▼	1.3728	**1.3376**	-.0167	90,924
March	1.3782	1.3970	▼	1.3497	**1.3766**	-.0097	54,325
Natural Gas (NYM)-10,000 MMBtu.; $ per MMBtu.							
Feb	2.949	3.012		2.825	**2.871**	-.067	165,201
March	2.937	2.996		2.819	**2.865**	-.059	233,058
April	2.881	2.949		2.796	**2.835**	-.040	107,228
May	2.883	2.958		2.813	**2.849**	-.038	92,948
June	2.950	3.001		2.860	**2.894**	-.038	38,954
Oct	3.003	3.071		2.933	**2.964**	-.042	52,003

Agriculture Futures

	Open	High	Contract hi lo	Low	Settle	Chg	Open interest
Corn (CBT)-5,000 bu.; cents per bu.							
March	404.75	407.25		395.75	**396.25**	-8.75	622,973
Dec	427.75	430.00		419.75	**420.25**	-8.00	189,117
Ethanol (CBT)-29,000 gal.; $ per gal.							
July	1.508	1.508	▼	1.498	**1.506**	-.01	274
Aug	1.505	1.505	▼	1.502	**1.507**	-.01	229
Oats (CBT)-5,000 bu.; cents per bu.							
March	304.00	304.25	▼	300.75	**301.75**	-2.75	5,892
May	305.00	305.00		303.00	**304.00**	-2.00	1,324
Soybeans (CBT)-5,000 bu.; cents per bu.							
Jan	1049.75	1055.25	▲	1044.50	**1052.75**	1.75	7,538
March	1054.25	1061.00	▲	1048.25	**1056.25**	.50	292,948
Soybean Meal (CBT)-100 tons; $ per ton.							
Jan	370.90	372.10	▲	365.30	**368.50**	-2.30	3,942
March	355.00	357.40		351.10	**354.00**	-1.10	179,677
Soybean Oil (CBT)-60,000 lbs.; cents per lb.							
Jan	32.67	33.15	▲	32.67	**32.98**	.29	1,888
March	32.85	33.50	▲	32.69	**33.16**	.29	188,660
Rough Rice (CBT)-2,000 cwt.; $ per cwt.							
Jan	1141.00	1142.00		1139.50	**1141.00**	5.00	469
March	1159.50	1173.00	▲	1158.50	**1165.00**	4.50	7,778
Wheat (CBT)-5,000 bu.; cents per bu.							
March	594.25	594.50		578.50	**579.50**	-12.25	201,155
July	600.00	601.25		586.50	**587.75**	-11.00	65,421
Wheat (KC)-5,000 bu.; cents per bu.							
March	633.50	634.00		619.25	**620.00**	-11.25	73,903
May	635.75	637.75		622.50	**623.50**	-11.75	22,552
Wheat (MPLS)-5,000 bu.; cents per bu.							
March	626.00	628.00	▲	613.50	**615.75**	-9.75	36,416
May	632.00	632.75	▲	620.00	**622.25**	-9.50	15,374
Cattle-Feeder (CME)-50,000 lbs.; cents per lb.							
Jan	225.800	226.275		223.075	**225.650**	.950	7,732
March	222.200	222.225		218.375	**220.325**	-.550	15,427
Cattle-Live (CME)-40,000 lbs.; cents per lb.							
Feb	166.400	166.750		164.975	**165.900**	-.125	111,136
April	165.450	165.450		163.800	**164.725**	-.275	85,028
Hogs-Lean (CME)-40,000 lbs.; cents per lb.							
Feb	78.600	79.875	▼	78.150	**79.325**	.750	85,568
April	81.200	82.575	▼	80.700	**81.875**	.525	60,748
Lumber (CME)-110,000 bd. ft., $ per 1,000 bd. ft.							
Jan	324.50	328.40		319.50	**327.30**	7.60	266
March	317.50	324.90	▼	316.70	**322.70**	5.30	3,512
Milk (CME)-200,000 lbs., cents per lb.							
Jan	15.65	16.11	▲	15.58	**15.80**	.15	5,978
Feb	14.90	15.13		14.70	**14.94**	.24	5,383
Cocoa (ICE-US)-10 metric tons; $ per ton.							
March	2,911	2,923		2,899	**2,912**	10	94,074
May	2,896	2,906		2,883	**2,895**	8	48,577
Coffee (ICE-US)-37,500 lbs.; cents per lb.							
March	175.60	182.85	▲	173.00	**175.05**	.15	87,439
May	178.15	185.40	▲	175.80	**177.75**	.20	28,098
Sugar-World (ICE-US)-112,000 lbs.; cents per lb.							
March	14.94	14.99		14.61	**14.78**	-.09	428,531
May	15.20	15.30		14.97	**15.12**	-.07	152,189
Sugar-Domestic (ICE-US)-112,000 lbs.; cents per lb.							
March	25.00	25.00		25.00	**25.12**	-.02	2,493
May	25.40	25.40	▲	25.40	**25.38**	.06	1,497
Cotton (ICE-US)-50,000 lbs.; cents per lb.							
March	60.10	60.52		59.84	**60.43**	.23	119,551
May	60.76	61.11		60.40	**60.91**	.15	34,748
Orange Juice (ICE-US)-15,000 lbs.; cents per lb.							
Jan	143.10	143.10		143.10	**143.20**	.60	364
March	142.10	143.70		141.20	**142.60**	.35	8,857

Interest Rate Futures

	Open	High	Contract hi lo	Low	Settle	Chg	Open interest
Treasury Bonds (CBT)-$100,000; pts 32nds of 100%							
March	148-160	148-240		147-100	**148-060**	1.0	882,093
June	165-120	165-170		163-290	**165-030**	5.0	1,747
Treasury Notes (CBT)-$100,000; pts 32nds of 100%							
March	128-160	128-220		128-005	**128-150**	3.5	2,667,999
June	127-215	127-300		127-120	**127-255**	4.0	3,229
5 Yr. Treasury Notes (CBT)-$100,000; pts 32nds of 100%							
March	119-240	119-282		119-175	**119-255**	3.2	1,815,691
June	...	119-047		118-302	**119-045**	3.0	290
2 Yr. Treasury Notes (CBT)-$200,000; pts 32nds of 100%							
March	109-130	109-150		109-120	**109-145**	1.5	1,246,072
30 Day Federal Funds (CBT)-$5,000,000; 100 - daily avg.							
Jan	99.890	99.893	▲	99.888	**99.888**	...	54,698
May	99.845	99.855	▲	99.840	**99.845**	.005	98,205
10 Yr. Del. Int. Rate Swaps (CBT)-$100,000; pts 32nds of 100%							
March	108.078	108.203		107.750	**108.125**	-.031	51,865
1 Month Libor (CME)-$3,000,000; pts of 100%							
March	99.8275	99.8275	▲	99.8275	**99.8275**	.0025	256
Eurodollar (CME)-$1,000,000; pts of 100%							
Jan	99.7525	99.7525	▲	99.7475	**99.7475**	-.0025	69,733
March	99.7250	99.7300		99.7200	**99.7250**	.0050	1,106,176
June	99.5750	99.5900		99.5600	**99.5800**	.0150	1,077,137
Dec	99.1400	99.1750		99.1100	**99.1400**	.0150	1,070,443

Currency Futures

	Open	High	Contract hi lo	Low	Settle	Chg	Open interest
Japanese Yen (CME)-¥12,500,000; $ per 100¥							
March	.8439	.8443		.8362	**.8412**	-.0023	226,633
June	.8442	.8443		.8374	**.8420**	-.0023	2,208
Canadian Dollar (CME)-CAD 100,000; $ per CAD							
March	.8434	.8452	▼	.8408	**.8447**	-.0002	93,612
June	.8417	.8432	▼	.8400	**.8429**	-.0002	7,743
British Pound (CME)-£62,500; $ per £							
March	1.5136	1.5148	▼	1.5046	**1.5114**	-.0040	161,207
June	1.5115	1.5143	▼	1.5050	**1.5104**	-.0039	602
Swiss Franc (CME)-CHF 125,000; $ per CHF							
March	.9901	.9918	▼	.9839	**.9879**	-.0051	62,828
June	.9920	.9920	▼	.9865	**.9904**	-.0049	1,317
Australian Dollar (CME)-AUD 100,000; $ per AUD							
March	.8037	.8051	▼	.7993	**.8041**	-.0026	121,806
June	.7988	.7995	▼	.7952	**.7992**	-.0025	341
Mexican Peso (CME)-MXN 500,000; $ per MXN							
March	.06691	.06779	▲	.06676	**.06768**	.00063	130,970
June	.06729	.06729	▲	.06724	**.06728**	.00063	90
Euro (CME)-€125,000; $ per €							
March	1.1884	1.1904	▼	1.1809	**1.1857**	-.0064	403,080
June	1.1880	1.1933	▼	1.1823	**1.1869**	-.0064	3,168
Euro/Japanese Yen (ICE-US)-€125,000; ¥ per €							
March	140.82	141.67	▼	140.74	**140.95**	-.38	524
Euro/British Pound (ICE-US)-€125,000; £ per €							
March	.7852	.7863	▲	.7824	**.7845**	-.0021	1,086
Euro/Swiss Franc (ICE-US)-€125,000; CHF per €							
March	1.2004	1.2005	▼	1.2001	**1.2002**	-.0003	1,031

Index Futures

	Open	High	Contract hi lo	Low	Settle	Chg	Open interest
DJ Industrial Average (CBT)-$10 x index							
March	17332	17332		17505	**17507**	217	6,541
Mini DJ Industrial Average (CBT)-$5 x index							
March	17309	17524	▼	17300	**17507**	217	112,371
June	17239	17444		17239	**17434**	217	223
S&P 500 Index (CME)-$250 x index							
March	1997.10	2024.00	▼	1995.80	**2019.60**	25.20	122,933
June	2003.10	2012.50	▼	1998.20	**2012.40**	25.30	2,776
Mini S&P 500 (CME)-$50 x index							
March	1996.50	2023.75	▼	1995.75	**2019.50**	25.00	2,738,793
June	1989.50	2016.50	▼	1989.50	**2012.50**	25.50	9,661
Mini S&P Midcap 400 (CME)-$100 x index							
March	1407.90	1428.00		1407.90	**1426.10**	19.60	82,531
June	...	...	▲	...	**1424.10**	19.60	3
Nasdaq 100 (CME)-$100 x index							
March	4108.50	4162.50	▼	4108.00	**4151.50**	49.25	6,737
Mini Nasdaq 100 (CME)-$20 x index							
March	4105.5	4163.3	▼	4102.8	**4151.5**	49.3	335,823
June	4094.0	4152.0	▼	4094.0	**4140.8**	49.3	157
Mini Russell 2000 (ICE-US)-$100 x index							
March	1158.80	1172.70		1158.40	**1171.60**	14.70	337,932
June	1160.00	1160.00	▼	1160.00	**1167.80**	14.70	7,096
Mini Russell 1000 (ICE-US)-$100 x index							
March	1117.20	1124.50		1114.70	**1122.80**	13.70	7,897
U.S. Dollar Index (ICE-US)-$1,000 x index							
March	92.00	92.51	▲	91.90	**92.12**	.38	123,258
June	92.33	92.84	▲	92.30	**92.49**	.40	1,930

Source: SIX Financial Information

17. **期货合约的报价**　假设你于 2015 年 1 月 8 日以收盘价买了一份 2015 年 3 月到期的可可期货合约。如果合约到期时可可的价格为 3 027 美元 / 吨，你将盈利还是亏损？

18. **期货合约的报价**　假设你于 2015 年 1 月 8 日以收盘价卖出 5 份 2015 年 3 月到期的白银期货合约。如果合约到期时白银价格为 16.61 美元 / 盎司，你将盈利还是亏损？如果到期时银价是 16.43 美元/盎司呢？

19. **看涨、看跌期权的损益** 假设一个金融经理人以 65 美元/桶的行权价购买了 50 000 桶原油的看涨期权，同时又以同样的行权价卖出了 50 000 桶原油的看跌期权。当原油价格分别为 60 美元、62 美元、65 美元、68 美元和 70 美元时，该经理人的盈亏为多少？根据其盈亏的变化，你观察到什么现象？

20. **逐日盯市** 你买入 10 份黄金期货合约，初始结算价为 1 210 美元/盎司，每份合同标的为 100 盎司黄金。在随后的 4 个交易日内，金价分别变为 1 217 美元、1 213 美元、1 206 美元及 1 212 美元。计算每日交易结束后的现金流，并计算出你在整个交易时段结束后的总盈亏。

21. **逐日盯市** 你卖出 25 份汽油期货合约，初始结算价为 1.36 美元/加仑，每份合同标的为 42 000 加仑汽油。在随后的 4 个交易日内，汽油的结算价分别为 1.33 美元、1.37 美元、1.39 美元和 1.44 美元。计算每日交易结束后的现金流，并计算出你在整个交易时段结束后的总盈亏。

22. **久期** 一个息票利率为 6.1%，按年支付，以面值出售的 3 年期债券的久期为多少？

23. **久期** 一个息票利率为 8.6%，按年支付，以面值出售的 4 年期债券的久期为多少？

24. **久期** Blue Steel Community 银行以市值计价的资产负债表如下：

资产或负债	市值（百万美元）	久期（年）	资产或负债	市值（百万美元）	久期（年）
联邦基金存款	31	0	支票与储蓄存款	615	0
贷款应收账户	540	0.20	存款凭证	390	1.60
短期贷款	320	0.65	长期融资	285	9.80
长期贷款	98	5.25	股本权益	134	N/A
抵押贷款	435	12.85			

a. 这些资产的久期是多少？

b. 这些负债的久期是多少？

c. 银行是否面临利率风险？

25. **用期货进行套期保值** 参考表 1 回答以下问题。假设今天是 2015 年 1 月 8 日，贵公司生产谷类早餐并且将在 2015 年 3 月需要 140 000 蒲式耳玉米为即将举行的促销活动做准备。你想在今天锁定成本，因为你担心玉米价格从今天到 5 月有可能上升。

a. 你怎么利用玉米的期货合约来对冲风险？根据当天的收盘价，你可以锁定什么价位？

b. 假设 3 月的玉米价格是每蒲式耳 4.09 美元，你的期货头寸盈亏是多少？你在玉米期货市场中的头寸是如何帮助你消除玉米价格波动风险的？

26. **利率互换合约** ABC 公司和 XYZ 公司需要筹集资金来改善其工厂的生产设施。ABC 公司在债券市场上是一个公认有着优良信用评级的企业，它能够以 11% 的固定利率或 LIBOR+1% 的浮动利率借入资金。XYZ 公司是一家新开办的公司，没有较强的信用记录，它可以以 10% 的固定利率或 LIBOR+3% 的浮动利率借入资金。

a. ABC 和 XYZ 有没有机会通过利率互换合约获得收益？

b. 假设你刚刚被聘请到一家银行做互换合约市场交易员，你的老板给你看了客户 ABC 和 XYZ 的借款利率信息。请描述你如何能够通过利率互换合约使两家公司都获得额外收益，同时你的银行还能有2%的净利。

27. **久期** 汉森夫妇的儿子将从10年后的今天开始读大学。他们需要在其儿子读大学4年期间每年年初支付30 000美元的学校开支。对这一对夫妻而言，如果他们可以以7.6%的市场利率借贷的话，这一负债的久期是多少？

28. **久期** 当市场利率为4.9%时，一个息票利率为6.4%且每半年支付一次利息的2年期债券的久期为多少？

29. **远期合约定价** 在资产既无持有成本也无便利收益时，其远期合约价格（F）等于当前资产的现货价格（S_0）乘以1，加上合同起始日和资产交割日之间的利率。通过比较以下两种策略产生的现金流，将这一关系式进行进一步的推导：

    策略一：今天在现货市场中购入白银并将其持有1年。（提示：不要使用你自己的钱购买白银。）

    策略二：买入白银的远期合约，1年后交割。假设白银是一项资产，既无持有成本也无便利收益。

30. **远期合约定价** 你签订了1年以后购买10年期零息债券的远期合约。债券的面值为1 000美元，1年期及11年期即期利率分别为5%和7%。

    a. 远期合约的价格是多少？

    b. 假设1年期及11年期即期利率出人意料地下调了2个百分点，该远期合约的新价格为多少？

31. **远期合约定价** 今天上午，你同意在6个月后购买一份1年期的国债。该债券面值1 000美元。用列出的即期利率回答下列问题：

时间（月）	有效年利率（%）	时间（月）	有效年利率（%）
6	3.61	18	4.73
12	4.05	24	5.42

    a. 合约的远期价格是多少？

    b. 假设购买远期合约后不久，所有利率都上升30个基点。举例来说，6个月的利率从3.61%上升至3.91%。在其他条件不变的情况下，远期合约的价格变动是多少？

32. **金融工程** 假设市场上有煤炭的看涨期权及远期合约，但没有看跌期权。金融工程师如何用现有的合同合成一个看跌期权？你的回答告诉你看跌期权、看涨期权及远期合约三者间存在什么样的关系？

参考答案

1. 由于公司是卖出期货的，它需要交付木材，因此，它相当于是一个供应商。由于木材价格的下降将减少木材供应商的收入，则该公司需要通过卖出木材期货来对冲价格风险。木材价格下降所造成的即期市场的损失将会被木材期货的空头头寸带来的收益所抵消。

2. 买入猪腩的看涨期权给予公司以特定价格买入猪腩的权利，因此，该公司应该是猪腩的消费者。猪腩的价格上涨对于消费者来说不是一件好事，而此时看涨期权的收益将抵消这个风险；如果猪腩的价格下跌，则消费者会享受到更低的成本，而看涨期权将没有价值。

3. 远期合约通常是由具有不同特定需求的交易双方所设计的，并且很少在二级市场上进行交易，因此从某种程度而言，远期合约是量身定做的金融合约。远期合约所有的收益和损失都将在到期日时被清算。期货合约则被标准化，从而可以满足流动性需求，并可以在有组织的期货市场进行交易。远期合约的收益和损失是逐日盯市的。期货合约的违约风险是大大降低的，因为作为交易双方的中介机构的交易所可以提供一定业绩担保。违约风险被降低的另一个原因是每日清算程序防止大额损失继续累积。如果你的对冲需求不能与期货合约的标准合约金额和到期日相匹配，则你可能会倾向于使用远期合约而不是期货合约。

4. 原油价格的下降将使公司受到损失，因此公司应卖出原油期货合约。公司可能没有办法构建一个完美的套期保值策略，因为其需要进行套期保值的原油的金额与原油期货合约的标准金额不匹配，或者是公司所需要的结算日期与期货的到期日不匹配。并且，公司生产的原油等级与原油期货合约中将被用来交付的原油等级可能不同。

5. 公司直接面临天然气的价格波动风险，因为公司需要使用天然气。并且，公司还间接面临石油价格波动的风险。如果石油价格相对于天然气价格下降，则公司的竞争对手可能会有一个成本上的竞争优势。

6. 买入看涨期权对于公司来说就是一种保险。如果棉花价格上升，则看涨期权可以给公司提供保护；而如果棉花价格下跌，则公司只要不执行看涨期权就可以了。但是，通过期权进行套期保值是具有成本的，因为公司需要支付初始的期权费。远期合约签订时是没有初始成本的，却有一个劣势：棉花价格对于公司来说是锁定了，当棉花价格下跌时，公司不能获利。

7. 看跌期权给予持有者以期权执行价格卖出债券的权利。如果债券价格下跌，看跌期权的持有者将获利。但是，由于债券价格和利率变化的方向是相反的，如果看跌期权持有者从债券价格下跌中获利，他也将会从利率上涨中获利。因此，对利率的看涨期权实质上和对于对债券价格的看跌期权是等同的。

8. 公司希望锁定当前的低利率，或者是至少在利率上升的时候得到一些保护，并且也允许当利率实际下降时能获得一些收益的可能性的存在。前一种的套期保值策略可以通过卖出债券期货来实现；后一种的套期保值策略可以通过买入基于债券价格的看跌期权或买入基于利率的看涨期权来实现。

9. 互换合约就是在未来某些时间段里交换资产的交易双方之间达成的协议。互换合约中通常会交换现金流量，但也不一定是如此。由于远期合约也是在未来交换资产的交易双方之间达成的协议，在某个时间点，互换合约可以被看成一系列不同日期的远期合约。参与互换合约的公司面临着交易对手方的违约风险，即对手方可能不会按照合约来支付相应的现金。交易对手方也面临同样的风险，但是可以通过与第三方达成另一个对冲的互换合约来抵消违约风险。

10. 这家公司将会以固定利率借入款项，作为互换交易的一部分从交易商那里收到固定的支付额，并按照浮动利率偿还给交易商。净效果就是公司实际上是按照浮动利率来借款的。

11. 交易敞口就是对于近期价格不确定性的一种短期敞口。经济敞口就是对于整体经济状况的一种长期敞口。有很多不同种类的工具可以被用来对冲交易敞口，但是用于长期对冲的工具很少。经济敞口的对冲要难得多，因为需要通过改变经营的基本面来对冲经济环境中的长期变化。

12. 这里的风险就是美元会相对于日元升值，因为未来将要收到的日元是固定的金额，而这个金额可能会兑换更少的美元。可能会存在美元/日元汇率的下跌，因此公司需要卖出日元期货。设定汇率的方式会影响到对于货币出现升值时的计算。

13. a. 买入原油和天然气期货，因为这些可能是你最主要的能源成本。如果是一家由煤炭提供能源的工厂，则可能通过卖出天然气期货来进行交叉套期保值。因为在某种程度上，煤炭价格和天然气价格可能是负相关的；煤炭和天然气在某种程度上是互为替代的。
    b. 买入糖和可可期货，因为这些可能是主要的原材料。
    c. 卖出玉米期货，因为创纪录水平的丰收意味着玉米价格的下降。
    d. 买入银和铂期货，因为这是生产胶片的两种主要的原材料。
    e. 卖出天然气期货，因为市场的超额供给意味着价格将下降。
    f. 假设银行不在二级市场上再次卖出其抵押贷款的话，就买入债券期货。
    g. 卖出股指期货，且其指数与你的共同基金中的股票是最为匹配的，例如标准普尔100指数或者基于大型蓝筹股的一些主要的市场指数。
    h. 买入瑞士法郎期货，因为这个风险就是在下一个6个月期内，美元将相对于瑞士法郎贬值，这意味着美元兑瑞士法郎的汇率将上升。
    i. 卖出欧元期货，因为这个风险就是在下一个3个月期内，美元将相对于欧元升值，这意味着美元兑欧元汇率将下降。

14. Sysco公司应该是觉得固定利率债券和互换合约的组合可能会带来一个更优惠的利率。换言之，由互换合约带来的变动利率可能会比发行浮动利率债券的利率更有吸引力。

15. 对于套期保值策略的作用，他有一点天真。虽然套期保值策略能够显著降低外汇市场的风险，但不能完全消除风险。由于基差风险的存在，套期保值策略不能百分之百地消除公司对于价格波动的风险暴露。当套期保值工具的价格波动与标的资产的价格波动不匹配时，就出现了基差风险。

16. 如果未来8个月内日元相对于美元贬值，则凯文将会遭受损失。日元相对于美元贬值，将会使得日元/美元的汇率下跌。由于日元/美元的汇率下跌使得凯文遭受损失，他应该在日元/美元期货合约中作为空头方来进行套期保值。

17. 初始价格为2 912美元/吨，每份合约是10吨，因此初始合约价值为：
$$初始合约价值 = 2\,912 \times 10 = 29\,120（美元）$$
而最终合约价值为：
$$最终合约价值 = 3\,027 \times 10 = 30\,270（美元）$$

你将在期货合约上赚取利得：

$$期货合约利得 = 30\ 270 - 29\ 120 = 1\ 150（美元）$$

18. 报价为 16.544 美元/盎司，每份合约是 5 000 盎司，因此初始合约价值为：

$$初始合约价值 = 16.544 \times 5\ 000 = 82\ 720（美元）$$

最终价格为 16.61 美元/盎司，因此合约的价值为：

$$最终合约价值 = 16.61 \times 5\ 000 = 83\ 050（美元）$$

由于这是一份空方合约，每份合约将亏损：

$$每份合约的亏损额 = 5\ 000 \times (16.61 - 16.544) = 330（美元/合约）$$

因为你卖出了 5 份合约，因此净损失为：

$$净损失 = 5 \times 330 = 1\ 650（美元）$$

最终价格为 16.43 美元/盎司，因此合约的价值为：

$$最终合约价值 = 16.43 \times 5\ 000 = 82\ 150（美元）$$

由于这是一份空方合约，每份合约将赚取利润：

$$每份合约赚取利润 = 5\ 000 \times (16.544 - 16.43) = 570（美元）$$

因为你卖出了 5 份合约，因此净利润为：

$$净利润 = 5 \times 570 = 2\ 850（美元）$$

持有空头头寸时，当价格下降则你会赚取利润，当价格上升则你会遭受损失。

19. 看涨期权给予经理以 65 美元/桶的价格购买原油远期合约的权利。如果价格上涨到 65 美元以上，经理将会执行期权。卖出看跌期权使得经理有义务以 65 美元/桶的远期价格买入原油期权合约。如果价格下跌到 65 美元以下，看跌期权的持有者将会执行期权。每桶的收益为：

（单位：美元）

原油的远期合约价格	60	62	65	68	70
看涨期权价值	0	0	0	3	5
看跌期权价值	−5	−3	0	0	0
总价值	−5	−3	0	3	5

表格中的收益数据与一个执行价格为 65 美元的远期合约是一样的。

20. 当你买入这些合约时，初始价值为：

$$初始价值 = 10 \times 100 \times 1\ 210 = 1\ 210\ 000（美元）$$

第 1 天结束时，你的账户价值为：

$$第 1 天的账户价值 = 10 \times 100 \times 1\ 217 = 1\ 217\ 000（美元）$$

因此，你的现金流量为：

$$第 1 天的现金流量 = 1\ 217\ 000 - 1\ 210\ 000 = 7\ 000（美元）$$

第 2 天结束时，你的账户价值为：

$$第 2 天的账户价值 = 10 \times 100 \times 1\ 213 = 1\ 213\ 000（美元）$$

因此，你的现金流量为：

$$第 2 天的现金流量 = 1\ 213\ 000 - 1\ 217\ 000 = -4\ 000（美元）$$

第 3 天结束时，你的账户价值为：
$$第 3 天的账户价值 = 10 \times 100 \times 1\,206 = 1\,206\,000（美元）$$
因此，你的现金流量为：
$$第 3 天的现金流量 = 1\,206\,000 - 1\,213\,000 = -7\,000（美元）$$
第 4 天结束时，你的账户价值为：
$$第 4 天的账户价值 = 10 \times 100 \times 1\,212 = 1\,212\,000（美元）$$
因此，你的现金流量为：
$$第 4 天的现金流量 = 1\,212\,000 - 1\,206\,000 = 6\,000（美元）$$
来自这个交易的总利润为：
$$利润 = 1\,212\,000 - 1\,210\,000 = 2\,000（美元）$$

21. 当你买入这些合约时，现金流量为：
$$现金流量 = 25 \times 42\,000 \times 1.36 = 1\,428\,000（美元）$$
因此，第 1 天结束时你的账户价值为：
$$第 1 天的账户价值 = 25 \times 42\,000 \times 1.33 = 1\,396\,500（美元）$$
记住，因为你持有的是空头头寸，在当价格下跌时你会获利，而当价格上涨时你会有损失。因此，你的现金流量为：
$$第 1 天的现金流量 = 1\,428\,000 - 1\,396\,500 = 31\,500（美元）$$
因此，第 2 天的账户价值为：
$$第 2 天的账户价值 = 25 \times 42\,000 \times 1.37 = 1\,438\,500（美元）$$
因此，你的现金流量为：
$$第 2 天的现金流量 = 1\,396\,500 - 1\,438\,500 = -42\,000（美元）$$
因此，第 3 天的账户价值为：
$$第 3 天的账户价值 = 25 \times 42\,000 \times 1.39 = 1\,459\,500（美元）$$
因此，你的现金流量为：
$$第 3 天的现金流量 = 1\,438\,500 - 1\,459\,500 = -21\,000（美元）$$
因此，第 4 天的账户价值为：
$$第 4 天的账户价值 = 25 \times 42\,000 \times 1.44 = 1\,512\,000（美元）$$
因此，你的现金流量为：
$$第 4 天的现金流量 = 1\,459\,500 - 1\,512\,000 = -52\,500（美元）$$
来自这个交易的总利润为：
$$利润 = 1\,428\,000 - 1\,512\,000 = -84\,000（美元）$$

22. 债券的久期等于债券的每一笔支付现金流的等待时间，再以每一笔现金流的现值所占的比重作为权重，计算的加权平均。由于这个债券是按照平价销售的，因此市场利率必须等于 6.1%，即债券的年度票面利率。平价销售的债券的价格等于其面值。因此债券的价格为 1 000 美元。每一笔现金流的相对价值就是每一笔现金流的现值除以债券的价格。每一笔支付现金流对于久期的贡献就是每一笔现金流的相对价值乘以每一笔支付现金流的等待时间（按年计），则债券的久期为：

年	支付额的现值（美元）	相对价值	支付额权重
1	57.49	0.057 49	0.057 49
2	54.19	0.054 19	0.108 37
3	888.32	0.888 32	2.664 96
债券价格	1 000	久期 =	2.830 83

23. 债券的久期等于债券的每一笔支付现金流的等待时间，再以每一笔现金流的现值所占的比重作为权重，计算的加权平均。由于这个债券是按照平价销售的，因此市场利率必须等于8.6%，即债券的年度票面利率。平价销售的债券的价格等于其面值。因此债券的价格为1 000美元。每一笔现金流的相对价值就是每一笔现金流的现值除以债券的价格。每一笔支付现金流对于久期的贡献就是每一笔现金流的相对价值乘以每一笔支付现金流的等待时间（按年计），则债券的久期为：

年	支付额的现值（美元）	相对价值	支付额权重
1	79.19	0.079 19	0.079 19
2	72.92	0.072 92	0.145 84
3	67.14	0.067 14	0.201 43
4	780.75	0.780 75	3.122 99
债券价格	1 000	久期 =	3.549 45

24. 一组资产的久期就是组成这个组合中的每个资产的久期的加权平均，权重由每个资产的相对市场价值决定。

a. 资产的市场价值总额为（按百万美元计）：

$$\text{资产的市场价值} = 31 + 540 + 320 + 98 + 435 = 1\ 424\ (\text{百万美元})$$

因此，每个资产的市场价值权重为：

$$\text{联邦基金存款} = \frac{31}{1\ 424} = 0.022$$

$$\text{应收账款} = \frac{540}{1\ 424} = 0.379$$

$$\text{短期贷款} = \frac{320}{1\ 424} = 0.225$$

$$\text{长期贷款} = \frac{98}{1\ 424} = 0.069$$

$$\text{抵押贷款} = \frac{435}{1\ 424} = 0.305$$

由于一组资产的久期就是组成这个组合的每个资产的久期的加权平均，则资产的久期为：

$$\text{资产的久期} = 0.022 \times 0 + 0.379 \times 0.20 + 0.225 \times 0.65 + 0.069 \times 5.25 + 0.305 \times 12.85$$
$$= 4.51\ (\text{年})$$

b. 负债的市场价值总额为（按百万美元计）：

$$\text{负债的市场价值} = 615 + 390 + 285 = 1\ 290\ (\text{百万美元})$$

请注意，在这个计算中没有包含权益，因为它不是负债。因此，每个资产的市场价值权重为：

$$支票与储蓄存款 = \frac{615}{1\,290} = 0.477$$

$$存款凭证 = \frac{390}{1\,290} = 0.302$$

$$长期融资 = \frac{285}{1\,290} = 0.221$$

由于一组负债的久期就是组成这个组合的每个负债的久期的加权平均，则负债的久期为：

$$负债的久期 = 0.477 \times 0 + 0.302 \times 1.60 + 0.221 \times 9.80 = 2.65（年）$$

c. 由于资产的久期不等于负债的久期，则银行不能避免利率风险。

25. a. 你担心玉米价格可能上升，因此你会买入 3 月的合约。由于每份合约是针对 5 000 份蒲式耳的，则你需要买入的合约数量为：

$$需要买入的合约数量 = \frac{140\,000}{5\,000} = 28$$

由此，你实际上将 2015 年 3 月的玉米的价格锁定为 3.962 5 美元 / 蒲式耳，即

$$140\,000 蒲式耳的总价格 = 28 \times 3.962\,5 \times 5\,000 = 554\,750（美元）$$

b. 如果到期日时，玉米的价格为 4.09 美元 / 蒲式耳，则你的期货合约价值为：

$$期货合约价值 = 4.09 \times 5\,000 \times 28 = 572\,600（美元）$$

忽略任何交易成本，你在期货合约上赚取：

$$利得 = 572\,600 - 554\,750 = 17\,850（美元）$$

虽然你公司需要的玉米的价格从 1 月开始共上涨了 17 850 美元，你从期货合约中赚取的利得将抵消掉这个更高的成本。

26. a. 相对于 ABC 来说，XYZ 通过固定利率来借款是相对有利的。而相对于 XYZ 来说，ABC 通过浮动利率来借款是相对有利的。ABC 和 XYZ 通过固定利率借款的话，相对利差只有 1%，而 ABC 和 XYZ 通过浮动利率借款的话，相对利差为 2%。因此，如果签订利率互换合约，可以获取一个 3% 的总收益率。

b. 由于互换交易员需要赚取 2% 的可得收益，则留给 ABC 和 XYZ 的获利空间为 1%。这个 1% 的收益在 ABC 和 XYZ 之间的任何分配都是可能的，在实际的互换交易中，这种分配可能由交易员牵头协商。一个可能的分配是：ABC 获得 0.5%，XYZ 获得 0.5%。

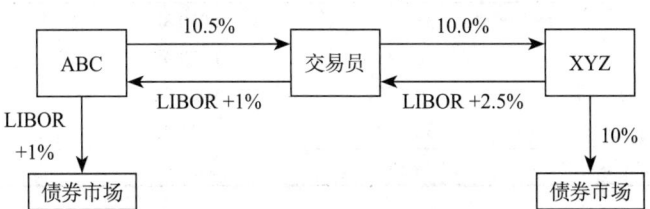

27. 负债的久期等于负债的每一笔还款现金流的等待时间，再以每一笔现金流的现值在所有还款现金流的现值总额中所占的比重作为权重，计算的加权平均。为了计算出负债的久期，首先算出还款现金流的现值。因为学校开支包括每年年初的 30 000 美元，共计 4 年，则我们可以使用现值公式来算出还款现金流的现值：

$$PV = \frac{FV}{(1+R)^t}$$

因此，每一年的大学学费的现值为：

$$\text{第 10 年的 } PV = \frac{30\,000}{(1.076)^{10}} = 14\,421.11 \text{（美元）}$$

$$\text{第 11 年的 } PV = \frac{30\,000}{(1.076)^{11}} = 13\,402.51 \text{（美元）}$$

$$\text{第 12 年的 } PV = \frac{30\,000}{(1.076)^{12}} = 12\,455.87 \text{（美元）}$$

$$\text{第 13 年的 } PV = \frac{30\,000}{(1.076)^{13}} = 11\,576.09 \text{（美元）}$$

大学学费的现值总额为：

大学学费的现值总额 = 14 421.11 + 13 402.51 + 12 455.87 + 11 576.09 = 51 855.57（美元）

现在我们可以构建下表来计算出债务的久期。每一笔还款现金流的相对价值就是每一笔还款现金流的现值除以债务总金额。每一笔还款现金流对于久期的贡献就是每一笔还款现金流的相对价值乘以每一笔还款现金流的等待时间（按年计）。

年	支付额的现值（美元）	相对价值	支付额的权重
10	14 421.11	0.278 10	2.781 01
11	13 402.51	0.258 46	2.843 04
12	12 455.87	0.240 20	2.882 44
13	11 576.09	0.223 24	2.902 08
学费的现值	51 855.57	久期 =	11.408 58

28. 债券的久期等于债券的每一笔支付现金流的等待时间，再以每一笔现金流的现值所占的比重作为权重，计算的加权平均。我们需要算出每一笔现金流的现值，按照市场利率折现。每一笔现金流的相对价值就是每一笔现金流的现值除以债券的价格。每一笔支付现金流对于久期的贡献就是每一笔现金流的相对价值乘以每一笔支付现金流的等待时间（按年计）。因为这只债券是每半年付息的，因此年份中将包括半年期，则债券的久期为：

年	支付额的现值（美元）	相对价值	支付额的权重
0.5	31.23	0.030 38	0.015 19
1.0	30.49	0.029 65	0.029 65
1.5	29.76	0.028 94	0.043 41
2.0	936.77	0.911 03	1.822 06
债券价格	1 028.25	久期 =	1.910 31

29. 令 R 等于合约初始签订日和资产交付日之间的利率变化。

策略一的现金流量：

	今天	1 年后
买入白银	$-S_0$	0
借款	$+S_0$	$-S_0(1+R)$
现金流量总额	0	$-S_0(1+R)$

策略二的现金流量：

	今天	1 年后
买入白银	0	$-F$
现金流量总额	0	$-F$

请注意，两种策略都将会持有白银 1 年，而在今天不会有现金流出。因为两种策略的收益是一样的，因此为了防止套利机会的出现，两种策略的成本应该也是一样的。

一份标的资产不存在持有成本的远期合约的价格（F），等于资产当前的即期价格（S_0）乘以 1 加上合约初始签订日和资产交付日之间的适度的利率变化额。

30. a. 在不存在持有成本或便利收益的情况下，某个资产的远期价格等于：

$$\text{远期价格} = S_0(1+R)$$

由于你将在 11 年后收到债券的面值，且目前的 11 年期的即期利率为 7%，我们可以求出债券在今天的价格，将为：

$$\text{当前的债券价格} = \frac{1\,000}{(1.07)^{11}} = 475.09\,（\text{美元}）$$

因为远期合约将债券的交付推迟了 1 年，则在远期定价等式中应该使用的利率为 1 年期的即期利率，即 5%。因此，远期价格为：

$$\text{远期价格} = 475.09 \times 1.05 = 498.85\,（\text{美元}）$$

b. 如果出乎意料地，1 年期和 11 年期的即期利率下降 2 个百分点，在对债券定价时应使用的利率为 5%，而在远期定价时应使用的利率为 3%。基于这些变化，债券的新价格为：

$$\text{新的债券价格} = \frac{1\,000}{(1.05)^{11}} = 584.68\,（\text{美元}）$$

并且，新的远期合约价格为：

$$\text{远期价格} = 584.68 \times 1.03 = 602.22\,（\text{美元}）$$

31. a. 在不存在持有成本或便利收益的情况下，某个资产的远期价格等于：

$$\text{远期价格} = S_0(1+R)$$

由于你将在 18 个月后收到债券的面值 1 000 美元，我们可以求出债券在今天的价格，将为：

$$\text{当前的债券价格} = \frac{1\,000}{(1.047\,3)^{\frac{3}{2}}} = 933.03\,（\text{美元}）$$

因为远期合约将债券的交付推迟了 6 个月，则在远期定价等式中应该使用的利率为 6 个月的有效利率。因此，远期价格为：

$$\text{远期价格} = 933.03 \times 1.036\,1^{\frac{1}{2}} = 949.72\,（\text{美元}）$$

b. 我们应注意，100 个基点等于 1%，1 个基点等于 0.01%。因此，如果所有的利率都增长 30 个基点，则所有的利率都增长 0.003。新的债券价格为：

$$新的债券价格 = \frac{1000}{(1+0.0473+0.003)^{\frac{3}{2}}} = 929.03（美元）$$

因为远期合约将债券的交付推迟了 6 个月，则在远期定价等式中应该使用的利率为 6 个月的有效利率。因此，新的远期价格为：

$$远期价格 = 929.03 \times (1+0.0361+0.003)^{\frac{1}{2}} = 947.02（美元）$$

32. 金融工程师可以通过卖出一个远期合约同时买入一个看涨期权，来对持有看跌期权的收益进行复制。例如，假设远期合约的执行价格是 50 美元，看涨期权的价格也是 50 美元。下表显示出，其收益与持有一个执行价格为 50 美元的看跌期权是一样的：

（单位：美元）

煤炭价格：	40	45	50	55	60
看涨期权的价值：	0	0	0	5	10
远期合约的价值：	10	5	0	−5	−10
总价值：	10	5	0	0	0
看跌期权的价值：	10	5	0	0	0

远期合约和看涨期权形成的这个组合的收益与持有一个看跌期权是一样的。这意味着，大致而言，看跌期权、看涨期权和远期合约之间会存在一些关系，即此处的两种策略的成本将会相同，否则将存在套利机会。总的来说，给定这三者之间的两个工具，则第三个是可以被合成的。

第 26 章

短期财务与计划

本章概要

1. 本章介绍了短期财务管理。短期财务管理涉及期限较短的资产和负债。我们跟踪公司的财务报表,考察短期的资金来源与资金运用,研究在公司短期营业活动和现金周转过程中流动资产和流动负债是如何产生的。从会计的角度看,短期财务管理涉及净营运资本。

2. 短期现金流量的管理旨在使成本最小化。两类主要成本是持有成本(因对诸如现金之类的短期资产过度投资而产生的利息及相关成本)和短缺成本(短期资产不敷用的成本)。短期财务管理和融资计划的目标在于找到两种成本的最佳平衡。

3. 在理想的经济条件下,公司能精确地预测现金的短期运用和来源,从而将净营运资本保持为 0。在现实的世界里,净营运资本为公司满足不间断的债务支付提供缓冲。财务经理需要维持每种流动资产的最优水平。

4. 财务经理可以利用现金预算计算短期资金需求。现金预算告诉财务经理短期之内需要借入多少资金或者能够借出多少资金。公司有许多可以取得资金的渠道来满足短期资金需求,其中包括信用贷款和担保贷款。

思考与练习

1. **经营周期** 一个经营周期长的公司具有哪些特征?
2. **现金周期** 一个现金周期长的公司具有哪些特征?
3. **来源与运用** 对于 Holly 公司刚刚结束的年度,你得到如下信息:

    a. 分配 200 美元的股利;

    b. 应付账款增加 500 美元;

    c. 购买固定资产 900 美元;

    d. 存货增加 625 美元;

    e. 长期债务减少 1 200 美元。

    指出以上各项是现金来源还是现金运用,并说明其对公司现金余额的影响。

4. **流动资产成本** Grohl 制造公司最近安装了一个实时(just-in-time,JIT)存货系统,说明这个系统可能给公司的持有成本、短缺成本与经营周期产生什么影响?
5. **经营周期与现金周期** 一个公司的现金周期有没有可能比它的经营周期长?说明原因。
6. **短缺成本** 什么是短缺成本?请加以说明。
7. **净营运资本的原因** 在理想的经济条件下,净营运资本等于 0,为什么在现实情况下净营运资本可能是正的?

    利用以下信息回答问题 8~12:BlueSky 航空公司上月公告称,其账单付款期将由 30 天延长到 45 天,原因在于公司想要"控制成本和优化现金流量",付款期的延长将适用于公司的全部 4 000 个供应商。

8. **经营周期与现金周期** 这个付款政策的改变会对 BlueSky 航空公司的经营周期产生什么影响?对其现金周期呢?
9. **经营周期与现金周期** 这个公告对 BlueSky 航空公司的供应商有何影响?
10. **公司伦理** 大公司单边延长其付款期是否符合伦理?特别是当对方是小型供应商的时候。
11. **付款期** 为什么不是所有的公司都通过延长付款期来缩短现金周期?
12. **付款期** BlueSky 航空公司出于"控制成本和优化现金流量"的目的延长付款期,实际上其在现金上获得的好处是什么?
13. **现金等式** Bizzard 公司的账面净资产为 14 750 美元,长期债务为 8 300 美元,扣除现金后的净营运资本为 1 950 美元,固定资产为 20 730 美元,流动负债为 1 930 美元,该公司有多少现金?流动资产是多少?
14. **计算周期** 以下是 Rivers 公司的财务报表信息。

(单位:美元)

项目	期初	期末
存货	17 385	19 108
应收账款	13 182	13 973
应付账款	15 385	16 676

项目	期初	期末
销售净额		216 384
产品销售成本		165 763

计算经营周期和现金周期，并解释你的计算结果。

15. **现金预算** 以下是 Cornell 公司 2016 年第 2 季度预算中的一些重要数字。

（单位：美元）

	4月	5月	6月
赊销	601 900	627 300	693 790
赊购	232 850	277 900	317 380
现金支付			
工资及税费	62 964	76 364	79 670
利息	18 058	18 058	18 058
购买设备	131 400	144 200	0

公司预计 5% 的赊销将无法收回，35% 会在一个月内收回，剩余的 60% 将于次月收回，赊购金额会在购买后的下月支付货款。

2016 年 3 月，赊销额为 332 640 美元，赊购额为 247 100 美元，请利用这些信息完成以下现金预算表。

	4月	5月	6月
期初现金余额	443 500		
现金回收			
赊销的现金回收			
可用现金小计			
现金支付			
购买			
工资税费			
利息			
购买设备			
现金支付小计			
期末现金余额			

参考答案

1. 这些公司具有相对长的存货周期和/或较长的应收账款周期。因此，这些企业的存货在手头上保存的时间较长，并允许客户赊账购买和延迟较长的时间付款。

2. 从公司为采购的存货付款到存货销售出去收到款项，通常需要较长的时间。因此，这些公司的应付账款期较短，并且/或者应收账款回收周期较长。

3. a. 运用：由于股利的支付，现金余额将下降 200 美元。
   b. 来源：假设以应付账款购入的存货将会进行现金销售，现金余额将增加 200 美元。
   c. 运用：由于购买固定资产，现金余额将下降 900 美元。
   d. 运用：由于购买存货，现金余额将下降 625 美元。

e. 运用：由于偿还长期债务，现金余额将下降 1 200 美元。

4. 置存成本可能会降低，因为该公司不再持有那么多的存货。短缺成本有可能会上升，不过这取决于供应商的距离以及该公司能否准确评估它们的需求。经营周期会缩短，因为存货周期会缩短。

5. 因为公司的现金周期等于经营周期减去应付账款付款期，因此如果应付账款付款期为正的话，现金周期不可能会比经营周期长。而且，应付账款付款期为负的可能性是不会有的，如果为负则说明企业在应付账款形成之前就付了款。

6. 当公司在流动资产上的投资不足时，就存在短缺成本。有两种基本类型的短缺成本。第一，交易或订单成本。订单成本就是在下订单时花费了过多的现金或订购过多的存货所产生的成本。第二，与安全储备有关的成本。这些成本包括失去销售量、失去的消费者商誉以及对生产安排的干扰。

7. 销售额的长期增长要求在流动资产上进行一些持续性的投资。因此，在现实世界中，净营运资本不是零。并且，出于流动性方面的原因，资产金额随着时间的变化意味着净营运资本在任何时点都不太可能是零。

8. 它们的应付账款还款期增加，因此它们的现金周期会随之缩短。

9. 它们的应收账款回收期增加，因此它们的经营周期和现金周期也会随之增加。

10. 一些人认为大型公司威胁将终止交易关系，由此来利用小公司。然而，改变供应商以获得更好的交易条款的行为其实是自由竞争的本质。

11. 它们会愿意这么做的！付款期是通过大量的协商后确定的，这也与公司向供应商支付的价格有关。公司通常会通过协商来获得关于付款期和价格的一个最佳组合。通常情况下，供应商会针对快速付款提供财务上的激励。下一章讨论信用政策时，将对此进行详细阐述。

12. BlueSky 对融资的需求会减少，因为它实际上从其供应商那里获得了更多的融资借款。除此之外，BlueSky 需要从其他途径借入的短期负债减少，因此将节省利息费用。

13. 一个公司的负债和权益加总就是权益的账面价值加上流动负债和长期负债之和。

$$负债总额加上权益 = 14\,750 + 1\,930 + 8\,300 = 24\,980（美元）$$

我们知道扣除现金后的净营运资本是多少。因为净营运资本等于流动资产减去流动负债，因此扣除现金后的净营运资本表示为：

$$除现金之外的净营运资本 = 应收账款 + 存货 - 流动负债$$

$$1\,950 = 应收账款 + 存货 - 1\,930$$

$$应收账款 + 存货 = 1\,950 + 1\,930 = 3\,880（美元）$$

因为资产总额必须等于负债总额加上权益，因此我们可以求出现金为：

$$现金 = 资产总额 - 固定资产 -（应收账款 + 存货）$$

$$= 24\,980 - 20\,730 - 3\,880 = 370（美元）$$

因此，流动资产为：

$$流动资产 = 370 + 3\,880 = 4\,250（美元）$$

14. 经营周期等于存货周期加上应收账款回收期。存货周转率和存货周期为：

$$存货周转率 = \frac{销售成本}{平均存货} = \frac{165\,763}{\left[\frac{(17\,385+19\,108)}{2}\right]} = 9.084\,6\,(次)$$

$$存货周期 = \frac{365}{存货周期} = \frac{365}{9.084\,6} = 40.18\,(天)$$

应收账款周转率和应收账款回收期为：

$$应收账款周转率 = \frac{赊销额}{平均应收账款} = \frac{216\,384}{\left[\frac{(13\,182+13\,973)}{2}\right]} = 15.937\,0\,(次)$$

$$应收账款回收期 = \frac{365}{应收账款周转率} = \frac{365}{15.937\,0} = 22.90\,(天)$$

因此，经营周期是：

$$经营周期 = 40.18 + 22.90 = 63.08\,(天)$$

现金周期等于经营周期减去应付账款付款期。应付账款周转率和应付账款付款期为：

$$应付账款周转率 = \frac{销售成本}{平均应付账款} = \frac{165\,763}{\left[\frac{(15\,385+16\,676)}{2}\right]} = 10.340\,5\,(次)$$

$$应付账款付款期 = \frac{365}{应付账款周转率} = \frac{365}{10.340\,5} = 35.30\,(天)$$

因此，现金周期为：

$$现金周期 = 63.08 - 35.30 = 27.78\,(天)$$

公司在支付账单之后，平均需要 27.78 天才能收到现金。

15. 每月的销售收款额为：

$$销售收款额 = 0.35 \times 当前月份的销售额 + 0.60 \times 上一月份的销售额$$

基于这种回收情况，现金预算如下：

(单位：美元)

	4月	5月	6月
期初现金余额	443 500	394 227	503 450
现金回收			
赊销的现金回收	410 249	580 695	619 207
可用现金小计	853 749	974 922	1 122 657
现金支付			
购买	247 100	232 850	277 900
工资税费	62 964	76 364	79 670
利息	18 058	18 058	18 058
购买设备	131 400	144 200	0
现金支付小计	459 522	471 472	375 628
期末现金余额	394 227	503 450	747 029

CHAPTER 27
第 27 章

现金管理

本章概要

本章探讨了企业应如何进行现金及流动性管理。

1. 企业持有现金的目的在于满足交易需要,并满足支付银行提供的各种服务的最低存款余额需要。
2. 企业银行存款余额与账面现金余额之差为企业的净浮差。浮差反映了一些支票尚未被结算的客观事实。企业的财务管理者应针对企业已回收的现金进行管理,而不能只盯着企业的账面现金余额。否则,在银行不知情的情况下动用银行存款将带来道德和法律问题。
3. 企业可以充分利用各种方法进行现金回收和支付管理,以达到加速回收并延缓支付的目的。加速现金回收的方法有锁箱法、集中银行法和电汇等。
4. 由于企业季节性和周期性活动的需要,为满足企业计划性支出以及企业不可预期的备用资金的需要,企业必须暂时性保持现金顺差。货币资本市场为这些闲置资金的投资提供了各种可运用的途径。

思考与练习

1. **现金管理** 一个企业应该持有大量的现金吗？为何股东要关注企业累积的大量的现金？
2. **现金管理** 当企业持有过多现金的时候，可以采取哪些措施？当企业现金过少时，可以采取哪些措施？
3. **代理问题** 股东和企业债权人可能就企业应持有多少现金余额达成一致吗？
4. **现金管理和流动性管理** 现金管理和流动性管理的不同之处有哪些？
5. **短期投资** 为何持有大量多余现金的公司倾向于投资股利支付同短期利率挂钩的优先股？
6. **现金支付浮差和现金回收浮差** 公司倾向于净现金支付浮差还是现金回收浮差？为什么？
7. **浮差** 假设公司的账面现金余额为 2 000 000 美元，但是在 ATM 机上，显示公司的现金余额为 2 500 000 美元，这是什么情况？如果这种状况是持续的，将出现什么道德问题？
8. **短期投资** 为了满足一个企业的现金管理计划，对于下列给定的每一种短期投资可交易证券，列举出一个其各自潜在的不足之处。
   a. 美国短期国库券。
   b. 普通优先股。
   c. 大额可转让存单。
   d. 商业票据。
   e. 收入预期债券。
   f. 回购协议。
9. **代理问题** 有人说大量的现金持有将可能加重代理问题（教材第 1 章中曾经讨论过），更一般地说是损害股东利益最大化的动机，对于这个问题，你如何解决？
10. **闲置资金的利用** 对于企业剩余现金的一种处理方法是加快支付供应商的货款，说一下这种方法的优势和劣势。
11. **闲置资金的利用** 另一种减少企业剩余现金的办法是支付企业的未清偿债务，说一下这种方法的优势和劣势。
12. **浮差** 一种不道德的做法是这样的（警告：请勿模仿），假设在你的账户里已经没钱了；同时，本地的杂货店老板为了向你提供作为顾客的便利，同意为你兑现一张支票，所以，你兑现了一张 200 美元的支票。但是，如果你不做任何事情，你交给杂货店老板的支票将被银行拒付。为了防止这种情况的出现，第 2 天，你到杂货店去兑现了另外一张 200 美元的支票，你把这 200 美元现金存入银行。如此重复同样的程序，在这种情况下你可以保证没有一张支票被拒付。最终，有一天天上掉了馅饼（或许是从你的父母那里得到的现金），你可以偿还所有未偿付债务。

    为了让问题更加有趣，我们假设没有一张支票被拒付。假设这是真的，并且不违反任何法律（当然，我们的假设是违反开空头支票的法律的），在这个过程里存在任何有违道德的行为吗？如果有，为何？在实践中，谁遭受了损失？

13. **计算净浮差** 一家公司在日常经营中，平均每天要向它的供应商开具总计 14 400 美元的支票。通常，支票的结算需要 4 天时间。与此同时，公司每天都会从它的客户处收到以支票形式进行的支付，平均每天 25 300 美元，并且收到的支票在两天后成为公司的可用资金。

    a. 计算公司的现金支付浮差、现金回收浮差以及净浮差。

    b. 当收到的支票成为公司可用资金的时间从 2 天缩短为 1 天时，a 问题中的答案将怎样变化？

14. **运用加权平均延误天数** 一家邮购公司每个月会处理 5 450 张支票，其中，70% 的支票是金额为 55 美元的，30% 的支票是金额为 80 美元的。金额 55 美元的支票平均延误两天，而金额 80 美元的支票平均延误 3 天。

    a. 公司日平均回收浮差是多少？为什么？

    b. 公司加权平均延误天数是多少？运用计算结果求出日平均浮差。

    c. 公司为消除这一浮差会愿意付出多少钱？

    d. 假设年利率为 7%，计算浮差带来的日平均成本。

    e. 假设可以将加权平均延误浮差减少 1.5 天，公司为此愿意支付多少钱？

15. **净现值与浮差减少** No More Books 公司与 Floyd 银行签订了一项协议，协议约定由银行负责管理公司每天 2 900 000 美元的资金回收，而公司则需在其账户上保持 350 000 美元的补偿性余额。现在，No More Books 公司正在考虑取消这项协议并将其东部地区的经营进行分割，以便另外两家银行可以帮助其进行管理。银行 A 和银行 B 将分别负责公司每天 1 450 000 美元的资金回收，而公司则需在每家银行的账户上保持 190 000 美元的补偿性余额。在公司对东部地区进行分割后，财务管理上预期可使收账期缩短一天。公司是否应该采用新系统？公司每年将净省下多少钱？（假设短期国债利率为年 5%。）

参考答案

1. 是的。当公司持有的现金多于它在经营和计划支出所需要的现金时，多出来的现金将有一个机会成本。公司可以（通过股东）将现金投资在潜在获利能力更高的地方。第 9 题则谈到了另一个原因。

2. 若公司持有过多现金，则可以分配股利，或者，在当前的金融环境下，更有可能回购股份，还可以偿还债务。如果公司的现金不够，则需要借债，发行股票，或改善流动性。

3. 可能不会。企业债权人可能希望公司持有更多的现金。

4. 现金管理与现金收款和付款的联系更紧密。流动性管理的范畴则更广，其与一个公司所需的流动性资产的最优水平是相关联的。因此，比如公司的现金储备属于流动性管理范畴，而对锁箱系统进行评估，则属于现金管理范畴。

5. 此类投资工具的名称可能会有很多种，但一个关键的特征是，其股利调整使得价格保持相对稳定。这种价格稳定性与股利免税的好处使得这种被称为可调整利率的优先股相对于附息投资工具来说更具有吸引力。

6. 公司倾向于净现金支付浮差，因为这将使得银行将认为公司持有的现金量多于公司实际持有的现金量。因此公司将会在它已经花费出去的现金上获取利息。

7. 公司的净支出浮游量为500 000美元。如果这种状况是持续的，则公司可能会试图签发金额超过其账户里实际金额的支票。

8. a. 持有短期国库券的唯一不足之处就是其提供的收益率通常比其他的货币市场工具更低。

   b. 一些普通的优先股既有信用风险，又有价格风险，这与大多短期资金投资管理计划的理念是不一致的。

   c. 大额可转让存单的主要不足之处就是其交易规模通常是很大的，这对于许多小型和中型公司的短期投资来说是不可行的。

   d. 商业票据市场的主要不足之处就是这种证券具有较高的违约风险，以及缺少一个较为活跃的二级交易市场，这将使得公司无法灵活地满足其流动性调整需求。

   e. 收入预期债券的主要不足之处就是其中一些债券的违约风险较高，并且，在投资组合中持有这些免税债券时，在种类和金额上会受到一些限制。

   f. 回购市场的主要不足之处就是其投资期限大都是非常短的。

9. 这里的问题是手头上过多的现金可能会造成一些考虑不周的管理决策。原因是较低的现金持有将促使管理层在现金流和资本支出决策上进行更细致、更周到的考量。

10. 一个潜在的优势是，加快付款通常意味一个更好的价格。劣势是，如果这么做，将使得公司的现金周期延长。

11. 这其实是一个资本结构决策。若公司存在最优资本结构，则偿还债务的行动使得公司的杠杆水平降低。不过，债务减少和股份回购的结合将使得公司的资本结构保持不变。

12. 这是不道德的，因为你实际上要了一个计谋，让杂货店向你提供一个无息贷款，杂货店的利益将受到损害，因为如果不提供贷款给你，它可以用这笔钱赚取利息。

13. a. 现金支付浮差是日平均支票付款额乘以付款支票的平均结算时间，因此：

    $$现金支付浮差 = 4 \times 14\,400 = 57\,600（美元）$$

    现金回收浮差是日平均支票收款额乘以收款支票的平均结算时间，因此：

    $$现金回收浮差 = 2 \times (-25\,300) = -50\,600（美元）$$

    净浮差就是现金支付浮差加上现金回收浮差，因此：

    $$净浮差 = 57\,600 - 50\,600 = 7\,000（美元）$$

    b. 新的现金回收浮差将是：

    $$现金回收浮差 = 1 \times (-25\,300) = -25\,300（美元）$$

    新的净浮差将是：

    $$净浮差 = 57\,600 - 25\,300 = 32\,300（美元）$$

14. a. 日平均回收浮差就是每种金额的支票数量占收到的支票总数量的百分比，乘以收到的支票的总数量，接下来乘以支票的金额，再乘以支票结算所需要的天数，由此进行加总之后，最后再除以一个月的总天数。假设一个月有30天，我们得到：

$$日平均回收浮差 = \frac{0.70 \times 5\,450 \times 55 \times 2 + 0.30 \times 5\,450 \times 80 \times 3}{30} = 27\,068\,(美元)$$

平均而言，有 27 068 美元是未收取的，因此不能被公司所用。

b. 总回收款项就是每种金额的支票数量占收到的支票总数量的百分比，乘以收到的支票的总数量，接下来乘以支票的金额，最后进行加总，因此：

$$总回收款项 = 0.70 \times 5\,450 \times 55 + 0.30 \times 5\,450 \times 80 = 340\,625\,(美元)$$

加权平均延误天数就是每种金额的支票延误的天数乘以那种金额的支票数量占收到的支票总数量的百分比，最后进行加总，因此：

$$加权平均延误天数 = 2 \times \left(\frac{0.70 \times 5\,450 \times 55}{340\,625}\right) + 3 \times \left(\frac{0.30 \times 5\,450 \times 80}{340\,625}\right) = 2.38\,(天)$$

日平均浮差就是加权平均延迟天数乘以每天平均收到的支票数量。假设一个月有 30 天，我们得到：

$$日平均浮差 = 2.38 \times \left(\frac{340\,625}{30}\right) = 27\,068\,(美元)$$

c. 公司应该支付的最大金额就是平均浮差的总金额，即 27 068 美元。

d. 日平均利率为：

$$1.07 = (1 + R)^{365}$$
$$R = 0.018\,54\%\,/\,天$$

浮差的日平均成本就是日平均浮差乘以日平均利率，因此：

$$浮差的日平均成本 = 27\,068 \times 0.000\,185\,4 = 5.02\,(美元)$$

e. 公司应该支付的最大的金额等于日平均浮差的减少额。假设加权平均延误浮差可以减少 1.5 天，我们得到：

$$日平均浮差减少额 = 1.5 \times \left(\frac{340\,625}{30}\right) = 17\,031\,(美元)$$

15. 这个新的安排带来的好处就是它可以加快 2 900 000 美元的资金回收，因为新的系统可以使得收款速度提前 1 天。成本则是新的补偿性余额，但同时旧的补偿性余额则不需要保持，因此：

$$NPV = 2\,900\,000 - (380\,000 - 350\,000) = 2\,870\,000\,(美元)$$

公司应选择新的系统。得到的节省额将会是 NPV 乘以年度利率，因此：

$$净节省额 = 2\,870\,000 \times 0.05 = 143\,500\,(美元)$$

第28章 信用和存货管理

本章概要

本章介绍了信用政策和存货政策的基础知识,讨论的最主要的问题包括以下这些方面。

1. **信用政策要素**。本章讨论了销售条件、信用分析和收账政策,还讲述了与赊销情况有关的信用期间、现金折扣、折扣期间以及信用工具。
2. **信用政策分析**。本章阐述了源自授信决策的现金流量,以及如何用NPV模型分析信用决策。授信的NPV取决于5个因素:收入效果、成本效果、债务成本、不付款概率和现金折扣。
3. **最优信用政策**。公司所提供的最优信用额度取决于公司经营所处的竞争环境。该环境将决定和授信有关的持有成本以及因拒绝授信而损失销售收入的机会成本。最优信用政策将使这两个成本之和最小化。
4. **信用分析**。考察对特定客户授信的决策。看到有两个需要考虑的重要因素:成本与售价之比以及重复性业务的可能性。
5. **收账政策**。收账政策决定了应收账款账龄的监控方法和逾期账款的处理方法，讲述了如何编制账龄分析表，以及公司收回逾期账款时可能采用的步骤。

6. **存货类型**。本章讲述了不同类型的存货以及它们在流动性和需求上的不同。
7. **存货成本**。两种基本的存货成本是持有成本和再订货成本，讨论了如何在这两种成本之间进行权衡以进行存货管理。
8. **存货管理技术**。本章讲述了存货管理中的 ABC 法和 EOQ 模型方法，也简要提到了物料需求计划（MRP）和准时制存货（JIT）管理。

思考与练习

1. **应收账款金额** Paden 公司的年销售额为 2 950 万美元，平均收账期间是 27 天。公司在资产负债表中列示的对应收账款的平均投资是多少？
2. **ACP 和应收账款周转率** Chen 公司的平均收账期间是 34 天。它在应收账款上的日均投资是 61 300 美元。每年的赊销额是多少？应收账款周转率是多少？
3. **评价信用政策** Leeloo 公司正在考虑改变它的完全现金销售政策。新的销售条件是"净 1 个月"。根据下列信息，确定 Leeloo 公司是否应该改变信用政策，并讲述应收账款是如何增加的。每个月的必要报酬率是 0.95%。

	现行政策	新政策
单位价格（美元）	720	720
单位成本（美元）	495	495
每月销售单位	1 130	1 190

4. **评价信用政策** Harrington 公司正在考虑改变它的完全现金销售政策。新的条件是"净 1 期"。根据下列信息，确定 Harrington 公司是否应该改变政策。每期的必要报酬率是 2.5%。

	现行政策	新政策
单位价格（美元）	104	108
单位成本（美元）	47	47
每月销售单位	2 870	2 915

5. **信用加价** 按照新的信用政策，第 4 题中的盈亏平衡销售单价是多少？假设新的信用政策下的销售量是 3 150 件，且其他数据保持不变。

参考答案

1. 应收账款周转率是：

$$\text{应收账款周转率} = \frac{365}{\text{应收账款平均回收期}} = \frac{365}{27} = 13.519 \text{（次）}$$

平均应收账款是：

$$\text{平均应收账款} = \frac{\text{销售额}}{\text{应收账款周转率}} = \frac{29\,500\,000}{13.519} = 2\,182\,192 \text{（美元）}$$

2. 应收账款周转率是：

$$应收账款周转率 = \frac{365}{应收账款平均回收期} = \frac{365}{34} = 10.7353 \text{（次）}$$

年度赊销额为：

$$年度赊销额 = 应收账款周转率 \times 日平均应收账款$$
$$= 10.7353 \times 61\,300 = 658\,073.53 \text{（美元）}$$

3. 变更政策的成本就是相对于现有政策的销售额的减少再加上新政策带来的新增的变动成本，因此：

$$变更政策的成本 = 720 \times 1\,130 + 495 \times (1\,190 - 1\,130) = 843\,300 \text{（美元）}$$

变更政策的收益是销售价格可能的提高减去每单位的可变成本，再乘以新增的销售量，因此：

$$变更政策的收益 = (720 - 495) \times (1\,190 - 1\,130) = 13\,500 \text{（美元）}$$

变更政策的收益是一个永续年金，因此变更政策的 NPV 是：

$$NPV = -843\,300 + \frac{13\,500}{0.0095} = 577\,752.63 \text{（美元）}$$

在公司从赊账销售中获得任何现金之前，需要承担一个月的销售成本，因此初始成本就是一个月的成本。应收账款将在这一个月中增加，然后将保持稳定，因为收款额和新增的销售额将相互抵消。

4. 两个政策的现金流量是：

$$现金流量 = (P-v)Q$$

因此，来自旧政策的现金流量将是：

$$来自旧政策的现金流量 = (104-47) \times 2\,870 = 163\,590 \text{（美元）}$$

来自新政策的现金流量将是：

$$来自新政策的现金流量 = (108-47) \times 2\,915 = 177\,815 \text{（美元）}$$

因此，增量现金流量将是：

$$增量现金流量 = 177\,815 - 163\,590 = 14\,225 \text{（美元）}$$

增量现金流量是一个永续年金。实施新政策的成本是：

$$新政策的成本 = -[PQ + v(Q'-Q)]$$

因此，改变信用政策的 NPV 是：

$$NPV = -[104 \times 2\,870 + 47 \times (2\,915 - 2\,870)] + \frac{14\,225}{0.025} = 268\,405 \text{（美元）}$$

5. 我们可以使用第 4 题中构建的 NPV 等式。基于 3 150 个单位的销售量，求解 P'，我们得到：

$$NPV = 0 = [-104 \times 2\,870 - 47 \times (3\,150 - 2\,870)] + \frac{[(P'-47) \times 3\,150 - (104-47) \times 2\,870]}{0.025}$$

$$= -298\,480 - 13\,160 + 126\,000P' - 5\,922\,000 - 6\,543\,600$$

$$126\,000P' = 12\,777\,240$$

$$P' = 101.41 \text{（美元）}$$

CHAPTER 29 第29章

收购与兼并

本章概要

1. 收购方式有好几种,其中三种法定方式是:兼并、收购股票和收购资产。因为兼并可以依照法律进行,故成本最小,但这种方式必须获得股东的批准。收购股票无须股东表决,通常通过要约收购实现,但这样难以获得100%的控制权。而收购资产相对而言成本较高,因为它涉及更加复杂的资产过户手续。

2. 并购的协同效应是指联合企业的价值(V_{AB})减去两个企业各自的价值(V_A和V_B)之和的差额,或表示为:

$$协同效应 = V_{AB} - V_A - V_B$$

兼并企业股东只有在协同效应大于兼并溢价时才会从中获利。

3. 收购的可能益处包括:
   a. 收入上升;
   b. 成本下降;
   c. 税负减少;

d. 资本成本降低。

另外，兼并带来的风险降低实际上可能使债权人受益，而损害股东利益。

4. 如果兼并只是完成多元化和盈利增长的目标，那么股东不一定能从中获利。兼并可以降低风险这一点，事实上会使得债权人获利，股东利益受损。

5. 当目标企业管理者支持并购时，这样的并购被认为是善意的；反之，并购则是恶意的。在抵御恶意收购而采取的防御策略中，产生了财务学上的一些多彩的新词：毒丸计划、金保护伞、皇冠宝石和绿色邮件，这些都是用来描述形形色色的反接管策略的。

6. 关于并购的实证研究范围极其广泛。平均而言，被兼并企业的股东会从中赚上一大笔，而兼并企业的股东受兼并的影响并不明确。

7. 并购活动包含着复杂的税务和会计规则。它们可能是应税交易，也有可能是免税交易。在应税交易中，每位出售股票的股东必须就其资本增值纳税，如果兼并企业选择加计资产价值，则必须缴纳增加的税金。但是出于避税目的，兼并企业通常并不加计资产价值。在免税交易中，出售股票的股东无须缴税。购买法通常适用于兼并的会计处理。

8. 在转为非上市的交易中，一个收购团，通常包括企业的管理者，买下其余股东的股票。股票不再公开交易。杠杆收购属于大量举债融资方式下的一种转为非上市交易。

思考与练习

1. **兼并会计** 从兼并的会计处理角度，解释购买法与权益集合法的区别。会计方法的选择对现金流的影响如何？对 EPS 的影响如何？

2. **兼并的概念** 判断以下关于接管的陈述的对错，并简要阐述理由。
   a. 由于兼并的相互竞争，接管会伴随着垄断的出现，即价格上涨、产品减少以及危害消费者的利益。
   b. 管理者常常以个人利益来行事，而不顾股东的要求。接管可以将这批管理者解雇。
   c. 在有效市场中，接管不会发生，因为市场价格反映了企业的真实价值。因此投标企业不需要给目标企业支付高于市场价格的溢价。
   d. 一些交易人和机构投资者眼光短浅，其他交易人对股票前景的看法会影响他们的认知。他们并没有对接管进行基础层面的评估，所以他们不顾企业的真实价值，出售目标企业的股票。
   e. 兼并是避税的一种方式，因为允许收购方将被兼并企业的资产价值入账。
   f. 收购分析法经常关注企业的总体价值。然而一次收购活动所影响的不光是总体价值，还包括相关的股东和债权人的价值。

3. **兼并的基本原理** 为什么从根本上来讲多元化不是兼并的一个好理由？

4. **公司分立** 2005 年 5 月高档消费商品零售商内曼·马库斯宣布计划出售公司自有品牌的信用卡业务。不像其他信用卡，自有品牌信用卡只可以在特殊的商店使用。为什么公司要这样做？是否存在反向协同效应的可能？

5. **毒丸计划** 对股东而言，毒丸计划是好是坏？你认为收购方企业会如何处理毒丸计划？

6. **兼并与税收**　描述在有税和免税的情况下，兼并的优势及劣势。在兼并中，税收的基本地位如何体现？杠杆收购属于有税还是无税？请解释。

7. **经济规模**　为什么说一个好的兼并可以有效发挥经济规模的优势？假设 Eastern Power 公司和 Western Power 公司分布在不同的时区。两家公司的经营高峰时段，一般是地方时间早上 9：00 和下午 5：00，持续时间各为 45 分钟。在这两个时段，公司可以充分利用 100% 的产能，而在其他时段，产能利用率为 60%。那么这两家企业很有可能合并，为什么？

8. **恶意接管**　目标企业管理层一般采用哪些方式来阻止投标方恶意收购？目标企业的股东如何从他们管理层的防御策略中获利？又如何会利益受损？请解释。

9. **兼并要约**　假设你是一家企业的股东，企业收到来自两家企业的接管要约。你认为你的企业管理层支持低价的要约合理吗？收购的形式是否会影响你的回答？

10. **兼并盈利**　收购企业的股东从接管中获得的利益微乎其微。为什么会出现这种问题？有哪些理由？

11. **并购的资产负债表**　合并前，X 公司与 Y 公司的情况如下。

	X 公司	Y 公司		X 公司	Y 公司
总收益（美元）	105 000	48 300	市场价值（美元）	53	19
股票发行数量（股）	43 900	33 000	账面价值（美元）	21	9
每股价值（美元）					

　　假设 X 企业收购 Y 企业，以现金支付的方式收购 Y 企业所有上市股票，溢价为每股 5 美元，并假设两家企业兼并前后都无负债。运用（a）权益集合法和（b）购买法两种方法，编制 X 企业兼并后的资产负债表。

12. **EPS、PE 和兼并**　Flannery 公司的股东投票通过了来自 Stultz 公司的收购要约。每个公司的信息如下表所示。

	Flannery	Stultz
市盈率	6.35	12.70
发行在外股份数	73 000	146 000
盈利（美元）	230 000	690 000

Flannert 的股东将以他们持有的 3 股 Flannery 的股票换取 1 股 Stultz 的股票。

a. Stultz 的兼并后 *EPS* 将是多少？如果此次收购的 *NPV* 是 0，那么 PE 比率将是多少？

b. Stultz 如何评估两家公司合并后的协同效应？试解释继续推进此次兼并决策的理由。

13. **换股效果**　A 公司和 B 公司的兼并前信息如下表所示：

	A 公司	B 公司
总盈利（美元）	2 100	750
发行在外的股份数	900	300
每股股价（美元）	60	12

　　假设 A 公司通过以每股 13 美元的价格对 B 公司进行换股收购，A 和 B 公司均无债务。

a. A 公司的兼并后每股收益 EPS 将是多少？

b. 如果市场错误分析了披露盈余增速（PE 比率不变），A 公司在兼并后的每股价格将是多少？

c. 如果市场正确估计了这次交易，那么兼并后的 PE 比率应该是多少？

d. 如果无协同效应，A 公司的交易后股价应该是多少？PE 比率应该是多少？你的股价答案如何解释 A 公司收购 B 公司的股份数量？是太高还是太低？试解释。

参考答案

1. 基于购买法，资产以市场价值计量，商誉被用来记录购买价格超过资产市场价值的部分。而在权益集合法之下，两个公司的资产负债表被合并，不会产生商誉。会计方法的选择对于公司现金流量没有直接影响。在购买法之下，EPS 可能会更低一些，因为购买法所产生的商誉需要被摊销，因此所报告的盈利通常会低一些。

2. a. 错误。虽然这个理论看起来正确，但通常情况下，新的公司没有垄断的力量。特别是考虑到许多国家都有对兼并进行限制的反垄断法。

   b. 正确。当管理者基于自己的利益行事时，股东可以将接管作为一种重要的控制手段。一些兼并和接管交易看起来就是由于管理层和股东之间的利益冲突而引发的。

   c. 错误。即使市场是有效的，协同效应的存在也会使得合并后的公司的价值与两个单独的公司的价值之和不同。增量现金流量能使得兼并交易的净现值为正。

   d. 错误。在有效市场上，交易者通常根据"基本面因素"来对接管交易进行估值，而不考虑时间跨度。这可以被看成支持有效市场的证据。兼并也是一样的。

   e. 错误。并购交易对于税费的影响取决于这个并购是有税还是免税的。在有税的兼并中，有两个相反的因素需要考虑：资本利得效应和资产增值效应。这两个效应之和就是净效应。

   f. 正确。由于共同保险效应，股东财富可能会被转移给债券持有者。并购交易分析通常不考虑这个因素，只考虑总体价值。

3. 多元化本身而言不创造价值，因为多元化将降低非系统性的（而不是系统性的）风险。如我们之前的章节讨论期权时所说过的，还有一个更微妙的因素。降低非系统性风险对于债权持有者来说是有利的，因为这可以降低违约风险。但是，如果一个兼并仅仅是为了进行多元化（即没有经营的协同效应），则兼并产生的 NPV 是 0。如果 NPV 是 0，而债券持有者更有利，则股东的情况会变差。

4. 一个公司可能选择分立，原因是新的、规模较小的公司可能更好地专注于特定的市场。因此，反向协同效应是有可能的。另一个额外的好处是，绩效评估会变得容易得多，因为新公司的财务绩效(以及股票价格)不会再受到各种混杂因素的影响。

5. 这取决于毒丸计划是如何使用的。如果它们被用来保护管理层，则对股东而言不是好事。如果管理层使用毒丸计划以在并购协议中获得最好的条件，则对股东而言是好的。

6. 有税兼并的其中一个好处就是目标公司资产账面价值的提高，而一个主要的劣势就是需要支付资本利得税。而对于免税的兼并来说，情况刚好是相反的。

判断一项收购是属于有税还是无税的一个基本决定因素是原有股东是否继续参与到新公司，这通常取决于他们是否得到收购公司的股份。杠杆收购通常是有税的，因为收购集团通常会以现金的形式向现有股东进行全额支付。

7. 当平均成本随着产量水平的提高而下降时，就出现了规模经济效应。在题目中的情况下，合并是有道理的，因为西部和东部公司只需要较少的资本投资就可以应付高峰期的能耗需求，因此可以降低平均转化成本。

8. 目标企业管理层通常采取的防御策略包括：寻找白衣骑士、威胁将卖出公司最有价值的资产、求助于监管机构和法庭（如果可以的话）以及股份回购。通常情况下，还有一些反收购的章程修正条款，包括毒丸、毒性卖权、金色保护伞、锁定协议以及绝大多数条款，不过这些需要得到股东的同意，因此如果时间紧迫的话，可能无法立即使用这些方法。考虑到管理层对于收购方案的抗争可能会推高收购价并有可能引入其他的收购方，由此使得目标公司股东有所获利，但也存在一定的不利之处，即潜在的收购方意识到管理层可能采取的防御措施，因此一开始就不会将此公司纳入收购目标的考虑范围，由此可能损害目标公司股东的利益。

9. 在现金要约中基本可以肯定是不合理的。在股票要约中，管理层可能会认为某一个收购方是一个更好的长期投资选择，但这种看法只有当市场是无效的情况下才可能是对的。总的来说，更高的收购价是更好的。

10. 各种理由包括：①预期利益可能会比之前认为得低；②收购公司非常大，因此产生的任何利益被分散之后，每股的利益就变得很稀薄了；③在很多收购交易中，管理层可能不是出于股东的利益而行事；④收购市场的竞争可能将目标公司的股价推到使得收购的 NPV 为 0 的水平；⑤在收购宣告之前，市场参与者可能已经将收购的利益进行了折现。

11. 基于购买法，合并后公司的账面价值等于 X 公司（即收购公司）的账面价值加上 Y 公司（即目标公司）的市场价值，因此：

$$来自 X 公司的资产 = 43\ 900 \times 21 = 921\ 900（美元）（账面价值）$$
$$来自 Y 公司的资产 = 33\ 000 \times 19 = 627\ 000（美元）（市场价值）$$

收购 Y 公司的价格是以流通中的股票数，乘以当前的股票价格加上每股溢价，因此：

$$Y 公司的收购价格 = 33\ 000 \times (19 + 5) = 792\ 000（美元）$$

产生的商誉是：

$$商誉 = 792\ 000 - 627\ 000 = 165\ 000（美元）$$

合并后的公司的总资产是：

$$总资产 XY = 总权益 XY = 921\ 900 + 627\ 000 + 165\ 000 = 1\ 713\ 900（美元）$$

12. a. 合并后的公司的 EPS 是两家公司的盈利之和，再除以合并后的公司的股票数。由于这次收购要约是 3 股目标公司的股票换取 1 股收购公司的股票，则收购公司新的股票数将增加，增加的部分是目标公司 1/3 的股份数。因此，新的每股收益（EPS）将是：

$$EPS = \frac{(230\ 000 + 690\ 000)}{\left[146\ 000 + \left(\frac{1}{3}\right) \times 73\ 000\right]} = 5.401\ (美元)$$

如果这次收购的 NPV 为 0，Stultz 公司股票的市场价格将保持不变。基于 PE 比率，我们可以求出 Stultz 公司股票的市场价格：

$$P = 12.7 \times \frac{690\ 000}{146\ 000} = 60.02\ (美元)$$

如果这次收购的 NPV 为 0，则股票价格应保持不变。因此，新的 PE 将为：

$$PE = \frac{60.02}{5.401} = 11.11$$

b. 对于 Stultz 公司来说，Flannery 的价值应该就等于 Flannery 公司的市场价值，因为这次收购的 NPV 是 0。因此，价值是：

$$V^* = 230\ 000 \times 6.35 = 1\ 460\ 500\ (美元)$$

收购的成本是用付出的股份数乘以每股价格，因此成本是：

$$成本 = \left(\frac{1}{3}\right) \times 73\ 000 \times 60.02 = 1\ 460\ 500\ (美元)$$

因此，这次收购产生的 NPV 是：

$$NPV = 0 = V^* + \Delta V - 成本 = 1\ 460\ 500 + \Delta V - 1\ 460\ 500$$

$$\Delta V = 0$$

虽然这次收购不会有经济价值，但 Stultz 公司可能是出于其他动机收购 Flannery，而不是因为财务上的原因。

13. 收购成本是：

$$收购成本 = 300 \times 13 = 3\ 900\ (美元)$$

由于收购公司的股票价格是 60 美元，公司需要付出：

$$付出的股份数 = \frac{3\ 900}{60} = 65\ (股)$$

a. 合并后的公司的 EPS 是目前的两家公司的盈利总额，除以新的流通中的股票数：

$$EPS = \frac{(2\ 100 + 750)}{(900 + 65)} = 2.95\ (美元)$$

b. 收购公司的市盈率（PE）是：

$$初始的\ PE = \frac{60}{\left(\frac{2\ 100}{900}\right)} = 25.71$$

假设这个 PE 不发生变化，则新的股票价格为：

$$新的股票价格 = 2.95 \times 25.71 = 75.94\ (美元)$$

c. 如果市场可以正确地对盈利做出分析，则股票价格将保持不变，因为这是一个 NPV

为 0 的收购，因此：

$$新的 PE = \frac{60}{2.95} = 20.32（倍）$$

d. 新的股票价格就是两个现有公司的市场价值的总和，再除以合并后的公司的总股票数，因此：

$$价格 = \frac{900 \times 60 + 300 \times 12}{900 + 65} = 59.69（美元）$$

合并后的公司的 PE 比率为：

$$PE = \frac{59.69}{2.95} = 20.21（倍）$$

考虑到提议的收购价，由于股价的下降，对于 A 公司来说，这是一个净现值为负的收购交易。A 公司应该将收购价压低，直到净现值为 0。

第30章 财务困境

本章概要

本章考察当公司陷入财务困境时会发生什么事情。

1. 财务困境指企业经营性现金流量不足以偿还合同债务。陷入财务困境的企业通常被迫要采取改正措施并进行财务重组。财务重组包括用新的索取权替换旧的索取权。
2. 财务重组可以经由私下和解或正式破产来完成。财务重组可能涉及清算或重组,但清算更少一些。
3. 公司破产包括《破产法》第7章的清算或第11章的重组。美国破产法的一个基本的特征是绝对优先权法则。绝对优先权法则说明优先债权人要在次级债权人得到任何补偿之前得到全额赔偿。不过,在实践中,经常出现违反绝对优先权法则的情况。
4. 财务重组的一种新形式是破产前重组。它是私下和解与正式破产的混合物。

5. 通过财务报表差异可以区分出哪些企业将陷入财务困境。Z值模型把握了一些这样的差异点。

思考与练习

1. **财务困境** 使用存量基础和流量基础定义**财务困境**。
2. **财务困境** 财务困境有什么样的好处？
3. **破产前重组** 什么是破产前重组？破产前重组的主要好处是什么？
4. **财务困境** 为什么财务困境并不总是导致公司消亡？
5. **清算和重组的对比** 清算和重组有什么差别？
6. **APR** 什么是绝对优先权法则？
7. **DIP 贷款** 什么是 DIP 贷款？DIP 贷款在 APR 中处于什么地位？
8. **破产的道德问题** 公司有时利用破产要挟债权人对条款进行重新谈判。批评者称这些公司不是将破产法当作"盾"，而是当作"剑"。这样的战术道德吗？
9. **破产的道德问题** 一些进入破产阶段或面临破产威胁的公司，至少会把它当作减少劳动力成本的一种手段。这种做法是否道德、是否恰当，这是个正在被热议的话题。这样利用破产符合道德吗？
10. **破产和私下和解的对比** 尽管私下和解的成本要低那么多，为什么仍有许多公司要申请法定破产呢？
11. **Z 值** 乔收到了一家私营企业 Seether, LLC 的贷款申请。该公司的财务信息简表如下：

(单位：美元)

总资产	73 000	账面股东权益	18 000
EBIT	7 900	累计留存收益	16 000
净营运资本	4 200	总负债	64 000

该公司的 Z 值是多少？

参考答案

1. 财务困境通常与资不抵债有关。当公司的净资产为负时，我们说的是基于存量的财务困境。当公司的经营性现金流不足以满足债务偿付要求时，我们说的是基于流量的财务困境。
2. 财务困境通常可以用来作为公司可能出现的更大麻烦的"早期预警"信号。因此，财务困境的好处是它可以带来新的企业组织形式和新的经营策略。
3. 破产前重组指的是公司和大部分的债权人在公司破产前就私下重组达成协议。在私下的重组协议签订后，公司再申请正式的破产程序。破产前重组最大的好处是，相对于传统重组方法，其成本较低、时间较短。
4. 如果一家公司仅仅只是经历财务困境，并不意味着这家公司消亡的价值比存活的价值高。
5. 当企业的资产被变卖，收回的款项偿还给债权人时（通常基于绝对优先权法则，APR，来决定），就是清算程序。重组则是对企业的财务结构进行重新构建。

6. 绝对优先权法则是关于清算时财产分配顺序的一条法则。分配顺序从先到后如下所示：行政管理费用，非自愿破产申请后的无担保债权，工资，员工福利，消费者索赔，税费，有担保和无担保的贷款，优先股以及普通股。

7. 破产时，企业可以发行新的债务，而这些债务的优先权排在所有现存债务之前。这个新的债务被称为 DIP 贷款（即持产债务）。如果 DIP 贷款的优先权不是排在所有现存债务之前，则申请破产的公司就无法获得维持经营所需的融资，因为此时需融资的公司是无法获取贷款的。

8. 一个答案是：申请破产的权利是一个有价值的资产，而财务经理所做的事情就是从股东的利益出发，对资产进行管理以尽可能使得资产价值最大化。考虑到破产申请可以从一定程度上避免债权人"哄抢债务"，因此这可以被看成使用破产程序的一种合理的方式。

9. 如上一题所阐述的，可以认为，将破产法当成剑，能使得资产发挥最佳用途。随着公司的破产，贷款本金以及利息有可能得到一定的偿还，债权人将意识到这一点。如果公司可以继续经营的唯一方式就是降低人工成本，则破产可能是对所有人来说最好的一件事情，包括雇员。

10. 由于以下四个可能的原因，许多公司可能会申请法定破产，而不是进行私下和解。第一，在某些情况下，破产成本有可能会低一些（不过通常情况下法定破产的成本会高一些）。第二，权益投资者能够通过法定破产的程序来"坚持自己的立场"。第三，一个复杂的资本结构使得私下和解更难。第四，债权人、权益投资者以及管理层之间的利益冲突可能使得私下和解难以达成。

11. 因为这家公司是私营企业，我们需要使用非制造性行业私营企业的 Z 值，计算如下：

$$Z 值 = 6.56 \times \left(\frac{净营运资本}{资产总额}\right) + 3.26 \times \left(\frac{累积的留存收益}{资产总额}\right)$$
$$+ 1.05 \times \left(\frac{息税前利润}{资产总额}\right) + 6.72 \times \left(\frac{权益的账面价值}{负债总额}\right)$$
$$= 6.56 \times \left(\frac{4\ 200}{73\ 000}\right) + 3.26 \times \left(\frac{16\ 000}{73\ 000}\right) + 1.05 \times \left(\frac{7\ 900}{73\ 000}\right) + 6.72 \times \left(\frac{18\ 000}{64\ 000}\right)$$
$$= 3.096$$

第 31 章

跨国公司财务

本章概要

跨国公司的业务要比国内公司的业务复杂得多。管理层必须了解利率、汇率和通货膨胀率之间的关系,必须知道大量不同的金融市场的规则和税收制度。本章简要地对国际经营中需要注意的问题进行了阐述。

我们所阐述的都是一些基本问题,主要有以下几点。

1. **一些基本的专业术语**:我们主要介绍了一些外汇词语如**伦敦银行间拆借利率**(LIBOR)、**欧洲货币**等。
2. **汇率的基本原理**:我们讨论了即期汇率、远期汇率和汇率的决定因素。
3. **国际融资的一些基本原理**:
   a. 绝对购买力平价和相对购买力平价(PPP)。
   b. 利率平价(IPR)。
   c. 无偏远期汇率(UFR)。

   绝对购买力平价陈述了每 1 美元在不同国家的购买力应该相同,即无论你在纽约还是东京购买一个橘子的成本是一样的。

相对购买力平价陈述了两个国家货币的汇率的变动等于两个国家的通货膨胀率的变动。

利率平价陈述了远期汇率同即期汇率之间的差额等于利率之间的差额。我们论证了抵补套利如何使该理论成立。

无偏远期汇率陈述了远期汇率是未来即期汇率的无偏估计。

4. **跨国公司资本预算**：我们介绍了涉及汇率关系下的资本预算需要注意的两个情况。

   a. 未抛补利率平价理论。

   b. 国际费雪效应。

   在这两种情况下，我们论述了如何使用外币计算 NPV 和如何将外币转化成本币计算 NPV。

5. **汇率和政治风险**：我们介绍了几种重要的汇率风险以及如何对冲这些风险所带来的现金流的波动。我们也介绍了一些政治风险以及如何规避这些政治风险。

思考与练习

1. **即期汇率和远期汇率** 假设瑞士法郎的即期汇率为 SF1.09，90 天的远期汇率为 SF1.11。

   a. 美元相对于瑞士法郎是折价兑换还是溢价兑换？

   b. 市场预期瑞士法郎相对于美元是升值了还是贬值了？为什么？

   c. 你觉得美国和瑞士未来的经济状况发生了什么样的相对变化？

2. **购买力平价** 假设未来几年墨西哥的通货膨胀率比美国高 3%。其他条件不变，墨西哥比索同美元之间的汇率将发生什么样的变化？你这样回答的理论依据是什么？

3. **汇率** 澳大利亚元兑美元的即期汇率为 A$1.40。明年该汇率水平可能上升 10%。

   a. 澳大利亚元是增值了还是贬值了？

   b. 澳大利亚和美国的通货膨胀率之间的关系如何？

   c. 澳大利亚和美国的名义利率之间的关系如何？实际利率呢？

4. **汇率变动** 下边的陈述哪个是正确的？为什么？

   a. 如果英国的主要价格指数高于美国，我们将可以预测英镑将相对于美元升值。

   b. 假设你是一个德国机器出口商，你的所有销售都使用外币结算。进一步假设未来欧洲央行将采取扩张性货币政策。如果该政策将使德国的通货膨胀率高于其他国家，则你需要利用远期汇率市场来规避欧元贬值可能带来的损失。

   c. 如果你能准确预测两个国家之间的通货膨胀率之间的关系，而其他人不可以，则你可以借此在即期汇率市场上盈利。

5. **汇率变动** 一些国家的政府利用汇率的波动来实现短期的国际收支平衡。在下列几种情况下，描述其对美国进口商和出口商同国外进行交易的影响。

   a. 美国政府官员表示他们将乐意看到欧元对美元升值。

   b. 英国政府表示英镑相对于美元被过度低估。

   c. 巴西政府宣布将通过新发行数十亿的货币来刺激经济以降低失业率。

6. **汇率风险** 假设你是一位出口商，你将在收到货物 3 个月后进行外币结算，预计未来本币将相对于外币升值，你有必要进入远期汇率市场进行对冲吗？

7. **跨国公司预算** 假设你需要对公司的两个子公司进行投资项目分析，一个子公司位于国内，一个位于国外。你将使用本币进行两个子公司的项目分析。在哪种情况下，你将倾向于投资于国外？哪些因素会影响你的这些决定？

8. **跨国公司预算** 经过调整的政治风险和多样化风险分析，一个国外子公司的项目可以产生正的 NPV，你是否应该接受该项目？为什么？

9. **跨国借款** 如果一家美国公司需要为其国外子公司进行债务融资，其在美国进行借款的劣势是什么？你如何规避这些劣势？

10. **跨国投资** 如果国际金融市场是有效的，假设欧洲美元利率比美国国内利率高，你将在美国进行融资然后投资到欧洲美元市场，这种做法是正确的吗？为什么？

利用下图回答第 11～12 题。

汇率：2014年11月28日，周五，收盘

Country (region)/currency	USD equiv	Currency per USD	US$ vs. YTD % chg	Country (region)/currency	USD equiv	Currency per USD	US$ vs. YTD % chg
Americas				**Europe**			
Argentina peso	0.1173	8.5280	30.8	Czech Rep. koruna	0.04507	22.188	11.6
Brazil real	0.3897	2.5658	8.6	Denmark krone	0.1673	5.9757	10.1
Canada dollar	0.8759	1.1417	7.5	Euro area euro	1.2452	0.8031	10.4
Chile peso	0.001642	609.1000	15.8	Hungary forint	0.00406209	246.1800	13.9
Colombia peso	0.0004511	2217	14.9	Norway krone	0.1422	7.0305	15.8
Ecuador US dollar	1	1	unch	Poland zloty	0.2976	3.3598	11.1
Mexico peso	0.0718	13.9334	6.8	Romania leu	0.2808	3.5617	9.5
Peru new sol	0.3424	2.9210	4.2	Russia ruble	0.01989	50.274	52.7
Uruguay peso	0.04247	23.545	11.1	Sweden krona	0.1342	7.4518	15.8
Venezuela b. fuerte	0.15748031	6.3500	unch	Switzerland franc	1.0357	0.9655	8.1
				1-mos forward	1.0362	0.9651	7.5
Asia-Pacific				3-mos forward	1.0369	0.9644	7.5
Australian dollar	0.8507	1.1755	4.8	6-mos forward	1.0382	0.9632	7.4
1-mos forward	0.8489	1.1780	4.6	Turkey lira	0.4505	2.2200	3.3
3-mos forward	0.8452	1.1831	4.6	UK pound	1.5649	0.6390	5.8
6-mos forward	0.8397	1.1909	4.7	1-mos forward	1.5646	0.6391	5.5
China yuan	0.1628	6.1431	1.4	3-mos forward	1.5639	0.6394	5.5
India rupee	0.01606	62.25095	0.6				
Indonesia rupiah	0.0000817	12246	0.7	**Middle East/Africa**			
Japan yen	0.00843	118.62	12.6	Bahrain dinar	2.6516	0.3771	unch
1-mos forward	0.00844	118.54	11.2	Egypt pound	0.1399	7.1471	2.8
3-mos forward	0.00844	118.49	11.2	Israel shekel	0.2567	3.8950	12.3
6-mos forward	0.00845	118.37	11.1	Jordan dinar	1.4187	0.7049	−0.4
Malaysia ringgit	0.2951	3.3887	3.2	Kenya shilling	0.01109	90.149	4.3
New Zealand dollar	0.7843	1.2750	4.8	Kuwait dinar	3.429	0.2916	3.3
Pakistan rupee	0.00982	101.805	−3.4	Lebanon pound	0.0006612	1512.45	0.5
Philippines peso	0.0223	44.905	1.2	Saudi Arabia riyal	0.2665	3.7529	0.1
Singapore dollar	0.7667	1.3043	3.3	South Africa rand	0.0903	11.0695	5.5
South Korea won	0.0008983	1113.2	5.4	UAE dirham	0.2723	3.6731	unch
Thailand baht	0.03045	32.843	0.4				
Vietnam dong	0.00005	21355	1.1				

外汇牌价

资料来源：*The Wall Street Journal*, © 2015 Dow Jones and Company, Inc., November 28, 2014.

11. **交叉汇率**
    a. 你将选择拥有 100 美元还是 100 英镑？为什么？
    b. 你将选择拥有 100 瑞士法郎还是 100 英镑？为什么？
    c. 瑞士法郎和英镑之间的交叉汇率为多少？以瑞士法郎来定价的英镑汇率呢？
12. **利率平价** 假设利率平价理论有效，美国的未来 6 个月期的无风险利率为 1.9%，则英国的无风险利率为多少？日本的呢？瑞士的呢？
13. **汇率和套利** 假设挪威克朗的即期汇率和未来 6 个月的远期汇率分别为 Kr6.97 和 Kr7.06。美国的无风险年利率为 3%，挪威的无风险年利率为 5%。
    a. 这里存在一个套利机会吗？如果存在，你如何利用该套利机会？
    b. 6 个月期的无风险利率应该为多少才能防止该套利机会的存在？
14. **资本预算** Lakonishok Equipment 有一个在欧洲的投资机会。这个项目耗资 1 900 万欧元，预期在第 1 年现金流为 360 万欧元、第 2 年为 410 万欧元、第 3 年为 510 万欧元。当前即期汇率为 1 欧元兑 1.04 美元，并且美国的无风险利率为 3.1% 而欧洲的无风险利率为 2.9%。合理的项目折现率预计为美国资本成本的 10.5%。另外，此项目预期在第 3 年年底可以以 1 270 万欧元的价格出售。此项目的 NPV 是多少？

参考答案

1. a. 美元相对于瑞士法郎是溢价兑换的，因为美元在远期市场上的价值比即期市场更高一些（SF 1.11 相对于 SF 1.09）。
   b. 市场预期瑞士法郎相对于美元是贬值的，因为相对于今天，在未来为了兑换 1 美元需要花费更多的瑞士法郎。
   c. 瑞士的通货膨胀高于美国，名义利率也是一样。
2. 汇率将会上涨，因为逐渐将会需要用到更多的比索来兑换 1 美元。这是基于相对利率平价关系的。
3. a. 预计澳大利亚元相对于美元将会贬值，因为相对于目前而言，将来需要花更多的澳元来兑换 1 美元。
   b. 澳大利亚的通货膨胀率更高。
   c. 澳大利亚的名义利率更高；两个国家的实际利率相同。
4. a. 错误。如果英国的价格在上升，则需要花费更多的英镑才能买到 1 美元可以买到的商品，英镑相对于美元会贬值。
   b. 错误。远期市场已经反映出了欧元相对于美元的贬值。只有当你觉得还会存在额外的、未预期的贬值，即这个贬值情况未在当前的远期汇率中反映出来时，才可以利用远期汇率市场来规避额外的欧元贬值可能带来的损失。
   c. 正确。市场仅仅会在平均情况下是正确的，而你如果可以正确预测，就可以在任何时候都盈利。
5. a. 美国出口商：大致而言它们的情况会变得更好，因为销售一定欧元的出口商品可以换回更多的美元。

美国进口商：大致而言它们的情况会变得更差，因为购买一定欧元的进口商品需要花费更多的美元。

b. 美国出口商：大致而言它们的情况会变得更好，如果英国政府的目的是使得英镑升值。

美国进口商：大致而言它们的情况会变得更差，如果英镑升值的话。

c. 美国出口商：大致而言它们的情况会变得更差，因为像这样一个较为极端的财政扩张将使得美国的商品变得极其昂贵，或者说巴西销售的商品（如果以雷亚尔所定的价格不变的话）以美元来购买就变得极其便宜。

美国进口商：大致而言它们的情况会变得更好，因为以美元购买巴西的商品变得更为便宜了。

6. 这都取决于远期市场是否在这个时期内也预期本币的升值，并且这种预期是否正确。假设这种预期正确，并且其他交易者没有相同的信息，则在远期汇率市场上对汇率风险进行对冲是有一定价值的。

7. 倾向于投资国外子公司的一个可能的原因是，有可能这项投资给投资者带来了直接分散化投资的好处，而这种分散化投资是投资者自己做不到的。另一个原因是，国外的政治环境比本国更稳定。如果国外的政治风险较高，则你可能考虑投资于本国的子公司。印度尼西亚是一个很好的阐述政治风险的例子。如果风险不可能被分散，则这种类型的境外投资将会增加系统性风险。结果是，资本成本提高，然后实际上会降低投资项目的 NPV。

8. 是的，公司应接受这个国外投资项目。如果，在考虑到所有风险之后，国外子公司的项目有正的 NPV，则公司应该接受。请注意，在实践中，有一个重要的假设前提是，在对折现率进行调整时需要考虑到所有的政治和分散化因素，这是一件比较难的事情。但是一旦满足了假设前提，净现值法则也适用于国外的业务，与国内业务一样。

9. 如果外国货币贬值，则当现金流从国外汇至美国时，美国的母公司将会遭受到汇兑损失。这个问题可能通过出售远期合约来解决。另一个解决办法是在子公司所在国家借款。

10. 错误。如果金融市场是完全竞争性的，则欧洲美元利率和美国利率的差别仅仅取决于风险和政府监管等因素。因此，在这些市场上进行投机将不会获得收益。

11. a. 你将选择拥有 100 英镑，因为：

$$100 \text{ 英镑} \times \frac{1.564\,9 \text{ 美元}}{1 \text{ 英镑}} = 156.49 \text{ 美元}$$

b. 你还是将选择拥有 100 英镑。使用美元兑英镑的汇率以及瑞士法郎兑美元的汇率，可以求出 100 英镑能兑换到的瑞士法郎，我们得到：

$$100 \text{ 英镑} \times \frac{1.564\,9 \text{ 美元}}{1 \text{ 英镑}} \times 0.965\,5 \text{ 瑞士法郎} = 151.091\,1 \text{ 瑞士法郎}$$

c. 使用图中的报价，来求出瑞士法郎兑英镑的交叉汇率，我们得到：

$$\left(\frac{1\ 瑞士法郎}{0.965\ 5\ 美元}\right) \times \left(\frac{1.564\ 9\ 美元}{1\ 英镑}\right) = \frac{1.510\ 9\ 瑞士法郎}{1\ 英镑}$$

英镑兑瑞士法郎的汇率就是瑞士法郎兑英镑汇率的倒数,即

$$\frac{1\ 英镑}{1.510\ 9\ 瑞士法郎} = \frac{0.661\ 9\ 英镑}{1\ 瑞士法郎}$$

12. 我们可以将利率平价等式进行变形,然后求解此问题。我们将使用的等式是:

$$R_{FC} = \frac{(F_T - S_0)}{S_0} + R_{US}$$

基于以上关系,我们求出:

英国:R_{FC} =(0.640 0 英镑 − 0.639 0 英镑)/ 0.639 0 英镑 + 0.019
= 0.020 6,或 2.06%

日本:R_{FC} =(118.37 日元 − ¥118.62 日元)/ ¥118.62 日元 + 0.019
= 0.016 9,或 1.69%

瑞士:R_{FC} =(0.963 2 瑞士法郎 − 0.965 5 瑞士法郎)/ 0.965 5 瑞士法郎 + 0.019
= 0.016 6,或 1.66%

13. a. 如果利率平价成立,则:

$$F_{180} = (Kr\ 6.97) \times \left[1 + (0.05 - 0.03)\right]^{\frac{1}{2}}$$
$$= Kr\ 7.039\ 4$$

考虑到挪威克朗未来 6 个月的远期汇率 F_{180} 是 Kr 7.06,就存在一个套利机会;远期溢价太高了。今天以 5% 的利率借入 1 挪威克朗,签订一项汇率为 Kr 7.06 的 180 天的远期合同,然后将贷款资金换为美元:

$$Kr\ 1\left(\frac{\$1}{Kr\ 6.97}\right) = \$0.143\ 47$$

将这些美元以 3% 的利率进行投资,最后得到 0.145 58 美元。将美元兑换成挪威克朗,得到:

$$\$0.145\ 58\left(\frac{Kr\ 7.06}{\$1}\right) = Kr\ 1.027\ 79$$

偿还 1Kr 的贷款,最终获得利润:

$$Kr\ 1.027\ 79 - Kr\ 1.024\ 35 = Kr\ 0.003\ 43$$

b. 为求出可以使得套利机会消失的远期汇率,我们使用利率平价等式,所以:

$$F_{180} = (Kr\ 6.97) \times \left[1 + (0.05 - 0.03)\right]^{\frac{1}{2}}$$
$$= Kr\ 7.039\ 4$$

14. 首先,我们需要求出将来的 3 年中每一年的未来即期利率。从利率平价和购买力平价中可以得出,预期的汇率是:

$$E(S_T) = \left[\frac{(1+R_{US})}{(1+R_{FC})}\right]^t S_0$$

因此：

第 1 年的预计即期汇率 $E(S_1) = \left(\frac{1.031\ 0}{1.029\ 0}\right)^1 \left(\frac{\$1.04}{€}\right) = \$1.042\ 0/€$

第 2 年的预计即期汇率 $E(S_2) = \left(\frac{1.031\ 0}{1.029\ 0}\right)^2 \left(\frac{\$1.04}{€}\right) = \frac{\$1.044\ 0}{€}$

第 3 年的预计即期汇率 $E(S_3) = \left(\frac{1.031\ 0}{1.029\ 0}\right)^3 \left(\frac{\$1.04}{€}\right) = \frac{\$1.046\ 1}{€}$

现在我们可以使用未来的即期汇率来求出美元现金流量。每一年的美元现金流量将是：

第 0 年的现金流量 $= -€\$19\ 000\ 000 \left(\frac{\$1.04}{€}\right) = -\$19\ 760\ 000.00$

第 1 年的现金流量 $= €\ \$3\ 600\ 000 \left(\frac{\$1.042\ 0}{€}\right) = \$3\ 751\ 276.97$

第 2 年的现金流量 $= €\ \$4\ 100\ 000 \left(\frac{\$1.044\ 0}{€}\right) = \$4\ 280\ 591.42$

第 3 年的现金流量 $= (€\ 5\ 100\ 000 + 12\ 700\ 000)\left(\frac{\$1.046\ 1}{€}\right) = \$18\ 620\ 151.63$

项目的 NPV 将是：

$$NPV = -\$19\ 760\ 000 + \frac{\$3\ 751\ 276.97}{1.105} + \frac{\$4\ 280\ 591.42}{1.105^2} + \frac{\$18\ 620\ 151.63}{1.105^3}$$

$$= \$941\ 106.39$$

推荐阅读

中文书名	原作者	中文书号	定价
公司理财（原书第13版）	斯蒂芬A.罗斯（MIT斯隆管理学院）	978-7-111-74009-4	129.00
公司理财（英文版·原书第11版）	斯蒂芬A.罗斯（MIT斯隆管理学院）	978-7-111-58856-6	145.00
公司理财（精要版·原书第10版）	斯蒂芬A.罗斯（MIT斯隆管理学院）	978-7-111-47887-4	75.00
公司理财精要（亚洲版）	斯蒂芬A.罗斯（MIT斯隆管理学院）	978-7-111-52576-9	59.00
公司理财（精要版）（英文版·原书第12版）	斯蒂芬A.罗斯（MIT斯隆管理学院）	978-7-111-65678-4	119.00
公司理财习题集（第8版）	斯蒂芬A.罗斯（MIT斯隆管理学院）	978-7-111-32466-9	42.00
财务管理（原书第14版）	尤金F.布里格姆（佛罗里达大学）	978-7-111-58891-7	139.00
中级财务管理（原书第11版）	尤金F.布里格姆（佛罗里达大学）	978-7-111-56529-1	129.00
财务管理精要（亚洲版·原书第3版）	尤金F.布里格姆（佛罗里达大学）	978-7-111-57017-2	125.00
财务管理精要（英文版·原书第3版）	尤金F.布里格姆（佛罗里达大学）	978-7-111-57936-6	129.00
高级经理财务管理：创造价值的过程（原书第4版）	哈瓦维尼（欧洲工商管理学院）	978-7-111-56221-4	89.00
国际财务管理（原书第8版）	切奥尔·尤恩	978-7-111-60813-4	79.00
管理会计（原书第16版）	雷H.加里森（杨百翰大学）	978-7-111-61325-1	89.00
财务管理：以EXCEL为分析工具（原书第4版）	格莱葛W.霍顿	978-7-111-47319-0	49.00
投资学（原书第10版）	滋维·博迪	978-7-111-57407-1	149.00

推荐阅读

中文书名	作者	书号	定价
公司财务管理（第2版）	马忠 （北京交通大学）	978-7-111-48670-1	69.00
公司财务管理案例分析	马忠 （北京交通大学）	978-7-111-49470-6	55.00
企业财务分析（第4版）	袁天荣 （中南财经政法大学）	978-7-111-71604-4	59.00
企业并购	张金鑫 （北京交通大学）	978-7-111-54399-2	39.00
财务管理原理（第3版）	王明虎 （安徽工业大学）	978-7-111-59375-1	45.00
财务管理专业英语（第4版）	刘媛媛 （东北财经大学）	978-7-111-66478-9	40.00
管理会计：理论·模型·案例（第3版）	温素彬 （南京理工大学）	978-7-111-61273-5	49.00
财务管理	刘淑莲 （东北财经大学）	978-7-111-50691-1	40.00
财务管理习题与解析	刘淑莲 （东北财经大学）	978-7-111-56362-4	35.00
审计学（第3版）	叶陈刚 （对外经济贸易大学）	978-7-111-62919-1	49.00
国际财务管理（原书第8版）	切奥尔·尤恩	978-7-111-60813-4	79.00
管理会计（原书第16版）	雷·H. 加里森 （杨百翰大学）	978-7-111-61325-1	89.00
财务管理：以EXCEL为分析工具（原书第4版）	格莱葛·W. 霍顿	978-7-111-47319-0	49.00